# オリンピック・パラリンピックを哲学する

オリンピアン育成の実際から
社会的課題まで

谷釜 尋徳 編著

晃洋書房

## まえがき

　本書『オリンピック・パラリンピックを哲学する』は，東洋大学の授業科目「オリンピック・パラリンピック講座」の内容をまとめたものです。この授業は，東洋大学のオリンピック教育の一環として平成27（2015）年度から継続的に開講されています。オリンピック・パラリンピックに関わるバラエティに富んだテーマを，毎回異なる講師陣がリレー形式で講義するものです。

　年間30回の講義のうち，本書には東洋大学の専任教員の担当回を中心に23本のトピックスと４本のコラムを収載しました。目次を見ただけでも，オリンピック・パラリンピックが単なるスポーツ競技会ではなく，社会のあらゆる側面と結びついていることが確認できるはずです。

　内容は多岐にわたっていますが，本書では競技面での華やかな部分やアスリートに対するサポートの実情はもちろん，その裏側に潜む社会的課題（ドーピング，テロ，政治利用，差別，経済格差……）にも目を向けています。オリンピック・パラリンピックを無批判に肯定するのではなく，"光"と"影"の両面から理解しようとする姿勢が大切だと考えたからです。また，「スポーツ科学」の領域のみならず，「物理学」「栄養学」「平和学」「法律学」「観光学」など，様々な学問分野の教員が結集してオリンピック・パラリンピックにアプローチしているところは，総合大学としての東洋大学の際立った特徴だといえるでしょう。

　本書に通底する大きなテーマは，オリンピック・パラリンピックを題材として世界に広がる多様な価値観を学び，深く「哲学する」ことです。「哲学」を建学の理念として生まれた東洋大学のオリンピック教育の一端をお楽しみください。

　　　　　　　　　　　　　　　　　　　編著者　谷釜尋德

# Contents

まえがき

## イントロダクション

| | | | |
|---|---|---|---|
| Chapter 01 | オリンピックムーブメント | 谷釜 尋徳 | 2 |
| Chapter 02 | オリンピックの歴史──古代から現代まで | 谷釜 尋徳 | 10 |
| Chapter 03 | パラリンピックの発展と今日的課題 | 金子 元彦 | 24 |
| Column 01 | オリンピックの新種目？──人気急上昇中のeスポーツ | 谷釜 尋徳 | 33 |

## I 競技とサポート

| | | | |
|---|---|---|---|
| Chapter 04 | オリンピアンの立場から見たオリンピック | 土江 寛裕 | 36 |
| Chapter 05 | オリンピック・パラリンピックのサッカー競技──日本国内の取り組み | 角南 俊介 | 47 |
| Chapter 06 | オリンピックに向けた大学生アスリートの育成──大橋悠依選手の場合 | 平井 伯昌 | 53 |
| Chapter 07 | 科学的メダル奪取法 | 望月 修 | 62 |
| Chapter 08 | オリンピック・パラリンピックとメンタルトレーニング | 加藤 千恵子・青木 滉一郎 | 71 |
| Chapter 09 | アスリートを支えるトレーニングの世界 | 小河 繁彦 | 81 |
| Chapter 10 | アスリートのコンディショニングシステム | 岩本 紗由美 | 92 |
| Chapter 11 | アスリートを支える食と栄養 | 太田 昌子 | 101 |
| Column 02 | オリンピック・パラリンピックとボランティア | 林 大介 | 112 |

# II 理念と多様なアプローチ

| | | |
|---|---|---|
| Chapter 12 | オリンピック・パラリンピックにみる平和主義 ………………………………………………… ジェイムズ ダニエル ショート | 116 |
| Chapter 13 | オリンピック・パラリンピックをめぐる倫理的諸問題 ──スポーツの進展とともに ……………………………… 竹村 瑞穂 | 124 |
| Column 03 | スポーツマンシップとは何か？ ……………………………… 谷釜 尋徳 | 133 |
| Chapter 14 | オリンピックとテクノロジーの相性 ──選手のパフォーマンスを支えるスポーツ施設・用具の進化 …… 谷釜 尋徳 | 136 |
| Chapter 15 | オリンピックとメディア ……………………………………… 綿貫 慶徳 | 144 |
| Chapter 16 | オリンピックと法の関わり …………………………………… 清水 宏 | 152 |
| Chapter 17 | オリンピックマーケティング──スポンサーシップを中心に ……………………………………………………………………… 西村 忍 | 161 |
| Chapter 18 | オリンピックとプロパガンダ──ベルリンオリンピック概説 ……………………………………………………………………… 安則 貴香 | 170 |
| Chapter 19 | オリンピック・パラリンピックとインバウンド観光 …… 矢ケ崎 紀子 | 181 |
| Column 04 | 江戸のスポーツ文化──驚異のスポーツ"お伊勢参り" ……………………………………………………………………… 谷釜 尋徳 | 191 |

# III 東洋大学とオリンピック・パラリンピック

| | | |
|---|---|---|
| Chapter 20 | 大学スポーツの未来 …………………………………………… 谷塚 哲 | 194 |
| Chapter 21 | 箱根駅伝・マラソンと東洋大学 ……………………………… 塩田 徹 | 202 |
| Chapter 22 | 2020年に向けた東洋大学の取り組み ……………………… 北島 信哉 | 211 |
| Chapter 23 | 東洋大学とオリンピック──東洋大学スポーツ130年史 ……………………………………………………………………… 谷釜 尋徳 | 221 |

# イントロダクション

CHAPTER

# 01

# オリンピックムーブメント

　本書『オリンピック・パラリンピックを哲学する』のはじめに"オリンピックムーブメント"を取り上げます。オリンピックムーブメントの内容に触れて，私たちが慣れ親しんだオリンピック競技大会がどのような理念のもとに開催されているのかを理解し，今日のオリンピックのあるべき姿を考えるきっかけにしてほしいと思います。

## 1　オリンピズムとオリンピックムーブメント

　現在のオリンピック競技大会は，19世紀末にフランス人貴族のピエール・ド・クーベルタンが創出したものです。彼は古代ギリシャで1200年近く続いた祭典競技会を模範に，国際的なスポーツ競技会の開催を思い立ちます。この"古代オリンピック"の開催期間中とその前後は，すべての戦争の停止が約束されました。クーベルタンはこの停戦協定という考え方に深く共鳴しました（詳しくは Chapter 02「オリンピックの歴史」を参照）。
　クーベルタンが描いたオリンピックの理想像を"オリンピズム"と呼びます。オリンピズムには多様な解釈がありますが，『JOA オリンピック小事典』によれば「スポーツによって心身ともに調和のとれた若者を育成し，そのような選手たちが4年に一度世界中から集まり，フェアに競技し，異文化を理解しながら友情を育むことに

よって，ひいては平和な国際社会の実現に寄与する」思想だと説明されています。オリンピズムとは，スポーツを通じた人間教育，国際交流，世界平和を願う壮大な思想だといえるでしょう。オリンピズムは通常，かつてクーベルタンが語ったことに対する解釈という形で説かれますが，近代オリンピックの歴史的発展の中でオリンピックに携わる国，民族，人種，性などが拡大していくにつれて，時代性も反映しながら常に問い直されてきました。

オリンピズムを実現させるために行われるさまざまな活動が，本章のテーマ"オリンピックムーブメント"です。それは，オリンピックの憲法にあたる『オリンピック憲章』(2017年版) の中で次のように定められています。

> オリンピック・ムーブメントは，オリンピズムの価値に鼓舞された個人と団体による，協調の取れた組織的，普遍的，恒久的活動である。その活動を推し進めるのは最高機関のIOCである。活動は5大陸にまたがり，偉大なスポーツの祭典，オリンピック競技大会に世界中の選手を集めるとき，頂点に達する。(根本原則3)

つまり，オリンピックムーブメントとは，IOC (国際オリンピック委員会) が中心となってオリンピズムを世界中に広める活動のすべてを示しています。4年に1度開催されるオリンピック競技大会は，オリンピックムーブメントにおける主な活動の一つなのです。この意味で，オリンピックの出場選手はオリンピズムを体現し，その思想を全世界に届ける"アンバサダー (親善大使)"の役割も担っています。また，世界中からオリンピックに集う観客や，それをもてなす開催地の人々も同じくアンバサダーだといえるでしょう。

## 2 オリンピック憲章

オリンピックムーブメントに関わるすべての決まりごとは『オリンピック憲章』に記されています。この中に定められたルールは，オリンピズムの根本的な原則，IOCの役割，開催都市の決定までのプロセス，オリンピック競技大会の開会式・閉会式の式次第などをはじめ，驚くほど詳細です。すべての関係者がその記載事項を厳守しなければなりません。

『オリンピック憲章』が誕生したのは1925年です。最初の決まりごとは"アマチュ

ア規程"がメインでした。当時，オリンピックの参加選手はアマチュアに限定されていましたが，このアマチュアの定義が競技団体ごとに異なっていたため，オリンピックの統一ルールが必要とされたからです。やがて，多くの競技でプロスポーツが盛んになると，1974年には『オリンピック憲章』の参加規程から「アマチュア」の文字が削除されます。さらに，1994年には環境問題への取り組みが，2014年には性的マイノリティに対する差別の禁止が明記されるなど，『オリンピック憲章』は時代の流れを敏感に察知して変化し続けているのです。

『オリンピック憲章』の内容を守るためにいかに行動すべきか，してはならない行為は何か，違反した場合はどのような処分を受けるのかなどを定めた『IOC 倫理規程』も存在します。

## 3 オリンピックムーブメントに関わる組織と役割

オリンピックムーブメントに関わる主要な組織は，国際オリンピック委員会（International Olympic Committee＝IOC），国際競技連盟（International Federation＝IF），国内オリンピック委員会（National Olympic Committee＝NOC）の３つです。IOC はオリンピックムーブメントの最終的な権限を握りますが，オリンピック競技大会の実施競技はそれぞれの IF が統括しています。また，オリンピック競技大会に選手を派遣する窓口はそれぞれの国や地域に置かれる NOC が担い，わが国では日本オリンピック委員会（Japan Olympic Committee＝JOC）がこれに該当します。

IOC，NOC，IF，そして開催国・都市などと連携を図りながらオリンピック競技大会を運営する組織が，オリンピック競技大会組織委員会（Organizing Committee of the Olympic Games＝OCOG）です。2020年に向けては，2014年に JOC と東京都によって東京オリンピック・パラリンピック競技大会組織委員会が立ち上げられました。

ほかにも，反ドーピング運動を世界規模で推進する世界アンチ・ドーピング機構（World Anti-Doping Agency＝WADA），スポーツ界のトラブルを解決するスポーツ仲裁裁判所（Court of Arbitration for Sport＝CAS），元オリンピック選手で構成される世界オリンピアンズ協会（World Olympians Associations＝WOA）など，たくさんの組織がオリンピックムーブメントを支えています。

『オリンピック憲章』（2017年版）によると，オリンピズムの普及と実現のために

IOCが担う役割は下記の16項目です。IOCがオリンピック競技大会の開催以外にも，数多くのミッションを帯びていることがわかります。

> 1．フェアプレーの推進　2．スポーツ競技大会の推進　3．オリンピック競技大会の定期的開催　4．平和の推進　5．スポーツの自立性の確保　6．差別の撤廃　7．男女平等な社会の実現　8．アンチ・ドーピング活動　9．アスリートの健康の保持　10．政治的・商業的悪用からのスポーツの保護　11．アスリートの将来保証　12．スポーツ・フォー・オールの推進　13．環境問題への取り組み　14．オリンピック・レガシーの継承　15．スポーツと文化・教育の融合　16．国際オリンピックアカデミー（IOA）や教育機関への支援

## 4　オリンピックの価値

　近年，IOCはオリンピックの価値を"卓越"，"友情"，"敬意／尊重"という3つで表現しています。この3つの価値に基づいて，IOCは"スポーツ・フォー・オール"，"スポーツを通じた平和活動"，"スポーツを通じた教育活動"，"女性とスポーツ"，"スポーツを通じた開発"，"スポーツと環境"の6領域を柱とする活動を展開しているのです。

　また，オリンピズムを普及させるために，IOCは"オリンピック価値教育プログラム（Olympic Values Education Programme＝OVEP）"を作成し，オリンピズムの教育的

**表1　オリンピックの3つの価値**

| | |
|---|---|
| 卓越<br>(Excellence) | スポーツに限らず人生においてベストを尽くすこと。大切なのは勝利することではなく，目標に向かって全力で取り組むことであり，体と頭と心の健全な調和をはぐくむことである。 |
| 友情<br>(Friendship) | スポーツでの喜びやチームスピリット，対戦相手との交流は人と人とを結び付け，互いの理解を深める。そのことは平和でよりよい世界の構築に寄与する。 |
| 敬意／尊重<br>(Respect) | 互いに敬意を払い，ルールを尊重することはフェアプレー精神をはぐくむ。これはオリンピックムーブメントに参加するすべての人にとっての原則である。 |

出典：日本オリンピック委員会編『JOCの進めるオリンピック・ムーブメント』日本オリンピック委員会，2014年。

表2　オリンピズムの5つの教育的テーマ

| テーマ | 内容 |
|---|---|
| 努力から得られる喜び | 若者は，身体活動，運動，試合，競技の中で，自分自身に，また互いに挑戦することによって，身体，行動，知力において成長していく。 |
| フェアプレー | スポーツでのフェアプレー学習は，地域社会や人生においてフェアに行動する意志を育成し，強固にすることにつながる。 |
| 敬意／尊重の実践 | 多文化的な世界に生きる若者が多様性を受け入れ，尊重し，友好的な態度を実践することで平和と国際理解が促される。 |
| 卓越性の追求 | 卓越性を目指すことは，若者が積極的になり，健全な選択をし，どんなときでもベストを尽くす上で役立つ。 |
| 身体，意志，精神のバランス | 学習は頭だけでなく全身で行うものであり，フィジカル・リテラシーおよび運動を通じた学習は，道徳的な学習と知的学習の双方を深める上で役立つ。 |

出典：日本オリンピックアカデミー監修『オリンピック価値教育の基礎』日本オリンピック委員会，2018年。

な価値を説いています。その教育テーマとは，"努力から得られる喜び"，"フェアプレー"，"敬意／尊重の実践"，"卓越性の追求"，"身体，意志，精神のバランス"の5つです。

このような価値観を世界中の人々に伝えていくことは，オリンピックムーブメントの大切な使命でもあります。

## 5　オリンピックのシンボルとモットー

　オリンピックのシンボルは，1914年にクーベルタンによって生み出されました。お馴染みの横につながる5つの輪は，オリンピックムーブメントを通じて結び合った地球上の5大陸（アジア，アフリカ，オセアニア，南北アメリカ，ヨーロッパ）を表しています。また，シンボルを彩る青，黄，黒，緑，赤の5色と背景の白を組み合わせれば，世界中のほとんどの国旗を描くことができます。そこにはオリンピズムが大切にしている，世界を一つにつなげる意味が込められているのです。

　次にオリンピックのモットー（標語）ですが，これは"Citius（より速く）"，"Altius（より高く）"，"Fortius（より強く）"の3つから成り，オリンピックムーブ

メントの大きな志を表現しています。もともとは、クーベルタンの友人のアンリー・ディドン神父が、1894年に高校のスポーツ競技会で生徒への訓示として用いた言葉です。その場に居合わせたクーベルタンが感銘を受け、1920年の第7回アントワープ大会よりオリンピックのモットーとして使われるようになりました。

## 6 オリンピックと環境

今日、私たちは地球温暖化や大気汚染などの切迫した環境問題に直面しています。先進国の人々がより良い明日を夢見て生み出したはずの近代科学は、いつしか地球を窮地に追いやるレベルの重傷を負わせてしまいました。この問題は、自然を"開発"しながら成長してきたスポーツ界においても、決して無視することはできません。

オリンピック競技大会の開催が環境に及ぼす影響については、1972年の札幌冬季大会の頃から議論されてきました。この大会では、スキー滑降コースの建設をめぐって地元の環境保護団体から強い反発があり、オリンピック後の現状復元を条件に仮設のコースが作られた経緯があります。

環境破壊がさらに深刻化した1990年代になると、オリンピックムーブメントにはそれまでの"スポーツ"と"文化"に加えて"環境"という3本目の柱が登場しました。全世界の注目を集めるオリンピックは、環境保全を進める上で大きな原動力になっています。

オリンピックムーブメントを推進するIOCでは、オリンピアンを通じて環境保全のメッセージを伝えたり、大会運営や施設にも環境を汚さないさまざまな工夫をしています。IOCは1995年以降、スポーツと環境委員会の設置、スポーツと環境世界会議の隔年開催のほか、国連環境計画（UNEP）をはじめ国際的な組織との連携を深めながら、スポーツ界の先頭に立って環境保全対策を進めています。

1996年にIOCが採択した『オリンピックムーブメンツ アジェンダ21』には、スポーツに関わるすべての選手・組織が21世紀に取り組むべき事柄が説明されています。そこには、「環境計画、施設の設計、インフラやスポーツ製品を通じて、天然資源の保全と管理を行うこと」など、環境保全に関する行動規範が示されました。加えて、IOCが2014年に打ち出した中長期改革案『オリンピックアジェンダ2020』には、持続可能性を追求するために、競技設備や日々の事務的業務などあらゆる面で環

境に配慮することが記されています。

## 7 オリンピックは選手同士の競争

　オリンピック競技大会の出場選手は国・地域のNOCを通して派遣されるために，オリンピックは"国別対抗戦"だという印象を持つ人も少なくないと思いますが，実際にはそうではありません。

　初期のオリンピックは個人やクラブ単位で参加する大会で，現在のような国同士の対抗意識はあまり見られませんでした。今でもその考え方は変わっておらず，『オリンピック憲章』には「オリンピック競技大会は，個人種目または団体種目での選手間の競争であり，国家間の競争ではない」とはっきり定められています。このような意味合いから，『オリンピック憲章』ではIOCやOCOGが「国ごとの世界ランキング」を作成することを禁じています。オリンピックの大会期間中，メディア各社が作った国別のメダル獲得数ランキングをよく目にしますが，オリンピックムーブメントの本質からすれば，これは望ましい行為ではないのです（ただし，メディアがメダル獲得数ランキングを作成すること自体は違反行為ではありません）。

　前述したように，オリンピック競技大会にはそれぞれの選手が所属する国・地域のNOCを通して参加しますが，拠り所とする国や地域を持たない（持てない）人々でもオリンピックの舞台に立てる可能性があります。2016年のリオデジャネイロ大会では，迫害などにより祖国を追われた難民アスリートに対して，IOCは"難民選手団"を結成してオリンピックに出場させる措置を講じているからです。オリンピックムーブメントは世界平和に貢献する活動ですから，政治不安など国の情勢によって選手のオリンピック出場の道が断たれてはなりません。この"難民選手団"は，2020年の東京大会でも引き続き結成される見込みです。

　2018年の平昌冬季大会では，ロシアの組織的なドーピング騒動を重く見たIOCはロシアオリンピック委員会を通じた選手団の派遣を禁止しました。しかし一方では，ドーピングをしていないことが証明された"クリーン"なロシア選手は，「OAR (Olympic Athlete from Russia：ロシアからの五輪選手)」として個人資格でのオリンピック参加が容認されています。これも，難民選手団と並んでIOCが講じた近年の例外的な措置の一つです。

オリンピックムーブメントは多様性を受け入れる世界観を持ちます。以下の『オリンピック憲章』(2017年版)の文面が示すように，人間教育，国際交流，世界平和を目指すオリンピズムの思想は，いかなる境遇に置かれた人々でも受信可能なメッセージなのです。

> このオリンピック憲章の定める権利および自由は人種，肌の色，性別，性的指向，言語，宗教，政治的またはその他の意見，国あるいは社会のルーツ，財産，出自やその他の身分などの理由による，いかなる種類の差別も受けることなく，確実に享受されなければならない。(オリンピック憲章「オリンピズムの根本原則」6項)

**参考文献**

東京オリンピック・パラリンピック競技大会組織委員会編『オリンピック・パラリンピック学習読本　高等学校編』東京オリンピック・パラリンピック競技大会組織委員会，2017年。
日本オリンピックアカデミー監修『オリンピック価値教育の基礎』日本オリンピック委員会，2018年。
日本オリンピックアカデミー編著『JOAオリンピック小事典』メディアパル，2016年。
日本オリンピックアカデミー編『世界＆日本　オリンピックムーブメント』日本オリンピックアカデミー，2006年。
日本オリンピック委員会監修，日本オリンピックアカデミー編『オリンピック事典』プレスギムナスチカ，1981年。
日本オリンピック委員会編『JOCの進めるオリンピック・ムーブメント』日本オリンピック委員会，2014年。
ローラント・ナウル，筑波大学オリンピック教育プラットホーム＋つくば国際スポーツアカデミー監訳，『オリンピック教育』大修館書店，2016年。

(谷釜　尋徳)

CHAPTER

# 02

# オリンピックの歴史
## 古代から現代まで

　現在のオリンピックは，古代ギリシャで1200年近く続いた祭典競技会をモデルにしています。この"古代オリンピック"を近代の世の中に復興させた人物がピエール・ド・クーベルタンです。クーベルタンはスポーツによる人間教育，国際交流，世界平和の夢を"近代オリンピック"に託しますが，その道のりはまさに紆余曲折でした。オリンピックは国際社会のさまざまな矛盾を背負い込んできたからです。ここでは，古代から現代にいたるまでのオリンピックの歴史を，夏季大会を中心に振り返ります。

## 1　古代オリンピック

　古代オリンピックは，ギリシャのオリンピアの地で紀元前776年にはじまったといわれています。都市国家同士の戦争が絶えなかったギリシャ世界にあって，戦争回避の手段として生み出されたのが，全知全能の神ゼウスに捧げる祭典競技会"オリンピア競技祭"です。オリンピアの他にも，古代ギリシャではデルフィ，イストモス，ネメアの各都市で競技祭が行われ，これらを合わせて"四大競技祭"と呼びます。鍛え上げた美しい肉体には善良な精神が宿ると考えたギリシャ人は，スポーツをこよなく愛しました。この"カロカガティア思想"は近代オリンピックの考え方にも取り入れられています。

古代オリンピックの開催期間中とその前後には"エケケイリア"と呼ばれる停戦協定が結ばれていました。偉大なゼウス神へ忠誠を誓ったギリシャの戦士たちは，このルールをほぼ忠実に守ったそうです。古代オリンピックは紀元前776年に

図1　古代オリンピアの想像図

はじまって以降，中断されることなく4年に1度のペースで393年まで行われました。実に1200年もの間，オリンピックは"平和の使者"であり続けたのです。オリンピックの時だけは武器を置いて競技に参加する。後にクーベルタンが理想として掲げる崇高な精神がそこにはありました。

　初期の古代オリンピックでは，スタディオン走（約192m）という短距離走だけが行われていました。次第に種目数は増加し，ディアロウス走（約384m），ドリコス走（約4.6km），幅跳び，円盤投げ，槍投げ，レスリング，ボクシング，戦車競走（4頭立ての馬車で競う）など幅広い運動競技が実施されるようになります。

　参加を許可された男性アスリートは，皆，裸体で熱戦を演じました。彼らは金銭のためではなく，名誉のために競技祭に参加したので，勝者に贈られたのはオリーブの冠だけでした（オリーブはギリシャでは神聖な物と考えられていました）。ただし，勝者は帰国後，国家に栄光をもたらした見返りに生涯にわたって納税を免除されたり，多額の報酬を得ることがあったそうです。そのため，紀元前6世紀頃になると，名誉よりも金銭を目当てにオリンピックに参加する者が増加し，"プロ化"に似た現象が見られます。今日でいう"ドーピング"に似た行為も，古代オリンピックの世界にすでに存在しました。

　1200年近く続いた古代オリンピックにも，ついに終わりがやってきます。その理由は宗教問題でした。紀元前146年以降ギリシャを支配下に収めていたローマ帝国は，392年にキリスト教を国の宗教に定めます。当然，異教であるゼウス信仰に由来するオリンピックは認められず，393年の第293回大会を最後に幕を下ろしました。

時間が経つにつれて，古代オリンピックの存在はもちろん，オリンピアの場所すら人々の記憶から忘れ去られてしまいました。しかし，1766年にイギリスのリチャード・チャンドラーがオリンピア遺跡の一部を発掘すると，それまで謎に包まれていた古代オリンピックの存在が大きくクローズアップされます。その後，ドイツのエルンスト・クルチウスをはじめヨーロッパ諸国による発掘が進み，古代オリンピックの競技の様子が次第に明らかになっていきました。

　すると，古代オリンピックに触発されてヨーロッパではいくつかの競技会が開かれます。その中でも有名なのが，イギリスのウィリアム・ペニー・ブルックがはじめた"マッチ・ウェンロック・オリンピック大会"です。1850年から古代オリンピックを再現するような競技会が続けられてきました。この競技会を見物し，ブルックスとの出会いを通して国際的な規模でオリンピックを復興させる夢を描いたのが，近代オリンピックの創始者ピエール・ド・クーベルタンでした。

## 2　クーベルタンによるオリンピックの復興

　クーベルタンは，スポーツを通じた国際交流によって人類の平和が実現すると強く信じていました。それは，戦争に明け暮れていた古代ギリシャ人の間に存在した，オリンピックの開催期間中の停戦協定（エケケイリア）に感銘を受けたことが理由の一つです。その背景には，クーベルタンの若き日を黒く塗りつぶしたパリの焼け跡の記憶がありました。相次ぐ国内紛争やドイツとの戦争によって疲弊していたフランスで青春時代を過ごした経験は，いつしか彼を壮大な平和運動へと向かわせたのです。

　1889年，教育者のクーベルタンは26歳でイギリスのパブリックスクールを視察した際，特にラグビー校で実践されていたスポーツ教育に釘付けになります。全校生徒が人格形成の手段として自主的にスポーツに打ち込んでいたからです。ここに，クーベルタンがスポーツの虜になり，スポーツによる青少年の教育と世界平和を追い求めるインターナショナルなムーブメントを思い立つ原点がありました。

　平和の希求，古代オリンピック，スポーツ教育。クーベルタンの若き想像力は大いに掻き立てられ，ついには夢の実現に向けて行動を起こします。1894年6月，パリのソルボンヌ大学講堂で開かれた国際会議で，クーベルタンが提案した近代オリンピック大会の実施と国際オリンピック委員会（IOC）の設置は満場一致で可決し，オ

リンピックムーブメントがはじめの一歩を踏み出しました。初代 IOC 会長にはギリシャのディミトリオス・ビケラスが就任し，クーベルタンは事務総長のポストを任されています。

## 3 資金不足と個人・クラブ参加の時代

　ソルボンヌ大学の決議から2年後の第1回近代オリンピック（1896年）の開催地は，古代オリンピックにちなんでギリシャのアテネに決まりました。財政難で中止の危機に瀕しましたが，ギリシャの王室と豪商の援助により何とか開催に漕ぎ着けました。13カ国から300名余りの競技者が集結しましたが，アジア・アフリカ地域からの参加者は含まれていません。また，古代オリンピックを忠実に再現する意図もあって，女性の参加は認められませんでした。

　当時のオリンピックは個人資格で出場できたため，参加者の中には偶然休暇でギリシャを訪れていた観光客も含まれていましたし，テニスのダブルスの優勝者はアイルランド人とドイツ人のペアだったそうです。一方，開催国のギリシャ国民はこの大会で大いにナショナリズムを掻き立てられます。ギリシャの故事にならってプログラムに加えられたマラソン競技で，ギリシャ人の羊飼いスピリドン・ルイスが優勝した瞬間，スタジアムに詰めかけた大観衆が歓喜に包まれました。

　第2回（1900年）のオリンピックは万国博覧会に合わせてクーベルタンの故郷パリで開催されます。しかし，相変わらずの資金不足でメインスタジアムが建設できず，貴族が所有するスポーツクラブでひっそりと競技が行われました。パリ市民のオリンピックへの関心は薄く，観客もわずかで，競技の参加者は裕福な貴族や大学生ばかりだったそうです。パリ万博の余興めいた寂しい大会になってしまいました。

　オリンピックは第3回大会（1904年）ではじめて海を渡ります。開催地はセオドア・ルーズベルト大統領の強い要請により，アメリカのセントルイスに決まりました。これによってオリンピックの規模が拡大するかに見えましたが，参加選手の大半はアメリカ人でした。ヨーロッパ諸国の選手が，旅費の問題を理由に軒並み参加を断念したからです。結局，この大会もセントルイスで開催されていた万博の付属アトラクションに過ぎず，事実上アメリカ国内の大学やクラブの対抗戦になってしまいます。その上，会期中にはインディアン，ピグミー，アイヌ，フィリピンなどの先住民

族を招いて人種の優劣を競わせる"人類学の日"と称した信じ難いプログラムも組まれました。クーベルタンの思いとは裏腹に，オリンピックは理想とかけ離れていきます。

なお，1906年には，第1回大会を成功させたギリシャの強い要望で，再びアテネでオリンピックが開催されました。第3回と第4回の中間年に開かれたこの大会は"中間オリンピック"と呼ばれています。中間オリンピックには日本体育会（現在の日本体育大学）に選手派遣の依頼がありましたが，実現にはいたりませんでした。

## 4　国際化と組織化の時代へ

わずか3回で行き詰ってしまったオリンピックでしたが，そんな中，オリンピックに今日に繋がる活気を与えたのは，皮肉にもクーベルタンが克服しようとした国と国との対立"ナショナリズム"でした。

オリンピックに大きな転機が訪れたのは，第4回（1908年）のロンドン大会です。それまでの個人・クラブ単位での参加から，国別の参加方式へと変わりました（正確には各国・地域のNOCを通しての参加です）。1908年当時，この参加方式が将来のオリンピックに苦境をもたらす要因になると予想した人がどれだけいたでしょうか。

超大国イギリスに新興勢力アメリカが対抗するという図式によって，ロンドン大会は世界中の注目を集めました。しかし，加熱するナショナリズムは問題を生み出します。この大会からスタジアムに国旗を掲揚することになりましたが，アメリカの国旗が掲揚されないトラブルが発生し，英米の選手間に険悪なムードが漂います。また，陸上の400m走で決勝に残ったのは英米の選手でしたが，アメリカの選手が審判の判定を不服としてレースをボイコットしたため，イギリスの選手がたった一人でトラックを周って優勝するという大会を象徴する騒動も起こりました。

これを見かねて，セントポール大聖堂で参加選手を集めた特別礼拝が行われます。このとき，ペンシルバニア主教が言った「オリンピックで重要なことは，勝利することより，むしろ参加したということであろう」という一節がクーベルタンの胸を打ち，後にオリンピックの理想を表現する言葉として有名になりました。

この頃になると，オリンピックムーブメントは遠くアジアにも伝わり，第5回のストックホルム大会（1912年）で日本が初参加を果たしました。陸上競技の三島弥彦と金

栗四三が最初のオリンピアンです。

　1916年の第6回大会はベルリン開催が予定されていましたが、第一次世界大戦のため中止に追い込まれてしまいます。古代ギリシャではオリンピック期間中は停戦協定が結ばれましたが、これを理想としたはずの近代オリンピックは残念ながらこのときは"平和の使者"にはなれませんでした。大戦後、1920年の第7回アントワープ大会からオリンピックは再開されたものの、敗戦国のドイツ、オーストリア、ハンガリー、ブルガリア、トルコなどは招待されていません。

　オリンピック復興30周年にあたる第8回大会（1924年）は、クーベルタンの要請で再びパリで開催されました。参加国数は過去最多を示し、男子限定ではありますが選手村が初登場します。この翌年、大会要項などを記した『オリンピック憲章』が制定され、ここに近代オリンピックの一定のルール化が図られました。

　女子の陸上競技がはじめて行われた第9回アムステルダム大会（1928年）では、日本人女性初のオリンピアン人見絹枝が陸上800m走で銀メダルを獲得しています。

　こうして、オリンピックは国際化の時代をむかえ、参加規程（1908年）、大会開催経費（1912年）、オリンピック旗（1920年）、選手宣誓（1920年）、オリンピック標語（1920年）、選手村の設置（1924年）、オリンピック憲章の制定（1925年）など、基本的な事項が次々と整備されていきました。

## 5　第二次世界大戦とオリンピック

　アムステルダム大会の翌年、1929年のニューヨーク証券取引所の株価暴落にはじまる大恐慌をきっかけに、世界は再び戦争への道を歩みはじめます。

　1932年の第10回ロサンゼルス大会は、世界恐慌のさなかで開催が危ぶまれました。これに対して、大会組織委員会は各国の参加経費を援助する声明を出し、本格的な大規模選手村を建設して対処します。その甲斐もあって参加国数が激減することはなく、観客動員にも成功して多くの経済的な利益を生みました。100分の1秒単位を計れる写真判定装置（ただし使用場面は限られました）や3段の高さを設けた表彰台の登場など、新たな試みも話題になりました。

　同年、ドイツではアドルフ・ヒトラー率いるナチスが第一党になりました。第11回大会のベルリン開催はナチスが台頭する直前に決まっていましたが、ヒトラーはこ

のオリンピックを国威発揚の絶好のチャンスととらえ，10万人収容の巨大スタジアムを建設します。ベルリン大会はオリンピック史上空前の大盛況を見せ，ナチスの大宣伝イベントとなったことは事実ですが，大会を成功に導くきめ細かい計画が練られていたことも見逃してはなりません。最先端の科学技術を総動員して，精密な写真判定装置，フェンシングの電気判定装置，コンピュータ式のスコアボードが用いられ，大会報道にはテレビ中継も試行されました。

今ではお馴染みの聖火リレーもベルリン大会からはじまりました。アテネからベルリンに向けて，ナチスは聖火リレーの下見と称して各国の地形や道路をくまなく調査します。ドイツ最大の軍需兵器会社製のトーチに灯された"平和"の火が，3000人を超える聖火ランナーを経由してベルリンへと運ばれました。その3年後，ドイツ軍は聖火リレーのコースをさかのぼりバルカン半島を占領しますが，これは果たして偶然の一致でしょうか……。さまざまな説が存在し，いまだに正確なことは判明していません。

第12回（1940年）のオリンピックの開催地は東京に決まり，日本国内のオリンピックムードが高まっていきました。しかし，1937年の盧溝橋事件をきっかけに日本軍は全面的に日中戦争をはじめます。世界平和を目指すオリンピックの開催国が自ら交戦国となってしまったのです。1938年，日中戦争の悪化・長期化が見込まれたため，ついに東京はオリンピックの開催権を返上しました（同年の冬季五輪も札幌に決まっていましたが同じく返上しています）。第12回大会の開催権はヘルシンキに移りましたが，ソビエト軍のフィンランド侵攻により中止に追い込まれてしまいます。ロンドンで予定されていた第13回大会（1944年）も，長引く戦火の影響で中止されました。

## 6 東西のメダル争いの時代へ

戦後間もなく再開されたオリンピックは，大きな曲がり角を迎えました。"東西冷戦"という新たな世界秩序が国際スポーツ界にそのまま持ち込まれ，共産主義国の台頭によりオリンピックは東西のメダル争いの時代へ突入します。

第14回大会（1948年）の開催地ロンドンは，いまだ戦後の荒廃から立ち直っていませんでした。そのため，オリンピックに向けて深刻な財源不足が露わになりますが，世界各国からの支援によってようやく開催に漕ぎ着けます。このとき，敗戦国の日本

とドイツは招待されていません。

　第15回大会（1952年）はヘルシンキで行われます。オリンピックを国威発揚の最高の舞台ととらえた共産圏の国々が，国家の総力を結集して強化した選手団を送り込んできました。ストックホルム大会以来，40年ぶりにオリンピックに復帰したソビエト連邦は，この大会で一躍アメリカに次ぐメダル大国となりました。アメリカとソ連の争いはやがて"宇宙開発"にまでおよびますが，オリンピックにおける米ソのメダル獲得競争はヘルシンキ大会にはじまります。人間教育，国際交流，世界平和を訴えるオリンピズムはどこへやら。この時期のオリンピックは，"戦争の代わり"になってしまいました。ここへきて，国別参加方式を採用したツケが回ってきたといえそうです。

　1956年の秋，ソ連軍がハンガリーに侵攻し，国際間の緊張が一気に高まります。この直後，南半球初の第16回大会がメルボルンで開かれますが，オランダ，スイス，スペインがソ連の軍事行動に抗議してボイコットに踏み切りました。また，イスラエル軍のエジプト侵攻に抗議して，エジプトとレバノンもボイコットを表明します。そんな中，ハンガリーとソ連が対決した水球の準決勝で事件は起こります。両チームの選手がエスカレートし，大乱闘に発展してしまいました。戦争が水の中までおよんだのです。反ソ感情に支配された観客の冷たい視線の中，ソ連のメダル獲得数はこのオリンピックでついにアメリカを追い越しました。

　戦後，中華人民共和国と中華民国（台湾）に分裂した中国は，オリンピックの参加を巡っても共存することはなく，国際スポーツ界において"2つの中国問題"が深刻化していきます。メルボルン大会では，選手村に台湾の国旗が掲揚されていたことに抗議した中華人民共和国が直前でボイコットしました。

## 7　オリンピックの巨大化

　1960年にアフリカ諸国が続々と独立したため，同年開催の第17回ローマ大会は参加選手が5000人を超えました。全世界へ向けたテレビ中継もはじまり，各国のユニフォームを着たメダリストの勇姿が画面越しに不特定多数の人々へ届けられる時代が到来したのです。こうして，オリンピックは絶大な宣伝効果を持つイベントへと成長しました。すると，各国は内外に自国の存在を示そうとして，過剰なまでのスポーツ

強化に乗り出します。その果てにはドーピング問題がありました。早くもローマ大会の自転車競技でドーピングによる死亡事故が発生し、以降、ドーピングの取り締まりがはじまります。

　第18回大会（1964年）の開催地には東京が選ばれました。1940年のオリンピック開催を自らの手で"幻"にしてしまった反省から、さまざまな工夫が凝らされます。聖火リレーのコースはかつて日本軍が戦場としたアジア諸国を巡るよう計画され、最終聖火ランナーには1945年8月6日に広島で生まれた坂井義則を抜擢しました。終戦から20年。日本は戦争をするような国ではなく、自由と平和を愛好する国へ生まれ変わったことを世界中にアピールしようとしたのです。この大会では、地元の声援に後押しされた日本の選手が目覚ましい活躍を見せています。一方、東京大会を最後に東西ドイツの統一チームは姿を消し、以後は東ドイツ・西ドイツに分裂してオリンピックに参加するようになりました。またしても、オリンピックの平和思想は政治の前に打ち砕かれてしまいます。

　第19回メキシコシティ大会（1968年）の陸上競技では、オリンピックで初めて全天候型トラックが採用された影響もあり、たくさんの世界記録が打ち立てられました。そんな中、男子陸上200mで優勝したトミー・スミスと銅メダルのジョン・カルロス（いずれもアメリカの黒人選手です）は、表彰台の上で黒手袋を着けた拳を突き上げて人種差別への大々的な抗議行動を起こし、大会を象徴するシーンとして刻まれました。

　こうして、オリンピックの舞台は全世界へのまたとないアピールの場として認識され、ついにはテロの標的となります。第20回ミュンヘン大会（1972年）では、パレスチナのゲリラ集団によるイスラエル選手団襲撃事件が起こりました。人質となったイスラエルの選手11人全員が殺害された五輪史上最悪の惨劇です。以降、オリンピックは厳重な警備体制のもと"武器に守られた平和"の中で開催されるようになったといえるでしょう。なお、最新のテクノロジーを駆使した計測装置が登場したのもミュンヘン大会の特徴です。

　第21回のモントリオール大会（1976年）は、オイルショックによる世界的不況の煽りを受けて深刻な財政難に苦しみました。また、外交問題の影響により台湾が、人種差別問題と関わってアフリカ大陸の22カ国が大会直前にボイコットを表明しています。この頃になると、東ドイツは国家を挙げてメダル獲得争いに名乗りを上げます。

メキシコ大会では25個にとどまったメダル獲得総数は，ミュンヘン大会では66個，さらにモントリオール大会では90個に急増しました。躍進の背景には，東ドイツで高度に発達したスポーツ科学研究の存在がありましたが，その飽くなき勝利への渇望がついには国家ぐるみのドーピングに辿り着いたことは周知の通りです。

## 8 米ソのボイコット合戦から商業主義の時代へ

　1980年代に入ると，オリンピックはかつてないほどに国際政治の力学に翻弄されるようになります。加熱する米ソの競争は相次ぐボイコット合戦を巻き起こしました。

　第22回のオリンピックの開催地はソビエト連邦のモスクワに決まりました。このとき，ソ連のアフガニスタン侵攻に抗議した西側諸国（アメリカ，韓国，西ドイツ，日本など）が軒並みボイコットしたため，参加国数は前回大会を大幅に下回りました。アメリカ大統領選挙を控えて，時のカーター大統領は自らの再選をにらんで，オリンピックのボイコットに政治的効果を期待したといいます。アメリカに賛同する形でモスクワ大会参加を断念した日本では，たくさんの有力なメダル候補選手たちが涙を流しました。

　続く1984年の第23回ロサンゼルス大会。今度は反対にソ連や東ドイツなどの東側諸国が，アメリカ軍のグレナダ侵攻を理由にボイコットします。たとえ戦争中でも，オリンピックの開催期間中は武器をおいて競技に参加する。クーベルタンがモデルにした古代オリンピックの精神は，もはや忘れ去られていました。

　一方，この大会は財政破綻の危機にあったオリンピックを様変わりさせました。1980年にIOC会長の座に就いたアントニオ・サマランチは，オリンピックの商業化を強力に推進します。オリンピックの商品価値を高めてスポンサーから財源を得るため，それまで閉ざされていたプロ選手の参加を容認し世界最高峰の大会をプロデュースしていきました（『オリンピック憲章』の参加資格から「アマチュア」の文字が消えたのは1974年です）。完全民営化が図られたロサンゼルス大会は，聖火リレーを商品化するアイデアも話題となり，結果として莫大な黒字を計上しました。ビジネス路線の採用は賛否を生みましたが，これがオリンピックを蘇生し，価値あるコンテンツへと押し上げたことは事実です。この大会以降，オリンピックの放映権料は右肩上

がりで高騰していきます。

　第24回ソウル大会を象徴する出来事は，陸上競技の男子100m決勝で起こります。カナダのベン・ジョンソンは，9秒79という"人間離れ"した世界新記録で優勝し世界中の度肝を抜きました。ところが，競技後のドーピング検査によって，彼は薬の手を借りていたことがわかりました。このオリンピックでは12年ぶりに東西両陣営が相まみえ，再び熾烈なメダル争いが繰り広げられます。"ソ連"と"東ドイツ"という国が参加した最後のオリンピックです。ソウル大会では，視聴率を見込める人気競技の決勝がアメリカのゴールデンタイム（ソウル時間では午前です）に合わせられました。アメリカのテレビ局が巨額の放映権料を払った見返りの措置です。この頃からオリンピックは，選手のコンディションを無視してまで"テレビの向こう側"を過剰に意識するようになりました。なお，北朝鮮はこの大会を南北朝鮮の共同開催とするよう韓国側に申し入れますが，話の折り合いがつかず立ち消えとなっています。

## 9　冷戦の終結と平和主義の追求

　1989年のマルタ会談で44年間続いた米ソの冷戦が終結します。これをきっかけに，オリンピックを取り巻く政治的な脅威は軽減されますが，その反対に"商業主義"や"メディア"という脅威が増殖していきました。

　第25回バルセロナ大会（1992年）は，史上最大規模の参加国・地域と参加選手を招いて華々しく行われます。ソ連が崩壊したため，この大会に限りロシア，アゼルバイジャン，アルメニア，ベラルーシ，グルジア，カザフスタン，キルギスタン，モルドバ，タジキスタン，トルクメニスタン，ウクライナ，ウズベキスタンの12カ国は"独立国家共同体（EUN）"としてオリンピックに参加しました。人種差別政策の緩和を受けて，南アフリカ共和国は32年ぶりにオリンピックの参加を許されます。バスケットボールをはじめ多くの競技でプロ選手の参加が解禁され，世界トップクラスのパフォーマンスが大観衆を魅了しました。

　冷戦の終結は，オリンピックを平和主義の追求へと向かわせます。1993年には，IOCの働きかけで国連総会において「オリンピック停戦の順守に関する決議」が採択されました。以後，国連総会では毎回の夏季・冬季オリンピック開催の前年にこの決議を行っています。

オリンピック競技大会は第26回アトランタ大会（1996年）で100歳を迎えました。しかし，大会期間中にアトランタ市内の公園で爆破テロ事件が起こり，2名が死亡，100名以上が負傷する大惨事が起こります。またしてもオリンピックは，テロリストの標的になってしまいました。

　第27回シドニー大会（2000年）は民族間・国家間の融和を印象づけるオリンピックとなります。最終聖火ランナーにはオーストラリアの先住民アボリジニ出身のキャシー・フリーマンが抜擢され，多文化共生へのメッセージを発信する演出がなされました。また，開会式では韓国と北朝鮮が統一旗を先頭に同時入場しています。その後，両国の冷え切った関係に大きな変化はありませんでしたが，オリンピックの平和主義を尊重する行動であったといえるでしょう。

　1990年代は地球規模の差し迫った課題として環境保護が訴えられました。オリンピックも例外ではなく，IOCはオリンピックムーブメントの基本理念の一つに"環境"を掲げ，クーベルタンの時代にはなかったこの問題に真正面から向き合う姿勢を見せます。IOCは1999年に『オリンピックムーブメンツ　アジェンダ21』を作成し，国連とも連携を図りながら環境問題に責任を持って関わることを宣言しました。

## 10　新世紀をむかえて

　21世紀が開幕して最初のオリンピックは，第28回アテネ大会（2004年）です。オリンピックは108年ぶりに出発の地アテネへ戻ってきました。世界を震撼させた2001年のアメリカ同時多発テロ事件を受けて，オリンピック期間中には前回大会の4倍（約1300億円）もの費用をつぎ込んだかつてない厳重なセキュリティが敷かれます。ところが，大会最終日の男子マラソンでは，突然沿道から飛び出した不審者がトップを走るランナーに抱きつくハプニングが起こり，莫大な経費を投じた警備網があっけなく突破されてしまいました。この不審者はテロリストではありませんでしたが，オリンピックをテロから守ることの難しさを伝えるエピソードです。

　2008年の第29回北京大会は，20年ぶりにアジアで開催されました。急速な経済成長をみせる中国は，金メダルの獲得数でアメリカを置き去りにしてトップに立ち，その存在を内外に知らしめました。また，アジア開催の宿命でしょうか。ソウル大会と同様，人気競技の決勝はアメリカのゴールデンタイムに合わせて午前中に行われて

います。

　第30回（2012年）の開催地はロンドンです。はじめて本格的に"レガシー"を創り出す取り組みがなされたオリンピックでもありました。それまで，宗教上の理由で男性しか出場できなかったサウジアラビア，カタール，ブルネイが女性選手を派遣し，オリンピック史上初めてすべての参加国・地域から男女そろって選手が出場しています。ロンドン大会の成功の影には，ボランティアの存在がありました。彼らは"GAMES MAKER"と称され，競技会場の内外を問わずロンドン市内でところ狭しと活躍しました。

　2013年にIOC会長となったトマス・バッハは，就任早々オリンピックの改革案の取りまとめを急ぎます。そして，2014年12月のIOC臨時総会で採択された中長期改革案が『オリンピックアジェンダ2020』です。ここには，開催地の負担軽減などオリンピックのあり方を見直すことや，スポーツの価値を高めることが40のテーマによって提言されました。オリンピックは未来へ向かって新たな道を歩みはじめたのです。

　第31回（2016年）のオリンピックは初の南米開催となりました。このリオデジャネイロ大会では，ロシア選手団の国家ぐるみのドーピングスキャンダルが話題をさらいます。IOCはロシア選手の出場可否の判断を各競技の国際競技連盟に委ねました。その結果，陸上競技をはじめ水泳，ボート，カヌーなどの合計100名以上の選手がオリンピックへの参加を認められませんでした。また，IOCは内戦や政治的な理由で祖国を離れた難民アスリートに対する救済措置として"難民五輪選手団"を結成します。開会式で五輪旗を先頭に彼らが入場すると，スタジアムに詰めかけた大観衆が立ち上がって力強い拍手と声援を送りました。世界中で苦しむ6500万人を超える難民に希望の光が差し込んだ瞬間です。オリンピックは国別の参加方式を採用しているものの，その本質は国家同士の争いではなく，あくまで選手間の競い合いによる平和運動であることが改めて確認された出来事でした。

　2018年の平昌冬季オリンピックの開会式では韓国と北朝鮮が同時入場し，IOCバッハ会長はこれを「世界に平和のメッセージを発信した」（開会式スピーチより）と称賛しました。スピーチの中でバッハ会長は「多様性の中での結束は，分断しようとする力よりも強い」と語気を強めましたが，融和ムードが漂う一方で北朝鮮の唐突な五輪参加には反対意見も多く，韓国社会の"分断"を生み出したことも事実です。

オリンピックが両国の冷え切った関係を温める"平和の使者"になり得ることは簡単ではないようです。

　近代オリンピックがはじまってから120年あまり。資金難，戦争，国際情勢に左右されながらも，オリンピックは確かに生き続けてきました。2020年に予定されている第32回東京大会は，『オリンピックアジェンダ2020』の改革案が具体的に反映されるオリンピックです。新時代の試金石となる大会で，"TOKYO"はオリンピックに何を遺せるのでしょうか。そして，オリンピック（・パラリンピック）を通過した日本はどのように変わっていくのでしょうか。オリンピックの歴史を踏まえて考えてみる時，大きな期待と少しの不安が入り混じります。

**参考文献**

池井優『オリンピックの政治学』丸善，1992年。
オモ・グルーペ「オリンピックの価値——何処へ？」滝沢文雄訳『体育・スポーツ哲学研究』23巻1号，2001年，17〜27頁。
岸野雄三・木下秀明・川本信正監修『目で見る大世界史13——より強くより楽しく　体育・娯楽』国際情報社，1968年。
ジム・パリーほか『オリンピックのすべて——古代の理想から現代の諸問題まで』舛本直文訳，大修館書店，2008年。
日本オリンピックアカデミー編著『JOA　オリンピック小事典』メディアパル，2016年。
日本オリンピック委員会監修『近代オリンピック100年の歩み』ベースボール・マガジン社，1994年。
日本オリンピック委員会監修，日本オリンピックアカデミー編『オリンピック事典』プレスギムナスチカ，1981年。
野々宮徹・岸野雄三「オリンピック大会」『最新スポーツ大事典』大修館書店，1987年。
橋場弦・村田奈々子編『学問としてのオリンピック』山川出版社，2016年。
「歴代オリンピックでたどる世界の歴史」編集委員会編『歴代オリンピックでたどる世界の歴史1896→2016』山川出版社，2017年。

（谷釜　尋徳）

CHAPTER

# 03
# パラリンピックの発展と今日的課題

　2020年に東京でオリンピックが開催されることが決まり，今さまざまな準備が進んでいます。同時に，日本国内ではブームともいえるような障がい者スポーツやパラリンピックの盛り上がりがみられています。オリンピックが開催されるということは，同時に，その開催都市において障がい者スポーツの祭典ともいわれるパラリンピックが開かれることを意味します。これは2001年6月19日にスイス・ローザンヌで国際オリンピック委員会（IOC）会長と国際パラリンピック委員会（IPC）会長によって両組織間の協力関係についての話し合いが持たれ，そこで合意された「オリンピック開催国は，オリンピック終了後，パラリンピックを開催する」ことに基づくものです。

## 1　パラリンピックとは

　近年，私たちの日常の中で「パラリンピック」という言葉を耳にすることが多くなりました。さまざまなメディアでパラリンピックを特集している場面にも数多く出合います。一方で，パラリンピックとはどのようなものなのかを正確に知っている人が多くないのも，また実態です。本章では「パラリンピックとは何か」について少し詳しく解説をします。

イントロダクション

## 1　「パラリンピック」の由来

　パラリンピック（Paralympic）とは，4年に1度オリンピック終了後にオリンピック開催都市で行われる障がい者の国際スポーツ競技大会のことです。オリンピック同様に夏季競技大会と冬季競技大会が開催されています。今日，「パラリンピック」は「もう一つの（Parallel）＋オリンピック（Olympic）」という意味の合成語として使われていますが，パラリンピックが誕生した当時（1960年代）は対麻痺を意味する「パラプレジア（Paraplegia）」と「オリンピック（Olympic）」を合わせた造語として使われていました。つまり，同じ「パラリンピック」という言葉ですが，パラリンピックが誕生した当時と現代ではそこに含まれる意味が異なっていました。また，「パラリンピック」という言葉は1964年のパラリンピック東京大会の時，当時のマスコミが語呂のよい愛称として使ったことがはじまりともいわれており，その意味からすると，「パラリンピック」という言葉は日本生まれともいえるわけです。

　出場選手の大半が身体障がい者です。一方で聴覚障がい者などは出場できないことになっています[1]。パラリンピックが障がい者スポーツ最高峰の祭典と呼ばれたり，障がい者スポーツの祭典として取り上げられることがありますが，すべての種類の障がい者に出場資格が与えられるわけではありません。

## 2　パラリンピックのはじまり

　今日のパラリンピックにつながる障がい者スポーツのはじまりについては，イギリス・ロンドン郊外にあるストーク・マンデビル病院内の脊髄損傷センターでの取り組みと考えるのが一般的です。第二次世界大戦では多くの国で戦傷兵を抱えることとなりました。負傷の内容はさまざまでしたが，数多くの脊髄損傷者が生まれてしまいました。大国の一つであったイギリスも例外ではありませんでした。そこで，イギリスでは戦傷兵の治療と社会復帰を目的として，1944年にストーク・マンデビル病院の脊髄損傷センターを開設しました。このセンターは戦傷兵のリハビリテーションを行うための施設で，戦傷兵の治療と社会復帰に向けて中心的な役割を果たしたのが，ルードウィッヒ・グットマンでした。グットマンらは当時から「手術よりスポーツを」という方針を掲げ，戦傷兵のリハビリテーションに積極的にスポーツを取り入れました。またグットマンは「失った機能を数えるな。残った機能を最大限に活かしなさい」という，のちに世界中の障がい者スポーツ領域で語り継がれることとなる名言

図1　1964年 東京パラリンピックポスター

も残しています。

　リハビリテーションの一環としてスポーツに取り組むことになれば，その成果を確認したくなるのも自然なことで，1948年に「ストーク・マンデビル競技会」というストーク・マンデビル病院でのリハビリテーションの成果を発揮し合うスポーツ競技大会が開催されました。この競技大会は以後，毎年開催されました。また，この競技大会に出場することのできた選手は脊髄損傷による車いす使用者に限られていましたので，障がい者の誰もが出場できたわけではありませんでした。その後1952年のストーク・マンデビル競技大会はイギリス人だけでなくオランダからも参加選手を得て，イギリス国内のスポーツ競技大会から国際的な車いす使用者によるスポーツ競技大会へと発展していきます。この1952年に開催されたストーク・マンデビル競技大会が第1回国際ストーク・マンデビル競技大会となります。この後も国際ストーク・マンデビル競技会はストーク・マンデビル病院の施設や周辺施設を利用してイギリス国内で毎年開催されました。しかし，オリンピックの開催される年（たとえば1960年や1964年など）に開かれる国際ストーク・マンデビル競技大会に限っては，オリンピック終了後にオリンピック開催国で実施することが決められました。この約束事に従って，1960年には第9回国際ストーク・マンデビル競技大会がローマ（イタリア）で開催され，のちに第9回国際ストーク・マンデビル競技大会が第1回パラリンピックと位置づけられることとなり，パラリンピックが誕生します。ちなみに，1964年に日本で行われたパラリンピック東京大会は，同時に第13回国際ストーク・マンデビル競技大会でもありました。

## 3　リハビリテーションから高度な競技スポーツへ

　ストーク・マンデビル競技大会がパラリンピックへと発展していく過程で，多くの戦傷兵がスポーツを通じたリハビリテーションに取り組み社会復帰を果たしていきました。こうした成果が広く認められるようになり，スポーツを取り入れたリハビリテーションの方法が徐々にヨーロッパ各国や日本をはじめアジア・太平洋各国へと広

がっていくことになりました。日本においても1964年パラリンピック東京大会の際に来日した諸外国の選手の生き生きとした振る舞いに触れたことが，障がい者にとってのスポーツの意義やスポーツを取り入れたリハビリテーションの重要性を深く理解するきっかけとなりました。

　パラリンピックがはじまった当初，パラリンピックはリハビリテーションの成果を披露し合う場でもありましたが，徐々に高度なスポーツ競技大会へと変化していくことになります。2001年に行われた国際オリンピック委員会（IOC）会長と国際パラリンピック委員会（IPC）会長の話し合いを通じて，「パラリンピックのエリート性を高める」という方針が明確に打ち出されたことが，大きな転換点になりました。この時期と前後してパラリンピックはリハビリテーションの一環としてのスポーツから，きわめて高度な競技スポーツへと急速に姿を変えていくこととなり，オリンピックと並ぶ世界最高峰のスポーツ競技大会となることを目指すようになります。エリート性を高めた高度なスポーツ競技大会となれば，当然高い競技レベルのスポーツ選手だけしか出場できません。したがって，「パラリンピックのエリート性を高める」という方針が示されたことと前後して，パラリンピックに出場するためには大会で定められた標準記録を突破すること，世界ランキングの上位に入り出場権を獲得すること，世界選手権大会や地域選手権大会で一定以上の成績をおさめ出場権を獲得することなどの条件を満たすことが必要となりました。今日のパラリンピックは世界のトップ選手だけが出場できる障がい者の国際スポーツ競技大会であり，障がい者スポーツ最高峰の祭典と呼ばれることもあります。

## 4　パラリンピックの規模や採用競技

　大成功のパラリンピックであったと賞賛される2012年パラリンピックロンドン大会では164の国と地域から4237名の選手と2430名の役員が参加しました。これはパラリンピック史上最大規模です。日本選手団は134名の選手と121名の役員が派遣されました。1960年の第1回パラリンピックローマ大会は23の国と地域から，およそ400名の選手が出場したと記録されています。これらのデータを参考にしますと，パラリンピックの大会規模は第1回大会以来およそ50年余りの間で約10倍に膨れ上がったことになります。とはいえ，どこまでも拡大していくわけにはいきませんので，大会規模については最多参加人数の上限を定めました。具体的には夏季大会では

選手4000名，役員2200名，冬季大会では選手800名，役員900名までとすることで合意されており，当面，2012年ロンドン大会以上の大会規模になることはないと見込まれています。また，競技数の上限については夏季大会22，冬季大会8と定められています。

　パラリンピック採用競技については陸上競技や水泳のようにオリンピック種目としても採用されているものから，ボッチャや5人制サッカーのようなパラリンピックのみで採用されている種目までさまざまです。障がい者スポーツにおいてはスポーツを行う当事者である障がい者の障がいの種類や程度がさまざまであることから，それぞれの状況に合わせてルールや用具に工夫を施し，たとえ何らかの障がいがあったとしてもスポーツを行う可能性を広げようと考えます。したがって，パラリンピックでも障がいに合わせてさまざまな独自のルールを設けることで競技を可能にしています。国際ルールに則った従来型のスポーツの場合，基本的に与えられたスポーツに人間が合わせていくと見なすことができるでしょう。それに対して，障がい者スポーツでは人間にスポーツを合わせていくことを基本に据えます。

　2012年ロンドン大会ではアーチェリー，陸上競技，ボッチャ，自転車，馬術，5人制サッカー，7人制サッカー，ゴールボール，柔道，パワーリフティング，ボート，セーリング，射撃，水泳，卓球，シッティングバレー，車いすバスケットボール，車いすフェンシング，ウィリチェアーラグビー，車いすテニスの20種目が行われ，陸上競技，水泳，卓球では知的障がい者の参加が認められました。

## 2　パラリンピックの今日的課題

　エリート性を高め，競技としての高度化を推し進めるパラリンピックでは大会規模が大きくなっていくにともなって，いくつかの今日的課題を抱えることになってきました。ここでは「用具」，「クラス分け」および「オリンピック選手とパラリンピック選手の統合およびツールドーピング」の視点からパラリンピックが現在直面している課題について考えます。

### 1　高度化する用具

　2012年ロンドンで開催されたパラリンピック大会では観客席が満員となり，これ

までのパラリンピックにはなかった盛り上がりをみせ，かつてない高度な競技が展開されたと賞賛されました。高度な競技が展開された理由はいくつかあると考えられますが，パラリンピック選手が使用する用具の進歩がそのひとつであることに疑いの余地がないでしょう。選手の多くが身体障がい者であるパラリンピックでは，時に選手の手や足の役割を用具が果たします。つまり，高性能な用具を手にして，その用具を使いこなすことができれば，それだけ精密な運動ができる可能性が高まるわけです。パラリンピックで使用される代表的な用具として，競技用車いすやカーボン製の競技用義足などを思い浮かべる人も多いことでしょう。高いレベルの選手が使用している用具は最先端の科学技術や高度な材料を使用して，それぞれのスポーツ種目や選手個々の特性に合わせて，製造されます。用具の原型がつくられたあとも，その用具を使用する選手自身がテスト使用を繰り返し，よりフィットした状態になるよう改良と微調整が重ねられていきます。技術者と選手の細かな協働作業を経て，オーダーメイドの用具が仕上がっていきます。オリンピック選手がさまざまなスポーツ用具メーカーと契約をして，たとえばシューズ等をオーダーメイドで作成し提供を受けているように，パラリンピックで上位進出する選手の多くは車いすや義足を製造するメーカーと契約しています。このことはパラリンピックで上位進出を果たすためには最先端の用具を手に入れ，それを使いこなすことが不可欠であることをも意味します。一方で最先端の用具は特定のスポーツ競技種目専用で，かつ特定の選手個人に適したものが製造されますので，当然，高価です。このような高価な用具を手にしやすいのは一定の経済レベルに達している国の選手ということになります。オリンピック以上に用具の影響が大きいとも考えられるパラリンピックにおいて優れた道具を手にできることは，すなわち競技を有利に進めやすくなることを意味します。事実，オリンピックと同様に，GDP・人口・国土の広さと競技成績には強い相関が認められることが指摘されています。

## 2　平等か，競技のエリート性か？

　障がい者スポーツを競技として成立させている仕組みとして，「クラス分け」があります。クラス分けとは競技における平等性を最大限に確保することを目的として，「競技者間の障がいによる競技能力の差異を調整するものであり，競技者が互いに対等な立場で競技を行い，その結果に障がいの重さを反映させまいとするもの」です。

具体的には障がいの種類や程度および運動機能などを国際的なクラス分けのための資格を持った医療従事者が診断，判定することによって選手を区分します。

　理論上，クラス分けを細かく行えば（クラス数を多くすれば），該当する競技者の障がいによる競技能力の差異は小さくなります。一方，クラス分けを粗目に行えば（クラス数を少なくすれば），該当する競技者の障がいによる競技能力の差異は大きくなります。今日のパラリンピックがエリート性を高めてオリンピックに並び立つ高度なスポーツ競技大会になっていくことを目指しているため，基本的に「クラス数を少なくする」という方針が確認されています。クラス数が少なくなればメダル獲得者数が少なくなります。メダル獲得者や上位進出者が少なくなると，そこに希少性が生まれます。すると，相対的にメダル獲得者や上位進出者の価値が高まっていくことになります。このことこそがエリート性を高めようとする現代のパラリンピックの目指す方向性に合致するという考え方です。繰り返しになりますが，クラス数を少なくすると，一般的に各クラスに該当する競技者の障がいによる競技能力の差異が大きくなると考えられます。つまり，障がいの重さに大きな差がある競技者が同じクラスの中で競い合うことになるわけです。そうなると，たとえばクラス分けのボーダーラインにいる選手にとっては，一つ重いクラスに分けられるのか，一つ軽いクラスに分けられるかによって，将来の競技成績に大きな影響が及ぶことになります。時には競技そのものよりもクラス分けのほうが大きな意味を持っている，というのも今日のパラリンピックの偽らざる姿の一つです。

　健全な競技実施を目指し，できる限りの平等性を確保するための工夫として用いられてきた「クラス分け」ですが，パラリンピックがエリート性を強く追求する中で，そのあり方を見直さざるを得ない時期を迎えています。

## 3　オリンピックをおびやかすパラリンピックの競技レベルとツールドーピング

　現代の高度化したパラリンピックに出場するため，あるいは，パラリンピック本戦において上位進出を果たすためには，選手が最先端の用具を手に入れ，それを使いこなすことが不可欠であることや，それゆえ，一定の経済レベルに達している国の選手のほうが有利である実態について述べました。しかし，これらの実態が及ぼす影響についてはパラリンピックに留まりません。

　オリンピックとパラリンピックを比べれば，まだ多くの種目でオリンピックの記録

がパラリンピックのそれを上回っていますが，一部にはパラリンピック選手がオリンピック選手に肉薄する，あるいは，凌駕するケースも出てきています。オリンピックの上位選手と遜色ない競技レベルを持つパラリンピック選手からは当然，「オリンピックに出場したい」との声が上がってきます。ここで問題となるのがパラリンピック選手の使用する用具についてです。パラリンピック選手の使用する用具について，「パフォーマンスを過剰に高める効果があり，明らかに有利ではないか」，「用具の使用はアンフェアである」，「薬物ドーピングと同様の性質を持つのではないか」という議論が起こります。近年では「ツールドーピング」という考え方も生まれ，多くの議論が重ねられています。言うまでもなく，非常に線引きの難しい問題であり，明快な結論を得ることは容易ではありません。2016年のリオデジャネイロ・オリンピックの際にも，オリンピックへの出場を望んだマルクス・レーム選手（走り幅跳び・ドイツ）の出場の可否について検討され，その際には使用する義足の優位性についても検証されましたが，「義足の使用が健常者の足と比較して有利ではない」ことを完全に証明することはできなかったことを理由として出場を認められませんでした。筆者の解釈では「有利ではない」ことを完全に証明することはできていませんでしたが，義足の使用が「明らかに有利である」と言い切れるデータでもなかったと思います。まさに，「線引きの難しい問題であること」を象徴する検証結果であったといえそうです。

## 3 パラリンピックを通じてスポーツにおける平等性を再考する

　パラリンピックがはじまった当初，パラリンピックはリハビリテーションの成果を披露し合う場でしたが，時を経て，徐々に高度なスポーツ競技大会へと変化してきたことを述べました。エリート性を高めた高度なスポーツ競技大会となれば，当然高い競技レベルを持つスポーツ選手だけしか出場できません。選手の絶え間ない努力によって高度なプレーが披露され，紙一重の勝負が展開され，スポーツとしての魅力を増していきます。こうして2012年パラリンピックロンドン大会では164の国と地域から4237名の選手と2430名の役員が参加する大きなイベントへと発展してきました。一方，戦傷者のリハビリテーションの一環としてはじまった障がい者スポーツや

パラリンピックが高度なスポーツへと変化してきた中，いくつかの課題を抱えるようになったことも述べました。「用具」，「クラス分け」および「ツールドーピング」といった課題は，それぞれ異なる観点のはずですが，通底するのは「スポーツにおける平等性を考える」という問題ではないかと考えられます。

　パラリンピックをはじめとする障がい者スポーツは選手それぞれに異なる障がいがあることを前提に，その差異を極力小さくし，「平等性を保証」すべく「クラス分け」という仕組みを導入しています。しかし今日，パラリンピックのエリート性が強く志向される中で，パラリンピック競技の平等性を担保することが必ずしも容易でないという自己矛盾に陥っているようにみえます。そのように考えたとき，いま私たちに「パラリンピックにおける平等性とは何か」という課題が突き付けられているといえないでしょうか。この問いはパラリンピックに留まらず，「スポーツにおける平等性とは何か」という根源的な問題を改めて問うものでもあるのかもしれません。

## 注

1）聴覚障がい者はろう者のオリンピックとも呼ばれるデフリンピックという国際的なスポーツ大会に出場しています。デフリンピックはコミュニケーションのすべてが国際手話によって行われる特徴を持ち，競技は一般的にスタートの音や審判の声で合図される場面に視覚的にわかる方法を用いる以外はオリンピックと同じルールで行われます。

## 参考文献

国際パラリンピック委員会　https://www.paralympic.org（2018年3月31日閲覧）
清水諭編「特集　障がい者スポーツをどのように考えるか」『現代スポーツ批評』29号，2013年。
全日本ろうあ連盟ホームページ　https://www.jfd.or.jp/sc/deaflympics/games-about（2018年8月18日閲覧）
飛松好子「障がい者スポーツのクラス分け」『臨床スポーツ医学』20巻10号，2003年。
日本障がい者スポーツ協会編『障がい者スポーツの歴史と現状』，2017年。
日本パラリンピック委員会ホームページ　http://www.jsad.or.jp/paralympic/jpc/（2018年3月31日閲覧）
藤田紀昭『障害者スポーツの環境と可能性』創文企画，2013年。

（金子　元彦）

# COLUMN01

# オリンピックの新種目？
## 人気急上昇中のeスポーツ

　いま，世界中で"eスポーツ"が注目を集めています。"エレクトロニック・スポーツ"の略語で，ガンシューティング，サッカー，格闘系などのコンピューターゲームの対戦をスポーツ競技ととらえるものです。

　巨大なプレー人口を誇るオンラインゲームの世界では，新しいプロスポーツビジネスが本格的に立ち上がっています。各地域の予選を勝ち抜いた代表選手が集う世界大会では，1万人を超える観客がスタジアムを埋め尽くし，ストリーミング放送を通じて数千万人が試合の模様を視聴します。賞金総額は，なんと億単位に上るとか。

　eスポーツは海外では比較的長い歴史を持ち，スポンサー収入で生計を立てるプロゲーマーが数多く存在します。ヨーロッパの有名なサッカークラブでは，マンチェスターユナイテッドやバレンシアCFなどがeスポーツ部門を立ち上げました。

　しかし，日本はeスポーツに関しては完全に後進国です。"Game = Sports"という文化が育まれなかった日本では，ゲームソフトメーカー主導の大会は行われていたものの，eスポーツに類する大会は小規模にとどまってきました。一方，日本のコンピューターゲームは，1980年代の任天堂社製の家庭用ゲーム機を筆頭に若者を虜にし，カプコン社の"ストリートファイター"シリーズをはじめ世界に誇る人気格闘ゲームを数多く生み出してきました。eスポーツが人気沸騰する土壌は出来上がっていたのです。ようやく2015年，日本プロeスポーツ協会（現在は日本eスポーツ連合）が設立され，日本初のプロチームも結成されるなど，eスポーツが国内で普及する兆しを見せつつあります。東京都内のとある専門学校には，eスポーツの選手養成を目指す学科もできました。これをビジネスチャンスと見込んで，スポンサーとして手を挙げる企業も相次いでいます。いよいよ，機は熟しました。

　eスポーツの選手や視聴者は10〜20代が多いため，若年層のオリンピック離れを懸念するIOCが大いに関心を示し，2024年のオリンピックパリ大会での採用を検討しているそうです。早くも，今年（2018年）インドネシアで開かれたアジア競技大会ではeスポーツが公開競技として行われ，2022年の同大会では正式種目となります。日本でも，2019年の茨城国体の文化プログラムとしてeスポーツの導入が決定しました。eスポーツのオリンピック種目化は，いよいよ現実味を帯びてきました。

　いま，"オタク"から"アスリート"に進化したゲーマーたちから目が離せません。

（谷釜　尋徳）

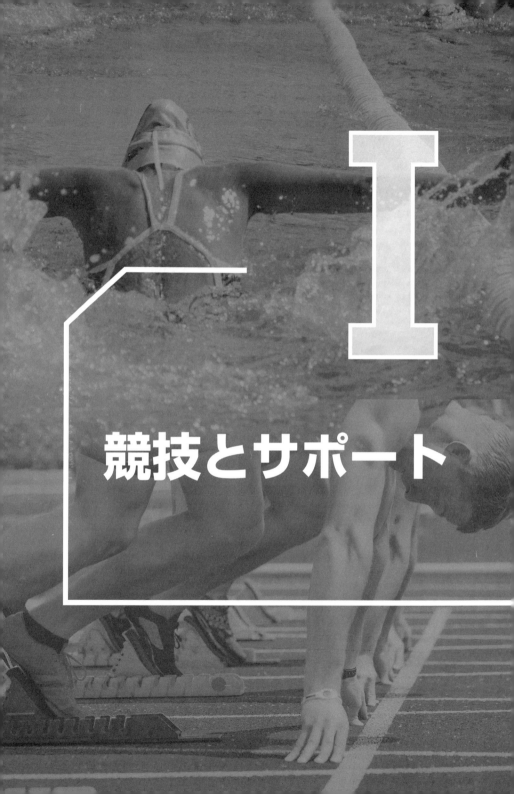

# I 競技とサポート

CHAPTER

# 04

# オリンピアンの立場から見たオリンピック

　オリンピックは，そこで実施されるスポーツに関わる人にとって，地球上で最大の，最高の，最終の場所，目標であるといえます。そこにいたることができる選手はほんの一握りであり，出場することができた選手にとってはかけがえのない思い出となり，名誉です。
　オリンピックに出場すると，その選手は「オリンピアン」と呼ばれることになり，一度でも達成すれば，一生「オリンピアン」として周囲から特別な存在として扱われます。それだけどんな人でも知っている憧れの場所であり，特別な場所なのです。
　本章ではオリンピックの選手選考から，オリンピックを迎えるまでの合宿や，選手村の様子を紹介しつつ，オリンピアンの立場から，競技力向上に不可欠な医科学的なサポートやドーピング検査についてのべます。

## 1 私にとってのオリンピック

　私は陸上競技の短距離の選手として，1996年アトランタオリンピック，2004年アテネオリンピックに出場しました。その後，現役を引退し，指導者になると，2008年北京では直前に実施された国内合宿から現地へ送り出すところまでコーチとして関わり，2012年ロンドン，2016年リオデジャネイロでは日本代表コーチとしてオリンピック開催地現地に派遣されました。

選手として出場したアテネでは，4×100mリレーで1走をつとめ，4位に入賞しました。オリンピックでは8位までが「入賞」とされ，説明するまでもありませんが，3位以上には1位から金，銀，銅のメダルが授与され，他の入賞者とは区別して「メダリスト」として讃えられます。メダリストは特別なものであり，そのオリンピックの「名シーン」として何度も報道され，多くの人の記憶に残ります。私の4位という結果は，その「メダリスト」にギリギリなれなかった順位であり，メダリストとは格段に違った報道のされ方で，あまり多くの人の印象に残りません。嬉しさよりも悔しさの方が大半を占めました。しかも，決勝のレースで第1走を任された私が，スタートで大きなミスを犯してしまい，そこでのロスがメダリストと4位の明暗を分けることになったことが後でわかり，悔しさが何倍にも増しました。私がその後，コーチとしてオリンピックを目指したのは，その悔しさがあったためで，オリンピックの借りはオリンピックでしか返せないと考えていたからです。コーチとして関わった2008年の北京オリンピックでは，日本男子4×100mリレーは銅メダルを獲得し，日本男子に史上初めてのオリンピック陸上競技トラック種目でのメダルをもたらしました。そして，2016年リオでは同種目で銀メダルを獲得しました。いずれもコーチとして関わることができ，選手として果たすことができなかった目標を達成でき，本当に嬉しかったです。

　スポーツをはじめたばかりの小さな選手や，毎日部活で頑張っている中・高校生，大学生にとっても，真剣にそのスポーツに取り組む限りは，選手たちにとってオリンピックは夢であり，歩んでいるその先の最終地点にオリンピックがあります。オリンピックは選手にとっても指導者にとっても特別な舞台であり，そこへ到達すること，そこで勝負することが選手，指導者両者にとっての目標です。

## 2　オリンピックに到達する道のり

### 1　オリンピックの選手選考

　オリンピックへ出場するためには，原則的には自分が属する国の代表である必要があります。オリンピック選考会とされる競技会に出場し，そこで一定の基準を満たすことでオリンピック代表として選ばれます。陸上競技のような個人競技では，出場資格の有無は個人に対して判定され，さらに陸上競技は記録種目であるため，優劣の比

較が容易であり，わかりやすい形で選考しやすいスポーツであるといえます。サッカーやバスケットボールなどの球技は，出場するために国としての出場権を得なくてはなりません。そのための予選会は世界をいくつかの地域に分けた形で行われ，地域別に何カ国の出場枠，という形で，出場権の争奪戦が行われることが多いです。その他，記録という尺度で評価しない種目，テニスや卓球，体操競技などはそれぞれランキングや地域予選などを経て出場資格を得る仕組みになっています。

陸上競技に話を戻すと，陸上競技は記録によって容易に比較し，パフォーマンスを評価できるため，オリンピックの出場権も個人で一定の記録を満たすことにより，出場資格を獲得することができる仕組みになっています。その出場権が獲得できる記録のことを「参加標準記録」といい，オリンピックの大会ごと，種目ごとにその記録が設定されます。参加標準記録は，その種目ごとに適正な参加者数になるように設定されます。たとえば100mの場合，2016年リオでは10秒16という参加標準記録が設定されていました。これは日本だけでなく，世界中から参加するすべての選手に適応されるものです。この記録に到達していない選手は原則的に参加することができません。ただし，例外として，オリンピックに参加すること自体に価値があると評価されるような小さな国や発展途上の国に対して，1カ国1人程度，標準記録を突破していない選手の参加を認めています。一番容易に参加可能な100mにそういった形で出場する選手が最も多く集中することが多いです。

100mは近年のオリンピックでは，予選―準決勝―決勝の3ラウンドで実施されますが，その際，決勝は当然8名の1組，準決勝は3組（24人），予選は7組前後（56人）で実施されることが多いです。従って，標準記録は参加者数が56人前後の人数に収まるように，世界ランキングを基に国際陸上連盟が設定を行います。また，1カ国（地域）3人以内という枠の設定もあり，アメリカやジャマイカのような短距離強豪国では，標準突破者が数十人いる場合もあるので，単純に56番目の順位の記録が標準記録になるわけではなく，さまざまな要素や傾向を織り込んだ上で，最終的に出場者数が適正人数になるように標準記録が設定されています。しかし記録による出場人数のコントロールにも限界があることや，正確に選手の優劣を評価するために，2020年の東京では，テニスや卓球のような世界ランキング制が導入され，ランキングによる出場権の判別が行われる見込みです。

さらに日本で代表に選ばれるには，最終選考会（通常日本選手権がそれに該当しま

す）において，標準記録を突破した上で3位以内（各国各種目3枠という基準があるため）に入賞する必要があります。また，ここ数年は日本陸上連盟が独自に設けた「派遣設定記録」という記録を突破することで，最終選考会で8位以内で自動的に内定する仕組みも設けています。派遣設定記録は標準記録よりもさらに高い水準の記録で，過去数大会の世界大会において入賞レベルの記録に相当する記録です。世界で勝負できるレベルの選手が日本国内の最終選考会で消耗することを防いだり，軽微な故障を負ってしまった場合に，国内選考会で無理をしないようにさせたりすることが目的です。

　実際のところ，記録というわかりやすい指標がありながらも，最終的な選手選考は，選手とその指導者にとってすべての成否を分かつような判定であり，必ず議論を呼ぶところです。最近は細かく選考基準を設定し，選手にわかりやすく極力機械的な選考が行われるようにされています。しかしながら誰もが納得できる選考基準というものを作成するのは非常に困難です。今後ランキング制が導入されて，より明確な選考を行うことができるようになるのか，注目すべきところである。

## 2　オリンピックに選ばれた選手がオリンピックを迎えるまで

　2020年には東京でオリンピックが開催されますが，自国で開催されるオリンピックというのは一生に一度あるかどうかです。オリンピック開催都市は，ある程度規模が大きく経済的にも豊かである必要があるため，先進国が中心となり，当初は必然的に欧州や北米が中心でした。その中で1956年にオーストラリア・メルボルン，1964年にはアジアで初めて東京で開催され，2016年には南米で初めて，リオデジャネイロで開催されました。リオデジャネイロは日本に対してちょうど地球の真裏に位置し，地球上で最も遠いところで開催されたオリンピックとなりました。時差は12時間，移動時間も30時間という，非常に過酷な移動を伴ったオリンピックでした。

　時差は通常，1時間の時差に対して適応するのに1日要するといわれています。従ってリオへの時差の適応には12日間かかるため，2週間近くの余裕を持って現地入りする必要があります。しかし，リオは当初から治安の悪さが指摘され，さらに選手村に入れる人数は制限されているため，2週間前から現地入りすることは不可能でした。そこで陸上チームはまず東京から乗り換えなしで行け，さらにそこからリオへも乗り換えなしの1本で行ける都市を探し，ニューヨーク近郊で合宿することに決め

**写真1　リオオリンピック選手村の高層アパート**
出典：筆者撮影（Chapter 04の写真はすべて同様）

ました。ニューヨークはリオとの時差も2時間であるため，時差の調整をニューヨークで行い，大会の数日前にリオに移動するという計画でした。合宿はニュージャージー州にあるプリンストン大学の施設を利用しました。気候も程よく，設備も最先端で，選手も快適に合宿することができました。その後リオに乗り込みました。

　オリンピックでは通常選手は選手村に滞在します。選手村はいわゆるホテルではなく，分譲前の集合住宅を利用する場合が多いです（写真1）。3〜4LDKの間取りの高層アパートに，それぞれ6〜8人ずつ入居します。ベッドやその他のアメニティは備え付けられていますが，ホテルのような快適さはありません。建物のフロアごとに国ごとにある程度まとまって滞在します。選手村は選手全員を一度に受け入れるだけのキャパシティはなく，おおよそ「前半」競技と「後半」競技に分かれており，大会の途中で前半組が帰った後に後

**写真2　選手村のメディカルセンター**

写真3　選手村の食堂と提供されている食事の一例

半組が入村する，というような流れになるのが普通です。選手村には宿泊棟の他に，食堂，メディカルセンター（写真2），コンビニのような商店や理髪店，お土産店などもあります。食堂（写真3）は，選手が競技前に食べるとても重要な食事を提供しているので，さまざまな料理が選べるようになっています。また世界中のさまざまな食文化，宗教に対応した食事が準備されていて，たとえばベジタリアンの人のために肉類が入っていないことを示す表示がされていたり，ヒンドゥー教の人は牛を食べない，ムスリムの人々は豚を食べない，などにも対応できるよう，わかりやすく表示されています。ムスリムの人々用に，調理の過程や食器類もイスラム教の作法の元に準備されたもの（ハラールといいます）もあります。オリンピックスポンサーである，コカコーラやマクドナルドの飲み物，食べ物はすべて無料で提供されています。

　選手村にはそういった十分な食事は準備されていますが，日本人にとってはなかなか口に合う食事が見つからず，場合によってはパフォーマンスを大きく引き下げる原因になっている選手もありました。食事はアスリートにとってパフォーマンスを大きく左右する要素です。そこで，2012年以降，日本代表チームのオリンピックでの食生活や医療環境等をバックアップするため，現地にハイパフォーマンスセンター（写真4）（2012年当時はマルチサポートセンターと呼びました）を設置しています。ハイパフォーマンスセンターでは，ご飯や味噌汁などの日本食を提供し，そのほか，高気圧酸素カプセルやさまざまなメディカルサポートを受けることができます。それに

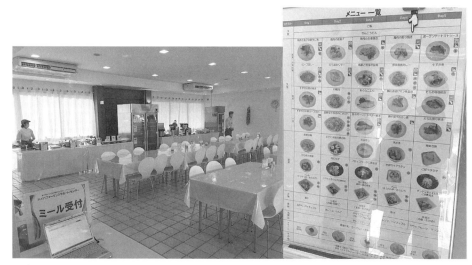

写真4　日本食が提供されるハイパフォーマンスセンターとメニュー一覧

より2012年以降，日本チームのパフォーマンスが格段に高まる一因になりました。

　選手村は寝泊まりする生活のためのものだけではありません。各国の選手たち，国内の他競技の選手たち同士が交流する場にもなっています。各競技はそれぞれに世界選手権やワールドカップなどの国際大会が開催されていますが，オリンピックやアジア大会は，多くのスポーツが一つの大会で開催される，全く特殊な大会といえます。ですから選手や指導者，スタッフにとって，それぞれのスポーツで世界レベルまで極めた人々と交流することのできる，とても貴重な場所であるともいえます。

## 3　オリンピック選手の競技力を支える医科学サポート

　日本の陸上競技の短距離は，1980年代までは世界で戦うことができない種目だと考えられていました。1991年東京世界陸上の際に日本陸上競技連盟が組織した科学班によってトップ選手の動作を分析し，世界のトップアスリートがどのように走っているのか，跳んでいるのか，投げているのかを解明しようとしました。そこでわかったのは，速く走る方法や，そのトレーニング手段など，それまで常識とされ，トレーニング現場で指導されていた走り方が実は誤っているということでした。それ以降，

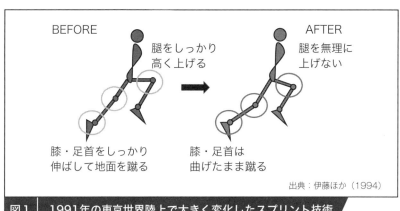

図1　1991年の東京世界陸上で大きく変化したスプリント技術

走り方やトレーニング方法は大きく見直され，そこから一気に日本の短距離が世界とのレベルを短縮しました（図1）。これはその他のスポーツにおいても，パフォーマンスの向上には科学的分析が不可欠であり，国際的な競技力を高めるためには，科学的に研究を重ね，その成果に基づいたトレーニングを行うことが重要であるという一例といえます。

　2000年ごろまでは大学や体育協会，競技団体を中心として，スポーツ科学の研究が行われてきましたが，2001年，東京北区の西が丘に国立スポーツ科学センター（JISS）がオープンし，そこで競技力向上のためのスポーツ科学の研究が始まりました。これはオーストラリアが1981年にキャンベラに設置したAustralian Institute of Sports（AIS）を倣って設置されものです。オーストラリアは1956年のメルボルンオリンピック以降，スポーツの国際競技力が低下し，オリンピックでの成績不振が続きました。その中でAISの設立が計画され，科学的なスポーツの研究と，トップ選手のトレーニング拠点を同じ施設内に設置し，研究と選手強化を行いました。それによりオーストラリアはメダル獲得数を大きく回復し，スポーツ先進国へと躍進することになりました。JISSではAISと同様に，オリンピック選手などを中心とした日本のトップ選手に対し選手のパフォーマンスを科学的に分析し，パフォーマンス向上のヒントを与えたり，多くの選手のデータを蓄積し，次世代の選手育成に生かしたりしています。そのほか，映像やデータなどを選手，指導者に提供するスポーツ情報サービス，診療所も併設され，スポーツ医学の専門的なドクターによる診察，治療を

受けることもできます。

さらに2008年の北京オリンピック直前には，JISSのすぐ隣にナショナルトレーニングセンター（NTC）が開設され，屋根付きの陸上競技場や各オリンピック種目のトレーニング場が整備され，トップ選手たちが利用することができるようになりました。

これらのオリンピック選手，トップ選手に対するサポートや施設利用によって，さらに日本の国際競技力が高まりました。

## 4　オリンピック選手の義務

オリンピック選手は，日本代表に選ばれた瞬間から，世間から多くの注目を集めることになります。それにより，選手はオリンピック選手らしい言動や振る舞いを求められます。また，オリンピックの大会そのものや，各競技団体（連盟）は多くのスポンサーから得た資金で運営されているため，決められたウェア，バッグ，シューズの着用が求められます。ウェアも細かく規定され，選手村ではこのウェア，移動中はこれ，結団式はこれ……など，細かく指示されます。また，オリンピックスポンサーを守るため，「オリンピック」という言葉を誰でも自由に使うことはできません。それは選手も同様で，選手の所属する会社がオリンピックスポンサーでなければ，「オリンピック壮行会」といったイベントですら自由に実施することはできないのです。そういったオリンピックスポンサーの権利を保護することも，オリンピック選手としての義務であるといえます。

また，ドーピングに手を染めていないこと，潔白を証明することも選手としての義務だといえます。近年多くの選手がドーピングによって成果を抹消されたり，出場停止などの制裁を受けたりすることが発生しています。ドーピングとは，禁止される薬物を利用したり，禁止された方法を用いたりしてパフォーマンスをあげようとすること，それを企てることを意味します。選手が自分はクリーンであることを証明するにはドーピング検査を定期的に受けることが必要です。かつては試合の際にランダムに抽出される選手が検査を受けることが中心でしたが，近年は抜き打ち検査（競技会外検査）も頻繁に実施されています。世界ランクで一定以上の選手は常に抜き打ち検査のために，専用のウェブシステムで自分の居どころを毎日登録しておかなければなり

ません。仮に居どころ情報に入力した場所に抜き打ち検査を実施するために検査官が来た時，その選手がその場所にいなかった場合，選手は「警告」を受けます。この警告を一定期間内に3回受けてしまうと，ドーピングの薬物を使っていなくても「ドーピングした」ということになり，試合出場停止，記録や結果の剥奪などの制裁を受けることになります。選手は常に自分の行動をドーピング検査機関に登録する必要があります。これは大変な作業ですが，ドーピング検査をルールに則って受け，潔白を証明することは，選手としての義務だといえます。

## 5　2020東京オリンピックとその後

　オリンピックが日本にやってくるのは，夏の大会は2回目（1964年，2020年どちらも東京），冬を含めると4回目（夏に加えて1972年札幌，1998年長野）ということになります。2013年に2020年のオリンピック開催地が東京に決まると，一気に日本はオリンピックフィーバーに沸きました。多くのスポーツ施設が建設され，多くの企業や学校，個人がオリンピックに関わろうとさまざまな取り組みを実施しています。1990年前後，バブル崩壊とともに選手を抱える企業は激減し，それから20年近くスポーツにとっては冬の時代でありましたが，近年では多くの新規企業もでてくるなどして，盛り上がりをみせています。選手も一般の人々の興味を惹く多くの有望選手が登場し，みんなが知る有名アスリートもたくさん誕生しています。陸上競技では100mが当時東洋大学4年生の桐生祥秀によって，10秒の壁が突破され，そのほか多くの選手が次の9秒台を目指しています。オリンピックに向けて，選手を取り巻くさまざまな環境がポジティブな方向へ傾きつつあります。

しかし2020年のオリンピックが終わればすべてが終わるわけではありません。2020年東京オリンピックをきっかけにスポーツに関わった企業も多いですが，2020年後も引き続き関わり続けるよう，このブームの中で多くの人をそれぞれのスポーツにつなぎとめなくてはなりません。

　オリンピック・レガシーというものが，スタジアムなどの建物，物質的なものだけでなく，多くの人がスポーツに関わる文化として定着することが重要です。そのためにもオリンピックに参加する選手たちには頑張って，多くの好成績を挙げてほしいです。

（土江　寛裕）

CHAPTER

# 05

# オリンピック・パラリンピックのサッカー競技
## 日本国内の取り組み

　世界中で親しまれているサッカーですが，2006年国際サッカー連盟（FIFA）は，加盟している207の国と地域で2億6500万人がサッカーをプレーしていることを報告しました。オリンピック大会はサッカーの世界規模の競技会として最も長い歴史があります。また，パラリンピック大会では1980年代よりサッカー関連種目が正式種目として行われています。このようなことから，両大会は最大規模の世界大会であるFIFA ワールドカップとともに重要な大会であるといえるでしょう。
　本章では，オリンピック・パラリンピック大会におけるサッカー競技の背景と現状，両大会に対する日本国内の取り組みを紹介します。

## 1　オリンピック大会でのサッカー競技

　オリンピック大会におけるサッカー競技は，1900年パリ大会で非公式種目として採用され，1908年ロンドン大会で正式種目として採用されました。その一方で，1888年にはイングランドで世界最初のプロフェッショナル・サッカーリーグが創設され，ヨーロッパ各国で選手のプロフェッショナル化が進んでいきました。その結果，アマチュア主義を掲げていた国際オリンピック委員会（IOC）と対立する形で

1904年に国際サッカー連盟（FIFA）が創設され，1930年に出場選手制限のない世界大会としてFIFAワールドカップを開催しました。長らくアマチュア選手のみの出場を認めていたIOCですが，1984年ロサンゼルス大会で，初めてプロフェッショナル選手の出場を認め，1992年バルセロナ大会以降は23歳以下のすべての選手を出場資格対象としています。女子は1996年アトランタ大会からオリンピックの正式種目として採用され，当初より出場選手の年齢制限やプロフェッショナル選手の出場制限は取られていません。

## 1　オリンピック大会での男子サッカーの現状

20世紀に入りアマチュア選手のみを対象としたオリンピック種目として採用されてきたサッカー競技ですが，1992年バルセロナ大会以降は主に23歳以下の選手を対象とした大会形式に移行していきました。この間FIFAはプロフェッショナル選手を含めた年代別の世界大会を開催し，2007年より17歳以下の選手を対象としたFIFAU-17ワールドカップ，20歳以下を対象としたFIFAU-20ワールドカップを開催しています。このような現状から，オリンピック大会は23歳以下の年代別世界大会として位置づけられています。

## 2　男子サッカー日本代表の大会成績

オリンピック大会の年代別世界大会という位置づけが理由となって，23歳以下の若年層の選手強化を目的とする国やオリンピック大会に対する関心が低い国など，各国でオリンピック大会に臨む姿勢はさまざまです。

男子サッカー日本代表は，1936年ベルリン大会に初出場し，2016年リオデジャネイロ大会までに，オリンピック予選に19回出場，本大会には10回出場しています。その中でも，本大会でのベスト8に4回進出，ベスト4に2回進出を果たしています。一方，FIFAワールドカップ予選は16回出場し，本大会には5回出場しています。（表1）

## 3　女子サッカーの世界大会

オリンピック大会における女子サッカー競技は，1996年アトランタ大会から正式種目として行われています。男子とは異なり，FIFAはオリンピック大会をFIFA女子

### 表1　男子サッカー日本代表の成績

| オリンピック | | | ワールドカップ | | |
|---|---|---|---|---|---|
| 開催年 | 開催地（国） | 成績 | 開催年 | 開催地（国） | 成績 |
| 1936年 | ベルリン（ドイツ） | ベスト8 | | | |
| 1948年 | ロンドン（イギリス） | 不参加 | | | |
| 1952年 | ヘルシンキ（フィンランド） | 不参加 | | | |
| 1956年 | メルボルン（オーストラリア） | 1回戦敗退 | 1954年 | スイス | アジア予選敗退 |
| 1960年 | ローマ（イタリア） | アジア予選敗退 | 1958年 | スウェーデン | 不参加 |
| 1964年 | 東京（日本） | ベスト8 | 1962年 | チリ | アジア予選敗退 |
| 1968年 | メキシコシティー（メキシコ） | 3位 | 1966年 | イングランド | 不参加 |
| 1972年 | ミュンヘン（西ドイツ） | アジア予選敗退 | 1970年 | メキシコ | アジア予選敗退 |
| 1976年 | モントリオール（カナダ） | アジア予選敗退 | 1974年 | 西ドイツ | アジア予選敗退 |
| 1980年 | モスクワ（ソ連） | アジア予選敗退 | 1978年 | アルゼンチン | アジア予選敗退 |
| 1984年 | ロサンゼルス（アメリカ） | アジア予選敗退 | 1982年 | スペイン | アジア予選敗退 |
| 1988年 | ソウル（韓国） | アジア予選敗退 | 1986年 | メキシコ | アジア予選敗退 |
| 1992年 | バルセロナ（スペイン） | アジア予選敗退 | 1990年 | イタリア | アジア予選敗退 |
| 1996年 | アトランタ（アメリカ） | グループリーグ敗退 | 1994年 | アメリカ | アジア予選敗退 |
| 2000年 | シドニー（オーストラリア） | ベスト8 | 1998年 | フランス | グループリーグ敗退 |
| 2004年 | アテネ（ギリシャ） | グループリーグ敗退 | 2002年 | 日韓共催 | ベスト16 |
| 2008年 | 北京（中国） | グループリーグ敗退 | 2006年 | ドイツ | グループリーグ敗退 |
| 2012年 | ロンドン（イギリス） | 4位 | 2010年 | 南アフリカ | ベスト16 |
| 2016年 | リオデジャネイロ（ブラジル） | グループリーグ敗退 | 2014年 | ブラジル | グループリーグ敗退 |
| | | | 2018年 | ロシア | ベスト16 |

ワールドカップと並ぶ世界大会と位置づけていて，両大会にプロフェッショナル選手の出場制限や年齢制限は設けていません。この背景には，FIFAが女子サッカーの世界的な普及を目的としていることがあげられます。

### 4　女子サッカー日本代表の大会成績

　女子サッカー日本代表は，1996年アトランタ大会に初出場し，2016年リオデジャネイロ大会までに，オリンピック予選に6回出場，本大会には4回出場しています。本大会ではベスト8に3回進出し，2012年ロンドン大会で準優勝しています。一方，FIFA女子ワールドカップは，本大会に7回出場し，2011年ドイツ大会で優勝，2015年カナダ大会では準優勝を果たしています。（表2）

表2　女子サッカー日本代表の成績

| オリンピック | | | ワールドカップ | | |
| --- | --- | --- | --- | --- | --- |
| 開催年 | 開催地（国） | 成績 | 開催年 | 開催地（国） | 成績 |
| | | | 1991年 | 中国 | グループリーグ敗退 |
| 1996年 | アトランタ（アメリカ） | グループリーグ敗退 | 1995年 | スウェーデン | ベスト8 |
| 2000年 | シドニー（オーストラリア） | アジア予選敗退 | 1999年 | アメリカ | グループリーグ敗退 |
| 2004年 | アテネ（ギリシャ） | ベスト8 | 2003年 | アメリカ | グループリーグ敗退 |
| 2008年 | 北京（中国） | 4位 | 2007年 | 中国 | グループリーグ敗退 |
| 2012年 | ロンドン（イギリス） | 準優勝 | 2011年 | ドイツ | 優勝 |
| 2016年 | リオデジャネイロ（ブラジル） | アジア予選敗退 | 2015年 | カナダ | 準優勝 |

## 2　日本国内の取り組み

　公益財団法人日本サッカー協会（JFA）選手育成の強化策として、「代表強化」・「ユース育成」・「指導者養成＋普及」による三位一体での総合的アプローチを表明しています。

　代表強化は、U-15を皮切りに日本代表にいたるまで多くの年代別日本代表を組み、強化しています。ユース育成は、「日本サッカーの強化、発展のため、将来日本代表選手となる優秀な素材を発掘し、良い環境、良い指導を与えること」（公益財団法人日本サッカー協会ホームページより）を目的に1980年から開始されたトレセン（ナショナルトレーニングセンター）システムを用いています。トレセンは日本国内の各地域から選抜された選手に良いトレーニング施し刺激を与えることを目的としています。また、JFAは質の高い指導者の養成を目指して、指導者養成講習会を開催し合格者には公認指導者ライセンスを付与しています。さらに、普及の観点からキッズ年代に対する取り組みにも着手しています。

## 3　パラリンピック大会におけるサッカー種目

　パラリンピック大会におけるサッカー種目は、1988年ニューヨーク・アイレスベリー大会で脳性麻痺7人制サッカーが、2004年アテネ大会で5人制サッカーが正式種目として採用されました。2020年東京大会では、5人制サッカーが正式種目とし

て採用されました。

## 1 脳性麻痺7人制サッカー

脳性麻痺7人制サッカーは，日本ではCPサッカーと呼ばれ，脳性麻痺や脳の外傷が原因で麻痺のある選手によって，7人制で行われるサッカー種目のことをいいます。フィールドやゴールの大きさが通常の11人制サッカーより小さく，オフサイドがないことと，片手で下から投げるスローインが認められている以外は11人制サッカーのルールと同じです。ただし，7人のチーム構成が，規定された障がい区分のFT5からFT8までの4段階のうち，FT5（両足に麻痺があるが走ることは可能）とFT6（両手と両足が自由には動かないが走ることは可能）の選手を2人以上含めるというルールがあります。

## 2 5人制サッカー（ブラインドサッカー）

5人制サッカーは，視覚に障がいを持った選手のために考案されたサッカー種目で，ブラインドサッカーとも呼ばれます。コートはフットサルと同じサイズですが，ゴールの大きさが少し大きいのが特徴です。また，5人のチーム構成が，4人の全盲のフィールドプレーヤーに1人の晴眼（視覚障がいがないこと）または弱視のゴールキーパーを加えるというルールがあります。さらに，転がると音が出るボールを使用すること，ガイドがゴールの後ろから指示を出しゴールの位置を教えること，ディフェンスに行く際には必ず声を出す等のルールがあります。

## 3 パラリンピック大会（障がい者サッカー）に対する日本国内の取り組み

日本国内における障がい者サッカーと健常者のサッカーの連携は，2014年に発表された「JFAグラスルーツ宣言」を契機に始まりました。その後，2016年にJFAと7つの障がい者サッカー競技団体が連携し，障がい者サッカーの普及，強化，価値の向上を目標にした，日本障がい者サッカー連盟が設立されました。

# 4 2020年東京大会の展望

オリンピック大会では男子は次世代のスター選手の出現，女子は世界一を目指した

ハイレベルな戦いを見ることができるでしょう。また，パラリンピック大会では，サッカーが持つ様々な可能性を発見することができるでしょう。このように，今やオリンピック・パラリンピック大会は，サッカー競技の幅広さや奥深さを感じることができる貴重な機会となっています。2020年東京大会が新たなサッカーの見方・関わり方を広げる大会になればと思っています。

**参考文献**

アルフレッド・ヴァール『サッカーの歴史』遠藤ゆかり訳，創元社，2002年。
国吉好弘『サッカーマルチ大事典』 週刊サッカーマガジン社，2006年。
後藤健生『日本サッカー史——日本代表の90年：1917→2006』双葉社，2007年。
近藤泰秀『歴史ポケットスポーツ新聞 サッカー 改訂版』大空出版，2015年。
陶山哲夫『パラリンピック大百科』清水書院，2017年。
平田竹男，河合純一，荒井秀樹『パラリンピックを学ぶ』早稲田大学出版部，2016年。
FIFA『フットボールの歴史：1904-2004』小倉純二，大住良之，後藤健生 日本語版監修，講談社，2004年。
一般社団法人 日本障がい者サッカー連盟公式サイト http://www.jiff.football/（2018年2月15日閲覧）。
一般社団法人 日本CPサッカー協会公式サイト http://jcpfa.jp/（2018年2月11日閲覧）。
公益財団法人 日本サッカー協会「障がい者サッカー 7つの障がい者サッカーを紹介」
http://www.jfa.jp/football_family/disability/（2018年2月15日閲覧）。
公益財団法人 日本サッカー協会「選手育成のコンセプト」
http://www.jfa.jp/youth_development/outline/（2018年2月25日閲覧）。
特定非営利活動法人 日本ブラインドサッカー協会公式サイト
http://www.b-soccer.jp/（2018年2月11日閲覧）。
FIFA.2001.FIFA big count 2000.FIFA Communication Divisions.
www.fifa.com/mm/document/fifafacts/bcoffsurv/bigcount.summaryreport_7022.pdf（2018年3月5日閲覧）。
FIFA.2007.FIFA big count 2006.FIFA Communication Divisions.
www.fifa.com/mm/document/fifafacts/bcoffsurv/bigcount.statspackage_7024.pdf（2018年3月5日閲覧）。

（角南 俊介）

CHAPTER

# 06

# オリンピックに向けた大学生アスリートの育成
## 大橋悠依選手の場合

　2017年7月，ハンガリーで開催された水泳の世界選手権で，大橋悠依選手（当時，東洋大学国際地域学部4年生）が200m個人メドレーで銀メダルを獲得しました。本章では，大橋選手が東洋大学に入学してからメダリストになるまでの道のりを紹介します。（なお，この文章は，平井伯昌教授による東洋大学の講義（「オリンピック・パラリンピック講座」2017年9月23日）の再録に一部加筆修正を施したものです。）

## 1　勧誘

　2013年6月，滋賀県の彦根市にある屋外プールに，僕は大橋選手を勧誘しに行きました。
　当時の彼女はどういう選手だったかというと，ジュニアオリンピックという年齢別の大会で優勝したことはありましたが，有望な選手の中の一人でした。彼女が高校2年生の時（2012年），ジュニアパンパシフィックという大会がハワイで開催されました。僕は監督として帯同し，手足が長く身長が高い彼女を見て，とにかく才能を感じました。
　控え室のテントの中で彼女と会話をしましたが，返ってくる言葉がしっかりしてい

て，頭が良さそうだなと思いました。実際に泳ぎを見ると，水中ですごく体が浮くんですね。ゆっくり掻いているのに結構進んでいく感じがして，きちんと水をとらえていました。

あとは，神経質なところはありますが，すごく真面目な性格です。それと，高校生までにそこまできつい練習をしていなくて，高校時代のコーチにも「きっと大学に入ったら伸びると思います」と言われていたのも，彼女を勧誘した理由です。

彦根に勧誘に行った時に，「他の大学も考えられているでしょうけど，ゆっくり考えてください」と言ったら，「いや，そんなものは考えていません」という返答で，早い段階で東洋大学への進学を決めてくれました。

## 2　東洋大学入学と新しい環境での苦悩

　大橋選手は，高校まで水泳のトレーニングもあまりやっていなくて，陸上トレーニングもほとんどやっていませんでした。今まで私が教えた選手の中で，同じように身長が大きくて手足が長い選手に限って，伸びてくるのが20歳過ぎだったりするんですね。人によっては14〜15歳ぐらいから活躍する選手もいますが，大橋選手の場合は活躍するのは早くても大学3年生頃かなと思っていました。

　東洋大学水泳部は基本的に朝と午後の2回練習しますが，練習場所の東洋大学総合スポーツセンターから女子寮まで自転車で15〜20分ぐらいかかります。入学当時の大橋選手は，女子寮で6時45分頃に朝ご飯を食べて，それからプールに来て軽い陸上トレーニングをして，シャワーを浴びて大学に行き，午後は泳ぐというサイクルで過ごしていました。

　他の選手は違うパターンで，朝も午後も陸上トレーニングをして泳いでいましたが，「君の場合はゆっくりやっていこう」という話をして，体づくりを重視しました。

朝食と夕食は寮で出ます。大学の学食もすごく良いので，食事に関しては東洋大学はとても自慢できる大学です。

大橋選手には，1〜2年生の間にしっかり単位を取るように常々話していました。おそらく3〜4年生になると心身ともに充実するので，そこに時間的な余裕も加われば，ちょうどいい具合に伸びるのではないかと考えていたからです。

このように，比較的長いスパンで考えていましたが，彼女はやはり才能があるので，入学して少し練習をしたらすぐに調子が上がってきました。ところが，僕が他の選手の勧誘か何かで不在の時，急に携帯電話に「大橋の膝です」といって写真付きのメールが送られてきました。食堂の机の脚に自分の足をぶつけて，膝のお皿が2cmほどずれてしまったのです。すぐに病院に行って，しばらく練習を休むことになりました。これが無ければ，もっと早く伸びたかもしれません……。

加えて，1年生の後半から徐々に調子が悪くなり，2年生になるとどんどんタイムが下がりました。すると，もともと神経質なのに輪をかけて，さらに神経質になるんですね。普通に話をしても，何か自分が悪いことを言われたように受け取ってしまい，顔が険しくなって「でも……できません……」という感じでした。良くない時というのは，物事をポジティブには受け取れず，ネガティブな発言ばかりが目立ちました。

彼女が大学2年生の時，和歌山県で国民体育大会がありました。私が滋賀県チームの休憩場所の横を通ったら，大橋選手が「先生，こんにちは」と僕に挨拶してくれましたが，顔を見たら真っ白なんですね。それで国体後に病院で血液検査をしたところ，酸素を取り入れるヘモグロビンの数値が9.4でした。女性は低い人でも11くらいでしょうか。なので，食事改善が必要でいろいろな物を食べなければなりませんが，彼女はアレルギー体質で，卵，イカ，タコなど食べられない物ばかりでした。しかし，一生懸命に食事改善に取り組み，何とか体重が増えてきました。

## 3 環境の変化

すると，だんだん記録も伸びてきて，当初彼女の成長期と予想していた3年生を迎えます。大学3年生の4月，リオオリンピックの選考会で彼女は3位でした。あと0.5秒ぐらい速く泳ぐとオリンピックに行けましたが，惜しかったね，というよりは，

よく頑張ったな，という感じでした。

　その前の2月のコナミオープンという大会で，設定したタイムを切ったら海外の合宿に連れて行く予定でしたが，あとわずか0点何秒か切れなかったんですね。それで「残念ながら今回は連れて行けないけど，オリンピック選考会が終わったら上級生も抜けるし，君の強化の番になるから，日本に残って頑張ってくれよ」という話をした時に，彼女は泣いていました。

　しかし，コーチがいなくても私の方で練習のプログラムを送って，マネージャーと二人三脚で練習をした経験が，彼女にとってはすごく効果的だったようです。小さい頃から地方のスイミングクラブで，いつも側でコーチに見てもらっている環境だったと思います。それが，初めてコーチ不在で練習することになって，自分でよく考えて泳ぐ必要性を本人が感じて頑張ったようです。それでオリンピック選考会で3位になり，とうとう自分に自信を持てるように変わってきました。その後，日本学生選手権で優勝して，自信がつくにつれてだんだん表情が変わっていきました。

　2016年の夏を終えた段階で，大橋選手を東京オリンピックに出したいという目標が私にはありましたので，とにかく2020年に向けて，彼女には自信をつけさせることを考えていました。それには，才能は申し分ありませんでしたが，経験が不足していたので，国際大会や海外の合宿に連れて行くことが必要でした。日本では強いけれども海外では弱い選手になってはいけないからです。

　2016年10月，東京で行われたアジア選手権の200m個人メドレーで優勝しました。その後，12月の短水路の世界選手権では，メダルは取れませんでしたが決勝に進出しました。

　大橋選手はどちらかというと体力に不安がある選手でした。なので，チャレンジ精神を忘れないように，たとえば400m個人メドレーの日にもう一種目に出場して，両方とも頑張るような力をつけさせることもしていました。

　彼女は頭が良いだけではなく，字もきれいです。印刷してあるんじゃないかなという位に字がきれいで，たぶんそういう所にも性格が表れていると思います。そういう選手なので，私のビジョンや考えを伝えた上で，納得してもらい目標に進ませることが大切だと思っていろんなことを話すようにしています。あとは，一つの大会が終わった時に必ずその結果を考察して，「じゃあ，次はこういうことをやって行こう」と伝えるようにしています。

初めての高地合宿にも連れて行きました。最初は苦しくて泣いていましたが，徐々に良くなっていきました。彼女は小さい頃から強かった選手ではないので，経験不足では大舞台で活躍できないだろうということで，いろいろなことをやりました。
　調子が上がってくると，だんだん普段の態度も変わっていきます。合宿中に同じ部屋の人に聞くと，大橋選手は部屋でずっと踊っているそうです。練習で疲れていないのかなと思うんですけど，音楽をかけてよく踊るんですよね。最初は本当にネガティブな感じでしたが，彼女の明るい部分が僕にも見えてくるようになりました。

## 4　飛躍のとき

　とうとう才能が開花して，飛躍の時期を迎えました。2017年4月の日本選手権で200m個人メドレーでメダルを取りましたが，400m個人メドレーでは，それまでの日本記録を3秒上回って優勝しました。この種目は東京オリンピックまで頑張れば金メダルに手が届くのではないでしょうか。
　すると，それまで全然騒がれていなかったのに，急にメディアが騒ぐんですね。「メダル候補」だとか言われて，競泳の女子選手の中で，オリンピックに行った選手

よりも中心選手の扱いを受けるわけです。こういう時が一番要注意ですね。本人が余計なことを考えてしまう時期だからです。なので，僕が気をつけていたのは，日本選手権の時から「大橋悠依選手は夏の世界選手権ではそんな簡単にメダルは取れません。夏は決勝に残して経験を積ませたいです」というふうに，わざと言っていました。これが僕流のメディア対策です。本当のことを言うのも大切ですが，選手の性格を考えて，わざと目立たせた方がいいのか，それともコーチの方で少しかばってあげた方がいいのかを判断します。大橋さんの場合は守った方がいいなと思って，メディアにそのように話しました。

　大橋選手も同じように，「今年は世界大会での経験を積みたい」とメディアにコメントしていました。それは過度な期待が彼女に集中しないようにということと，謙虚な態度で臨むことが良い結果を出すための近道だと思ったからです。合宿中，大橋選手を少し叱ったことがありましたが，それもメディアに全部聞かれてしまいます。それで本人が「いや，そうじゃなくて……」と言っているのも，全部マイクで拾われてしまうので，とてもやりにくいところもあります。

## 5　世界選手権の作戦

　大橋選手と一緒に僕が預かった今井月さんという選手がいますが，世界選手権の200m個人メドレー決勝で2人は一緒に泳ぎました。2人はすごく仲良しです。

　世界選手権での調子はものすごく良かったです。ただ，世界選手権は8日間あって，初日に200m個人メドレーの予選・準決勝，次の日が決勝で，さらに5日ほど空いて400m個人メドレーがはじまります。レースの間隔が5日もあって，そこはすごく気持ちの持続が大変だということを大橋選手には話しました。本人は「ううん……」と考え込んでしまいましたが，最終的には「先生，じゃあ試合が2つあると思うことにします」と割り切っていました。どちらかといえば，400m個人メドレーの方がメインでしたが，先にレースがある200m個人メドレーに合わせなければいけないなと感じていました。

　予選の通過タイムですが，実力のある選手の持ちタイムは大体分かっていました。予選通過は16位までですが，大橋選手と今井選手と僕で「予選通過ラインは何秒でしょう？」と，なぞなぞみたいなことを言っていたら，今井選手が「2分13秒です」

と答えました。そしたら大橋選手が「じゃあ2分12秒ぐらいで泳いでおけばいいんですか？」と言うので，「そうだな。ただあんまりゆっくり泳いでもなぁ」という会話をしていました。「じゃあ準決勝から決勝に進出するラインは何秒だ？」と聞いたら，今井選手が「2分10秒出せば決勝に残れます」と答えましたが，実際に当たっていました。それで大橋選手は，予選を2〜3番目で通過するのではなくて，もう少し下の順位で余裕を持とうという作戦を立てました。そうすれば，メディアがあまりメダルを期待しないので，そのように力を隠しておいた方が得策だと考えたからです。

## 6 予選・準決勝

　練習でやってきた陸上トレーニング，ウォーミングアップなど，いつも通りのことを心がけようと本人たちに話しました。急に普段と違うことをしだす人がいるので，いつも通りというのが簡単そうに見えて一番難しいのです。

　一緒に練習してきた大橋選手と今井選手は，ライバルでもありますが，チームメイトでもあります。一緒にウォーミングアップをして，招集所にも一緒に僕の方で連れて行って，3人で手を合わせて「オー！」とかやって中に入れるようにしました。一人ずつだとプレッシャーを感じやすいので，なるべく各々のプレッシャーを軽減させるための配慮でした。

　予選の順位は，今井選手は5番目で2分11秒15。彼女のベストが2分10秒4ぐらいでしたので，少し余裕を持ちました。大橋選手は2分11秒44で8番手でした。大橋選手はスタートがあまり得意ではありませんが，泳ぎで追いついていく特徴があります。背泳ぎは得意なので追いついていきますが，本人いわく，最後の自由形でライバルのシボーン・マリー・オコナー選手が結構近い位置にいたので，そこからは流したそうです。

　そしたら，レース後にコーチ仲間から「大丈夫ですか？」と言われたので，「いや，最後は流していますから」と答えました。僕は彼女を「流しの大橋」と呼んでいますが，彼女は結構レースの状況を読んでいくところがうまくて，準決勝の泳ぎは僕から見ても最後は流しているな，という感じでした。大橋選手のベストが2分9秒9でしたが，準決勝のタイムは2分10秒45でした。トップからは少し離されていて，大橋

選手は8番目で決勝に残りました。9番が11秒2でしたので，8番と9番の差は結構あるんですね（決勝進出は8番まで）。予選と準決勝はとにかく力を隠して泳いだので，準決勝が終わった時点で，周囲から「これはメダル取れないだろう」という目で見られていたことが，かえって本人の気持ちを楽にしたのだと思います。

予選と準決勝は同じ日なので，大橋選手は体力的に不安がありましたが，決勝は翌日なので次の日は一本頑張ればいいわけです。特に外国の選手は一本集中した時に強いんですね。ですが，大橋選手が心配なのは体力なので，一本集中したらだいぶ上がるだろうという予想でした。

## 7　決勝

決勝の時は「何も考えないで思いっきり行け」ということでした。今井選手が1コース，大橋選手が8コースで，真ん中にはカティンカ・ホッスー選手（リオオリンピックの金メダリスト）がいて，結構良いとこまで追い詰めることができました。ホッスー選手と大橋選手は，最後はそんなに差がないんですね。

正直，僕の方ではメダルは取れるかなと思っていましたが，まさか2分7秒が出るとは予想外でした。最後は，もしかしたらホッスー選手に追いついちゃったりしないかなというぐらいの勢いがありました。今井選手はベストを出して2分9秒9でしたが，3番とあと0.2秒の差だったので，もう少しでメダルに手が届くところでした。

優勝したホッスー選手はこのとき27歳でしたので，東京オリンピックを考えると，大橋選手は上がっていけるだろうし，ホッスー選手は現状維持がなかなか難しいと思います。

次の問題は400m個人メドレーでしたが，2つ目のメダルを目指すというのはすごく難しくて，レースが終わった後に本人も「正直，200m個人メドレーでメダルを取って満足しちゃった部分がありました」と言っていました。するとどうなるかというと，急に疲れが出ます。200m個人メドレーの翌日から風邪を引きはじめました。あとは，400m個人メドレーが近づいてくると，日本選手の中でまだ金メダルが一つも無かったこともあり「取れるとしたら大橋の400m個人メドレーだ」などとチラチラ囁かれると，本人がだんだんしょぼくれていきました。案の定，400m個人メドレーはあまり良い成績ではありませんでした。

世界選手権では，メダルが取れて自分は何とか行けそうだと思ってくれた半面，まだまだ足りない部分も感じてくれて，それを一つの大会で得られたのは良かったと思います。

## 8 東京オリンピックに向けて

　2020年に向けて，大橋選手はモチベーションが大変上がっています。成績が良い時は本人の心が開いています。そのタイミングで次の課題や足らないところの話をすると，聞いてくれやすいものです。しかし，あまり本人の精神状態が良くない時に，「ほら見ろ，ダメだっただろう。だからこれ言ったじゃないか」などと言っても，責任を自分に押し付けられるようであまり効果的ではありません。彼女には，下半身の強化も含め，いろんなことに取り組まなければいけないという話をしています。

　大橋選手は，萩野公介選手のように入学時点でオリンピックのメダリストだったわけではなくて，東洋大学で強くなってくれた選手です。彼女の場合，1〜2年生の間に学業に励み，3〜4年生になって本人の気力・体力も充実し，環境的にも整備されたことで伸びて行ったのだと感じています。

　東京オリンピックでは，大人のアスリートとして活躍してくれることを期待しています。

（平井　伯昌）

# CHAPTER 07
# 科学的メダル奪取法

　1964年の東京オリンピックでは16個の金メダルを獲得しました。その後，徐々にその数が減って1992年のバルセロナでは3個，2004年のアテネでは16個に復活したものの，2008年の北京では9個，2012年のロンドンでは7個とまた減少しました。2020年東京オリンピックの前にあたる2016年リオデジャネイロでは12個を獲得しましたので，開催国の金メダル獲得数のこれまでの傾向からいうと，日本は東京オリンピックで18個から36個獲得することが期待できます。以下に，どの種目でどのようにメダルを取りに行くか「科学的」に考えていきます。

## 1　過去のデータから予測するメダル獲得数

　前回の東京大会での金メダルの内訳は体操5，レスリング5，柔道3，ボクシング1，重量挙げ1，バレーボール1です。リオ大会ではレスリング4，柔道3，水泳2，体操2，バドミントン1です。このことから，レスリング，体操，柔道で少なくとも10個は確保してもらうとして，あと6個以上をどの競技で確保するかということになります。2017年の時点において，前述の3種目以外でメダルが期待できるのは水泳，陸上，ゴルフ，卓球，ソフトボール，テニス，スポーツクライミング，ラグビー，ウェイトリフティング，バトミントン，テコンドー，空手の12種目です。それぞれ1個ずつ確保できれば12個上乗せできて，全部で22個ということになります。

Ⅰ　競技とサポート

これでもちょっと物足りないのは，イギリスの例があるからです．実はイギリスは2004年アテネ大会で9個，ロンドン大会の前にあたる2008年北京大会で19個，2012年のロンドン大会では29個，2016年リオ大会で27個と着実に獲得数を伸ばし，また，ロンドン大会後も維持しているからです．イギリスでは自転車とボート競技が強いのでその2つでリオ大会では9個の金メダルを獲得しています．その2つの競技には多額の助成金を投じて，いわばお家芸でのメダル獲得を目指した結果といえます．ここに，オールジャパンで臨まなければ成果は伴わないのだということを肝に銘じなければなりません．

　日本がさらに獲得数を上乗せするとすれば，新種目の3人制バスケ，卓球男女ミックスダブルス，柔道団体男女混合，水泳混合メドレーリレー，トライアスロン団体リレー混合，アーチェリー団体混合，フェンシング団体男女，野球，サーフィン，スケートボードの10種目で可能性があります．なぜなら日本は新競技には強いという実績があるからです．これらで勝って総数32個となります．もう一声！と声がかかりそうですね．カヌーがあります．我々が純国産カヌーと銘打って開発中であるカヌーを使って最低でも1個取るとして，全部で33個と前回の東京大会の2倍を超えます．このくらいの目標を立てて取り組まないと大躍進ができませんし，地元で行う大会のメリットがありません．

## 2　過去の金メダル獲得データから提案する4つの秘策

　まず，夏季大会での日本のメダリストとその種目を見てみましょう．日本初の金メダリストは1928年のアムステルダム大会における織田幹雄氏の陸上三段跳びです．このときもう一人，鶴田義行氏が競泳200m平泳ぎで金メダルを取っています．これ以降，1932年ロスでは陸上1，競泳5，馬術1，1936年ベルリンでは陸上2，競泳4と水泳王国でした．1952年ヘルシンキではレスリングで石井庄八氏が金メダルを取って以来，1956年メルボルンではレスリング2，体操1，競泳1を獲得しました．1960年ローマでは体操4を，1964年東京では，重量挙げ1，レスリング5，柔道3，体操5，ボクシングと女子バレーボールそれぞれ各1を獲得しました．1968年メキシコでは重量挙げ1，レスリング4，体操6であり，1972年ミュンヘンでは体操5，レスリング2，競泳2，男子バレーボール1でした．以降レスリング

と柔道がほとんどです。そんな状況において，2000年のシドニーにおいて高橋尚子氏の女子マラソン，2008年の北京における女子ソフトボール，2012年の村田諒太氏のボクシングは特筆に値します。

　それぞれの種目で栄枯盛衰がみられます。誰かが先鞭を付けるとその次から2回くらいはその種目が栄える傾向がみられます。十年一昔という言葉通り，日本人が一生懸命になれる持続力が2回分8年だということになります。目新しくかつ今までマイナーであった種目において，これまでも地味ではありますが日本人が金メダル獲得に貢献していることも面白い傾向です。このことから，サッカー，卓球，テニス，ゴルフに関しては今までオリンピックで金メダルの実績はありませんが，ワールドカップ等で世界的に活躍する選手が出てきていることを鑑みると，これらに力を注いでも良い種目となります。ただし日本が優勢になるとルールの変更などでバッシングされることが歴史的に繰り返されるので，他国がやり始める前に，つまりメジャーになる前のマイナーな競技でメダルを取るようにしようというのが**秘策の一つ目**です。

　日本人女子が初めてメダルを取ったのは1936年ベルリンにおける前畑秀子氏の競泳女子200m平泳ぎです。1928年の鶴田氏も平泳ぎであったこと，1992年バルセロナにおける岩崎恭子氏も競泳200m平泳ぎ，2004年アテネ，2008年北京における北島康介氏も競泳男子200m平泳ぎです。なぜ，平泳ぎなのかというと，昔甲や道具を頭に縛り付けて泳ぐ日本の古式泳法のDNAがめんめんと引き継がれているのだと思われます。ちなみに，著者が小学生の時に前畑氏が学校に来られて平泳ぎの遠泳を教えてくださったことが密かな自慢です。さて，ここで重要なのが平泳ぎを柱とした流体力学（および著者の専門のバイオミメティクス）に則った泳法の開発を行うことです。流体抵抗となる頭の使い方（考えるという意味ではありません），手足の曲げ方の最適化，水をかくときの手の指の開き方の工夫です。具体的には女性スイマーにとっては指の爪にネイルアートを施し，長くし先端を尖らせることです。これにより水を掴まえやすくなり水に対して一かきする力の伝達が良くなります。女性スイマーの育成が**秘策の二つ目**です。

　夏季大会における金メダリストの出身地を見てみましょう。北海道が8人，茨城県7人，愛知県および福岡県5人などです。冬季では，北海道4，大阪1，宮城2です。一方，金メダリストを輩出していない地域は岩手，福島，埼玉，富山，福井，長野，滋賀，京都，鳥取，島根，香川，沖縄です。比較的暖かい地方です。したがっ

て，手っ取り早くは北海道および茨城出身者をアスリートにするのが**秘策の三つ目**です。なお，日本人の判官贔屓精神を活用してまだメダリストを輩出していない地域のアスリート作りを行うことも重要で，特に川の多い埼玉，長野ではカヌー，海に囲まれた沖縄ではセーリングのアスリート開発ができると考えられます。地域に根ざした種目への活動普及です。これには時間がかかるので，2020年ではとりあえず北海道と茨城出身者から掘り出す必要があります。これら2つの地域に共通するのは何でしょうか？ 北海道出身者の性格はおおらかであり，伝統風習にとらわれないオープンな性格で新しいものを積極的に取り入れます。話し上手ではないが遊び好きです。これに対し，茨城県出身者は独立独歩で自分を曲げず，せこせこしていない。飽きやすく忍耐はないようです。また，口べたであり，あまり細かいことにこだわらない。こう見ると，口べたが共通点かも知れませんが，これでは秘策にならないので，書き留めただけとしましょう。なお，これからのアスリートはインタビューに流暢に答えられるエンターテインメント性を持っていなければなりません。そうすれば開放的な気持ちでリラックスして競技でのパフォーマンスを最大限に引き出せるからです。修行僧のようなアスリートではなくタレントのようになるのがよいと思われます。これを**秘策の四つ目**としましょう。

## 3 物理学からの秘策

### 1 流体力学を理解しないと勝てない

オリンピック・パラリンピックに限ることではありませんが，競技はすべて空気や水といった流体中で行われますから流体力学がおおいに関与します。流体力学というのは物に作用する空気や水の流れの力を扱う学問です。たとえば，ボールの運動が重要な役割を担うサッカー，テニス，ハンドボール，バトミントン，卓球，ホッケー，アーチェリー，射撃，ラグビー，ゴルフなどに活かすことができます。ボールは手を離れた瞬間から人のコントロールが効かない状態になります。言い換えると，ボールを離す瞬間しかコントロールが効かないということです。ではどこへどのように飛ばすのでしょうか？ ゴルフ以外はねらうべきゴールや地点といった明確な的があります。もちろんゴルフにもねらうべき地点はあるわけですが，カップ以外は状況やコースに依存して変わります。ゴルフは時間をかけて戦略を立ててねらう地点を決定でき

ますが，それ以外の球技ではほぼ瞬間的に判断してねらう地点を決定せねばなりません。その意味で，同じ球技ではありますがゴルフは戦略的に特殊です。しかし，飛んでいる最中のボールの運動に関与するのは流体力学である点は共通です。ボールの運動はニュートンの運動方程式に則ります。運動すなわち速度の変化を生じさせるのは外力である重力，抗力，揚力，浮力です。これらの内，抗力はボールの形状や表面性状，大きさ，速度の二乗および空気密度に比例します。揚力はボールの回転が無ければ生じません。浮力は空気中であれば無視できます。ボールの運動に対して人間が考慮できるコントロール因子はボールの速度（初速だけしかコントロールできません）と，回転（回転速度と回転方向）です。アスリートは経験的にそれらをコントロールしているのですが，なぜそうすべきなのかという理論的根拠を知ることでより精度が増すと考えられます。つまりボールを扱うアスリートは流体力学を理解すべきといえます。これが**物理的秘策の一つ目**です。何回転させてどのくらいの速度で打ち出せば（投げ出せば）どこへ行くのかは流体力学として計算できます。経験ではなく理論的に把握することが重要です。球技は面白いことに抵抗係数が急変する臨界レイノルズ数付近を使っています。これにより予測不能なゲーム性が生まれているのだと思われます。このような流体力学を基に練習すればボールを自在にコントロールできるようになれるはずです。

　ボール以外で流体力学が大きく関与するのが水に関わる水泳，ボート，セーリング，カヌー，トライアスロンです。特にボートや体に作用する抗力をいかに小さくするかが鍵となります。なぜなら一定速度を保つための推力は体に作用する抗力と同じだけ必要なため，抗力が小さければそれだけ力を出さなくても済むので体力消耗を少なくできたり，加減速に余力をまわせるからです。推力は人の力によるのですが，それが流体を介して推力へと効率よく変換されねばなりません。たとえば，水泳で推力を出す主たる方法は，手のひらで後ろ向きに水を押して，その水からの反作用で推力を得ます。したがって，水にうまく力が伝わらないと100％自分の力を利用できないことになります。水をゆっくり押すと，のれんに腕押し状態となることから素早く動かす必要があることがわかるでしょう。その際の力は手のひらの抗力によるものですから，手のひらの面積，動かす手の速度の二乗，水の密度に比例することになります。速度以外はコントロールできないように思えますが，実は指の開き方で，水から見た見かけの面積を変えることができます。これも流体力学です。また，先ほども述

べたように爪を伸ばせば面積は大きくなりますし，とがった爪の形であればさらに抗力が増えることも流体力学からわかっています。なお，ネイルアートは心理作戦です。また，造波抵抗を小さくする点では，身長は180cm欲しいところです。爪を伸ばしたり，身長を伸ばしたりなんぞという姑息な手段は使わないなどといわずに，流体力学的観点から体を改造するというのが**物理的秘策の二つ目**です。

　人の体に作用する空気抵抗との戦いは陸上，自転車で顕著です。抵抗を下げる体型，他人の後流の使い方（スリップストリーム）[2]，摩擦抵抗を下げるウェアなどを知るべきですし，工学に携わる人たちが設計したそれらの効果を理解した上で使いこなす必要があります。走る戦略や走り方を物理的側面から理解すること，これが**物理的秘策の三つ目**です。

## 2　摩擦を使いこなす

　陸上で走ったり跳んだりできるのはシューズ底面と地面との摩擦があるからこそです。もし摩擦がないとなるとどうなるのでしょうか？　プールで歩くことを想像してもらえばわかるように，体重が浮力で軽くなると，足が滑って歩きにくくなることを経験します。摩擦力の定義は地面に対して垂直にかかる力に比例する力です。摩擦係数はその比例定数となります。ここで不思議なのは，摩擦力は地面に平行な方向の力であるにも関わらず，垂直力（今の場合は重力）に比例することです。つまり体重が重いほど同じ靴を履いていても摩擦力は大きいのです。体重を持ち上げねばならないので地面に平行には蹴ることはできないので，蹴る力の方向は必ず斜め後ろ方向となります。その角度は体重と最大静止摩擦力との比から求められます。蹴る角度はシューズと地面との摩擦係数の逆数に比例しますから，大きな推力を得るためには摩擦係数の大きなシューズを着用することです。通常のものですと摩擦係数は0.3程度ですから，蹴る角度は73度[1]と求められます。摩擦係数が0.5の場合には63度と斜めに蹴る角度は小さくなりその分推進力を大きくとれることになります。もちろんスパイク付きで走ることが多いのですが，スパイクの突きささりによるブレーキ，スパイクを地面から抜くときに余計な力を使うことになります。なお，筋力を鍛えてキック力をあげても最大静止摩擦力以上の力を与えてしまうと滑ってしまうことになります。ものすごい力を出せるエンジンを積んだ車でもタイヤがスリップして空転すれば，前に進まないことは容易にわかるでしょう。それと同じです。したがって，筋力

を鍛えたらそれに見合うだけ体重も増やさないと力を有効に使えないのです。体重が重いと，スタートダッシュでは不利となりますが，最大速度は速くできます。日本人は体重が他国の選手に比べると軽いので，レースの後半で差がついてしまいます。**物理秘策の四つ目**は体重を増やすことです。

### 3　魔球を使う

　2010年サッカーワールドカップで本田圭佑氏が放った30mのフリーキックがゴールの左端に決まったのを記憶しておられる方は多いと思います。キーパーは真ん中より若干左側にいて，本田氏が蹴った瞬間一幅分右側に動きました。そのため，対応に遅れゴールにボールが突き刺さりました。ボールが右側に飛んだと勘違いしたのです。このような球の動きは，先にも述べた球周りの流れのレイノルズ数（慣性力と粘性力の比）が10万という値付近になるからです。このときのレイノルズ数を臨界レイノルズ数といいます。たとえばサッカーボールの直径22cmを用いてレイノルズ数を計算すると，1万5千×ボールの速度となります。ボール速度が10m/sであるとき，レイノルズ数は10万を超えることがわかります。なお，このボールは回転していないことが前提です。このときボールにかかる空気抵抗の値が大きく振れるので飛ぶ速度が時々遅くなったり，左右に振られたりします。ボールの後ろで渦巻く流れが不安定になるために，このようなことが起こります。これをブレ球と呼んでいます。もしボールが回転していると，ボール後方の流れは安定となり，同じ速度で飛ばしたとしてもブレ球にはなりません。サッカーのゴールはキーパーが真ん中に立っている場合，両端と両側上コーナーは物理的に取れません[1]。したがって，そこを狙うか，ブレ球を使ってキーパーの予測がつかないようにすることが重要です。ちなみに，本田氏が蹴ったボールのスピードは28m/sでしたからレイノルズ数は4万2千となり，ちょうど抵抗係数が1/5くらいに小さくなっているので，空気抵抗によるブレーキがかかりづらくなり，スピードを保ったままブレ球として飛んだと考えられます。

　いくつかの球技におけるレイノルズ数を以下に挙げると，バレーボールでは1万4千×速度，ハンドボールでは1万3千×速度，ソフトボールでは6千5百×速度，野球ボールでは5千×速度，テニスボールでは4千5百×速度，ゴルフボールでは2千8百×速度，卓球ボールでは2千7百×速度となります。したがって，それぞれの球技における臨界レイノルズ数となる速度は，バレーボール7.1m/s（時速

25.6km），ハンドボール7.7m/s（時速27.7km），ソフトボール15.4m/s（時速55.4km），野球ボール20.0m/s（時速72.0km），テニスボール22.2m/s（時速79.9km），ゴルフボール35.7m/s（時速128.5km），卓球ボール37.0m/s（時速133.2km）などとなります。ボールが小さくなると速い速度にしないと魔球を生み出せないことがわかります。ただし回転を加えると後方の流れが安定化することになりますので，回転させないようにする必要があります。なお，卓球ボールのように表面に継ぎ目がないものの方がブレ球を生じさせやすいです。逆に縫い目がある野球のボールでは回転をわずかに加えると縫い目の効果でボール後方の流れが変化してナックルボールのような魔球を生み出すことができます。いろいろ試すと独自の魔球を生み出せるかもしれません。これが**物理的秘策の五つ目**です。なお，卓球やテニスにおいてボールに回転を加えるのはボールがコートにバウンドした後の軌道を予測しにくくするため[2]です。また，打ち返した後の軌道も変わりますので，一種のフェイントといえます。これには回転による摩擦の効き方に違いが現れる物理を知ると，魔球を生み出せると考えられます。

　他の球技のゴールおよびコートでは物理的にはすべて取られる寸法です。このようなとき，物理を考えたフェイントを使って人の動きを逆にさせることが重要なこととなります。これは物理というより心理作戦ですね。

## 4　陸上100mでの金メダル奪取法

　単なる筋力アップだけしか考えていない練習方法ではなく，物理的に考えて練習することが重要です。たとえば100mを9秒で走るためには，単純に計算して11.1m/s（時速40km）で走れば良いことがわかります。これは誰でもすぐわかることですが，ではそれを実現するにはどうすれば良いかということになります。100mを50歩で脚を繰り出して走るとすると，1歩あたり2mです。これで今まで10秒かかっていたとすると，1歩に要する時間は0.2秒です。スピードは10m/sですね。50歩で1秒短縮のためには1歩あたり0.02秒縮められれば良いのです。または歩幅を23cm伸ばして45歩で走るとして，1歩に要する時間を先の場合と同じく0.2秒だとすると，9秒で100mを駆け抜けられます。23cmというと足のサイズぐらいを1歩ずつ伸ばせるように練習することで9秒に近づけるはずです。このように，考えた練習をすれ

ば，陸上短距離100mでの金メダル獲得も夢ではありません。

**参考文献**

1) 望月修『オリンピックに勝つ物理学』講談社ブルーバックス，2012年。
2) 望月修『眠れなくなるほど面白い 図解 物理でわかるスポーツの話』日本文芸社，2018年。

（望月 修）

CHAPTER

# 08

# オリンピック・パラリンピックとメンタルトレーニング

　大舞台に臨むアスリートにとっては，本番で実力を発揮できるか否かを左右する，メンタル面の能力がより重要性を増します。「心・技・体」の「心」に相当する能力とはどのようなもので，どのようなトレーニングによって向上させることができるのでしょうか。本章では，一流選手もトレーニングに取り入れている「メンタルトレーニング」に焦点を当て，解説を行います。メンタル面のコンディショニングの技術を学ぶことは，我々がスポーツや学業，仕事においてパフォーマンスを発揮する上でも，役立つ知識となるでしょう。

## 1 スポーツにおけるメンタルサポート

　スポーツにおいて最大限のパフォーマンスを発揮するためには，「心・技・体」のバランスが重要であるといわれます。このうち，「技」は各競技に特化した技術，「体」は体力・筋力といった身体能力に相当し，身体面のトレーニングによって向上するものと考えられます。これに対し，「心」はアスリートの心理的側面を表すもので，性格や心理的特性，気分，感情などが含まれます。今日では，さまざまな心理的要因がスポーツ・パフォーマンスに影響を及ぼすことが明らかにされており，アスリートの心理的側面に着目した研究や，サポート，ケアへの関心も高まってきています。

　スポーツにおけるメンタルサポートは，「スポーツメンタルトレーニング」と，「ス

ポーツカウンセリング」という２つの側面に分類することができます。前者は、アスリートが競技力を高めるために必要な、メンタル面のコントロールに関わるスキルを「心理的スキル（メンタルスキル）」として体系化し、その獲得を促すアプローチのことです。後者は、アスリートが競技生活の中で直面する心理的課題の克服や、人間的な成長を目指して、心理療法、カウンセリング技法などを活用するアプローチのことを指します。

## 2 メンタルトレーニングとその歴史

　現在、一般的にも名称が知られるようになった「メンタルトレーニング」の発祥は、1950年代、旧ソ連による宇宙開発の時代にまで遡ります。地球上とは大きく異なる環境で活動する宇宙飛行士には、大気圏外へと旅立つ前に、さまざまなトレーニングが必要でした。その中には、極限状態において緊張や不安を抑え、情緒の安定を図るといった、メンタル面のコントロールに関わるトレーニングも含まれます。その後、こうした能力開発は、大舞台に臨むアスリートにも必要なものであり、スポーツのトレーニングにも適用できることが、徐々に認識されるようになりました。宇宙開発を契機に始まった、メンタルトレーニングに関わる知識や経験の蓄積は、旧ソ連から東ドイツへと伝わり、世界的な広がりを見せ始めます。

　わが国では、1964年の東京オリンピック開催に向けて、アスリートの「あがり」対策が講じられ、臨床心理学の知見に基づくメンタルトレーニングが導入されました。これは、不安や緊張によるパフォーマンスの低下を抑止するためのものです。当時は、アスリートの心理的なパフォーマンスを高めるというよりも、課題に対処するという側面が強調されていたことが分かります。今日のメンタルトレーニングでは、アスリートのモチベーションや集中力、協調性の向上など、心理的なスキルの獲得・向上にも焦点が当てられています。

## 3 心理的側面の評価

　パフォーマンスに関わる能力の中でも、身体面・技術面に関する能力は、身体測定や体力テストを行うことで目に見える結果として表れます。これに対し、メンタル面

に関わる能力は，必ずしも外に向けて示されるものではなく，評価も容易ではありません。そこで，メンタルトレーニングの実施に向けて，アスリートのメンタル面の強み・弱みを特定する際には，心理学における評価・査定（アセスメント）の手法を活用することになります。

## 4 さまざまなメンタルスキル

　心理的な能力は，メンタルスキル（心理的スキル）という個々の要素に分けて測定・評価がなされ，メンタルトレーニングおいてスキルの獲得・向上が促されます。メンタルスキルの分類方法については，さまざまな研究者が提案を行っていますが，わが国では徳永・橋本（2000）による「心理的競技能力」の尺度が主に用いられています。これは，メンタルスキルを大きく5つの因子に分け，それらをさらに12種類の能力に分けた下位尺度によって測定するものです（表1）。本節では，メンタルトレーニングにおいて獲得・向上が望まれる主なスキルとして，「競技意欲」，「精神の安定・集中」，「自信」について解説します。

　「競技意欲」は，競技に対するモチベーションに相当するものであり，心理学の領域ではこれを「動機づけ」という名称で扱ってきました。動機づけとは，「行動を一定の方向に向けて発動させ推進し維持する過程」と定義されます。動機づけのはたらきによって，我々の行動は引き起こされ（行動始発機能），目標に向かって維持され（行動維持機能），方向づけられ（行動調整機能），強化されていく（行動強化機能）のです。スポーツにおいては，「大会での入賞」などの目標を掲げ，その達成に向けてトレーニングを継続し，必要に応じてトレーニング内容を修正しながら，練習・試合で成果を挙げることによりモチベーションを高めていく……といったプロセスに，動機づけが大きく関与しています。

　「精神の安定・集中」は，競技場面での「あがり」を防止し，高い集中力を維持するなど，理想的な精神状態へ向けて自己をコントロールするための能力であるといえます。「あがり」に類似した言葉として「プレッシャー」がありますが，これは「特定の状況において高いパフォーマンスを発揮することの重要性を高める要因もしくは要因の組み合わせ」とされています。適度なプレッシャーはパフォーマンスを高めることもありますが，強すぎる場合には，パフォーマンスを低下させる要因となるので

表1 心理的競技能力

| 5つの因子 | 12の下位尺度 |
| --- | --- |
| 1．競技意欲 | ①忍耐力<br>②闘争心<br>③自己実現意欲<br>④勝利意欲 |
| 2．精神の安定・集中 | ⑤自己コントロール能力<br>⑥リラックス能力<br>⑦集中力 |
| 3．自信 | ⑧自信<br>⑨決断力 |
| 4．作戦能力 | ⑩予測力<br>⑪判断力 |
| 5．協調性 | ⑫協調性 |

出典：徳永・橋本（2000）

す。負けられない試合など，不安を感じやすい場面において，選手は過剰なプレッシャーにさらされ，「あがり」を経験すると考えられます。「集中力」は，雑念やその他の妨害刺激にとらわれずに，競技そのものに「全神経を集中させること（杉原・工藤，1997）であり，「狭い意味での注意，特定の刺激に対する注意の固定と，選択された刺激に注意し続けること」（マートン，1991）としてとらえられています。すなわち，競技の中で注意を向けるべき対象（相手・味方選手やボールの動きなど）に意識を向け，それ以外のもの（観客の視線など）に気を取られないようにすることが，アスリートに求められる集中力といえるでしょう。

「自信」は，「自分の能力や価値を確信していること」（新村，1998）や，「自分の能力における信念」（ビーリー，2009）と定義されます。また，徳永（2005）は，アスリートの自信に影響を及ぼす要因として，試合前の練習量，生活習慣，心身の状態，パーソナリティなどを挙げています。これらの要因は，自己の能力（技術，体力，心理）に対する自信を形成し，能力に対する自信は，結果や目標（勝敗，目標達成，実力発揮）に対する自信を形成します。さらに，結果や目標に対する自信が，試合に臨む上での総合的な自信を形成するのです。このような自信を兼ね備えているか否か

は，試合中にとるべき行動を選択し，実行する決断力にも影響を及ぼすものと考えられます。

## 5 メンタルスキルトレーニング

前節（"4．さまざまなメンタルスキル"）で取り上げたメンタルスキルを向上させるために，多くのトレーニング手法が考案されています。本節では，その中でも実践しやすいトレーニング手法として，「リラクセーション」のテクニックをご紹介します。

リラクセーションとは，緊張や不安，動機，息苦しさなど，心身に生じるさまざまなストレス反応を低減させ，心と身体の回復機能を高めるための手法のことです。すなわち，「あがり」の症状を低減し，集中状態へと自らを誘う「精神の安定・集中」スキルに関わるテクニックといえるでしょう。たとえば，試合前に緊張を感じたときに，まずは深呼吸を行ってリラックスする，といった対処法を心がけている人もいるかもしれません。「呼吸法」は，リラクセーションの一種であり，心身に及ぼす効果が科学的に実証されています。その他にも，ストレス反応の低減をもたらすリラクセーションの手法として，「漸進的筋弛緩法」，「自律訓練法」などがあります。

「漸進的筋弛緩法」は，ジェイコブソン（1929）によって考案されたリラクセーション技法で，身体のさまざまな筋肉を意識的に緊張・弛緩させるというものです。最終的には，全身をリラックスさせるために，手，足，胸，腰，顔という順序で緊張・弛緩の動作を繰り返していきます。この方法では，身体感覚を手がかりに緊張・不安を低減させるため，自身の内面に注意を向けることが難しい子どもにも実践しやすい，という利点があります。

ジェイコブソンの考案した原法は，1回に40分以上の時間を要するため，近年は簡便化された方法（表2）が用いられています。下記の方法では，身体部位に力を入れる（緊張），その状態を維持する，力を抜く（弛緩）という動作を繰り返し，その部位を①〜⑩の順番で全身へと広げていきます。手順⑧であれば，両手，両足，胸の順にそれぞれの筋肉に力を入れていき，10秒ほどその状態を維持した後に，胸，両足，両手（緊張とは逆）の順に力を抜いていき，15〜20秒ほど脱力・弛緩した状態を保ちます。

| 表2 | 漸進的筋弛緩法の手順 |
|---|---|

①右手（左利きの人は左手）
②左手（左利きの人は右手）
③右足（左利きの人は左足）
④左足（左利きの人は右足）
⑤両手（両手同時に力を入れる→抜く）
⑥両手（両手同時に力を入れる→抜く）
⑦両手 → 両足
⑧両手 → 両足 → 胸
⑨両手 → 両足 → 胸 → 腰
⑩両手 → 両足 → 胸 → 腰 → 顔

出典：山中・冨永（2000）

　筋肉が緊張・弛緩する感覚を十分に味わうために，初めはあお向けに寝そべった状態から始めると良いでしょう。緊張・弛緩のコントロールが上達すると，座った状態や立った状態でも，漸進的筋弛緩法を実践できるようになります。

　「自律訓練法」（シュルツ，1932）は，身体の各部に注意を向けながら，「公式」と呼ばれる自己暗示を用いて全身の緊張を解き，心身の状態を自分でコントロールする手法です。もともとは精神医学や心身医学の領域で用いられていた手法ですが，近年では，スポーツにおけるメンタルトレーニングにも適用されるようになりました。自律訓練法では，下記の順番に従って「公式」を心の中で繰り返し唱え，身体の弛緩をもたらします（表3）。

　自律訓練法を実施する上では，虚心，持念，留意という3つの心構えが重要になります。「虚心」は「受動的注意集中」とも呼ばれ，公式通りの感覚を得ようと焦ることなく，ぼんやりと公式を意識している状態を指します。その上で，絶えず公式を心の中に維持しながら（持念），公式が示す身体部位に意識を向ける（留意）ことがポイントです。

　自律訓練法を習得するためには，1日に2〜3回，1回につき15〜20分ほどの練習時間が適切とされています。リラックスできる服装で，仰向け，または椅子に座った状態で行うと良いでしょう。自律訓練法の終了後には，顔を軽くこすったり，手足を軽く動かしたり，全身のストレッチを行うといった「消去動作」を必ず行うようにしてください。自律訓練法の公式は，催眠療法を基礎として作られたものであ

**表3　自律訓練法の公式**

| ①背景公式（安静練習） | 「気持ちがとても落ち着いている」 |
|---|---|
| ②第一公式（重感練習） | 「両腕両足が重たい」 |
| ③第二公式（温感練習） | 「両腕両足が温かい」 |
| ④第三公式（心臓調整） | 「心臓が静かに規則正しく打っている」 |
| ⑤第四公式（呼吸調整） | 「楽に呼吸をしている（呼吸が楽だ）」 |
| ⑥第五公式（腹部温感練習） | 「お腹が温かい」 |
| ⑦第六公式（額涼感練習） | 「額が（ここちよく）涼しい」 |

り，訓練の実施後には，覚醒水準が低下した状態になります。この状態ですぐに活動を開始すると，めまいや頭痛，吐き気などを催す場合があるため，元の覚醒状態に戻るための消去動作が必要不可欠なのです。

　自律訓練法はストレスへの対処に効果を発揮するトレーニングですが，試合の当日に実施することで，筋肉が必要以上に弛緩してしまい，パフォーマンスの低下を招くこともあります。心身を競技場面に適した状態へ導くためには，漸進的筋弛緩法や呼吸法なども活用しながら，各自にとって最適なリラクセーションの手法を確立していくことが必要といえるでしょう。

## 6　メンタルトレーニングの実践

　ここまでは，メンタルトレーニングの必要性やその歴史，獲得すべきメンタルスキルとその評価・トレーニング方法について概説してきました。最後に，オリンピック・パラリンピック選手を対象に行われている，メンタルトレーニングの実践事例をご紹介します。

　オリンピック・パラリンピックなどの大舞台に臨むトップアスリートは，一般的なアスリートと比べて，強い緊張やプレッシャーにさらされる可能性があります。それゆえに，本番はもちろん，日頃のトレーニングをも含む競技生活の全般にわたって，専属のスポーツ・メンタルトレーナーによる心理サポートを受けることが重要となります。

　心理サポートは，アスリートとメンタルトレーナーによる1対1のカウンセリング

形式で行われることが多いのですが、近年は、チーム全体へのはたらきかけにより、チームワークの向上が図られることもあります。時には、メンタルトレーナーがチームの試合に帯同し、試合の合間に選手とコミュニケーションをとりながら、心理的なサポートを行う場合もあるでしょう。スポーツ・メンタルトレーナーの活躍が求められる場面は、徐々に広がりをみせています。

個人を対象とした実践事例として、笹場ら（2016）は、オリンピック代表選手（個人採点競技種目）へのメンタルトレーニングの成果について報告しています。選手は、重要な大会での過緊張を軽減し、適切な心理状態を作ることが、最優先の課題となっていました。そこで、リラクセーションの一種である呼吸法の習得を目指して行われたのが、「バイオフィードバック」という方法です。

我々が緊張や不安を感じるとき、呼吸や心拍、脳波といった生体情報にも変化が生じます。これらの生体情報を測定し、音や光に変換することで、生体の変化を目に見える情報として伝えるのが、バイオフィードバックの特徴です。上記の選手は、3分間の呼吸法トレーニングを20日間継続し、トレーニング中の心拍変動を計測機器により測定しました。心拍変動が安静時の状態へと変化すると、機器のディスプレイ上に四角形が表示され、選手は自らのリラックス状態を知ることができます。トレーニングの終了後、選手は競技場面においても呼吸法を取り入れ、3カ月後には世界選手権の代表に、6カ月後にはワールドカップでの初入賞、8カ月後にはオリンピック代表への選出という成績を残しています。

選手自身の報告では、トレーニング期間中や、競技場面で行った呼吸法の最中に息苦しさを感じるなど、呼吸法を習得する上での苦労も語られています。時には、リラックスしすぎて身体がうまく動かないこともありました。呼吸法を習得し、実戦で活用するためには、長期に渡るトレーニングや、適切な実施時間・タイミングの調整も必要であることがうかがえます。その結果、世界選手権のような大舞台でも、選手は自らの心身をコントロールし、平常時の状態へと近づけられるようになったのです。

パラリンピック選手を対象としたメンタルトレーニングに関する実践事例は多くありませんが、内田ら（2007）は、車椅子陸上競技の男子選手に対するトレーニングの成果を報告しています。この事例では、質問紙や面談を通じたアセスメントから、目標設定やリラクセーションの技術を習得することが課題として挙げられました。目標

を立てる上では，長期の目標（大会への出場・入賞など）と合わせて，短期の目標（数日〜数週間の練習における目標など）を段階的に設定することが重要となります。こうした目標設定の技法と合わせて，試合での過緊張状態を軽減するためのリラクセーショントレーニングが導入されました。また，練習・試合中に集中力が切れるという選手の報告に対し，練習メニューを改善したり，集中力向上のトレーニングを導入したりといった方法で対策を講じています。21カ月のトレーニングを経て，選手は1000m，5000m，フルマラソンでの自己記録を更新し，極東・南太平洋身体障害者スポーツ大会（フェスピック大会）およびIPC陸上競技世界選手権の日本代表にも選抜されました。

　車椅子陸上競技選手に対するメンタルトレーニングでは，臨機応変に指導やサポートの内容を変え，可能な限り選手の要望に応える形で指導が行われています。たとえば，同選手は自律訓練法の効果を実感できませんでしたが，人と話す，笑うといった行為を通じて落ち着けることに気づき，緊張のコントロールが可能になりました。また，雨や疲労などの集中力を乱す要因に対処するために，雨の日に実践練習を行ったり，体力向上のための練習メニューが組まれたりと，トレーニングを行う上でさまざまな工夫がなされました。このようにメンタルトレーニングでは，特定のトレーニングを画一的に実施するのではなく，選手の多様な心理的特性を考慮したプログラム設計が重要となるのです。

　オリンピック・パラリンピックを目指すトップアスリートは，いずれも各競技のスペシャリストであることに変わりはありません。しかしながら，競技生活における目標や動機，価値観，パーソナリティといった心理的要因は，一人ひとり異なります。さらに，国内外の大会をはじめ，さまざまな状況下で戦うアスリートの個別の感じ方・考え方に寄り添い，サポートを行うためには，より細やかな対応が必要となるでしょう。こうした点で，メンタルトレーナーは，選手の個別性・特殊性に目を向ける機会の多い指導者といえるかもしれません。皆さんがオリンピック・パラリンピックを観戦する際にも，アスリートのパーソナリティや，心理的成長の過程を想像してみることで，個々人の魅力を再発見できるはずです。

## 参考文献

Jacobson, E. (1929). Progressive relaxation. Chicago: University of Chicago Press.
Schultz, J. H. (1932). Das autogene Training. Thieme.
内田若希，平木貴子，橋本公雄，徳永幹雄，山崎将幸（2007）．「車いす陸上競技選手の心理的競技能力向上に向けたメンタルトレーニングに関する研究」『障害者スポーツ科学』5(1), 41-49.
笹塲育子，上田智章，山森信人，佐久間春夫（2016）．「多面的指標を用いた競技場面での集中状態からみるメンタルトレーニングの効果」『バイオフィードバック研究』43(1), 3-17.
新村　出（編）（1998）．『広辞苑　第五版』岩波書店．
杉原　隆，工藤孝幾（1997）．「第2章　注意・集中の技術」猪俣公宏（編），『メンタルマネジメント・マニュアル』大修館書店．
徳永幹雄（編）（2005）．『教養としてのスポーツ心理学』大修館書店．
徳永幹雄，橋本公雄（2000）．『心理的競技能力診断検査（DIPCA.3, 中学生～成人用）』トーヨーフィジカル．
ビーリー，R. S., 徳永幹雄（監訳）（2009）．『コーチングに役立つ実力発揮のメンタルトレーニング』大修館書店．
マートン，R., 猪俣公宏（監訳）（1991）．『コーチング・マニュアル：メンタル・トレーニング』大修館書店．
山中　寛・冨永良喜（2000）．『動作とイメージによるメンタルマネージメント教育　基礎編：子供の生きる力と教師の自信回復のために』北大路書房．

（加藤　千恵子・青木　滉一郎）

CHAPTER
# 09
# アスリートを支える
# トレーニングの世界

　スポーツ科学は，比較的新しい学問領域であり，さまざまな基礎学問から運動やスポーツに特化した応用科学，学際学問です。本書の大きなテーマはオリンピックであり，アスリートについて焦点を当てていますが，本章では，特に日本のスポーツ科学がどのようにアスリートに関わっているのかに触れたいと思います。

## 1 日本のスポーツ科学の始まり

　日本のスポーツ科学は，東京大学の猪飼道夫を中心に始まったといっても過言ではありません。東京大学では，他に福田邦三，東龍太郎，金子公宥らが，運動に興味を持ち，スポーツ科学研究を推進しましたが，ここには大きく2つのことが関わっていたのではないか思われます。その一つは，もちろん1964年に東京で開催されたオリンピック。現在ある国立スポーツ科学センター（JISS）の構想もこのときに始まったものです（実際に創設されたのは，だいぶ後の2000年ですが）。当時，東京大学は，国のスポーツ科学班としての役割を担っていました。もう一つは，当時，筋に関する研究でノーベル賞を受賞したアーチボルド・ヒル（イギリス）の存在です。ヒルは，生理学の基礎研究を人体に適応することを試みることに当時興味を持っており，一方日本の研究者はヒルの研究室に留学し，彼の応用研究から多大な影響を受けて，

帰国後，日本のスポーツ科学を牽引していきました。ヒルは，オリンピック後の翌年に東京の国際生理科学会議で特別講演した際，東京大学の猪飼研究室を訪れています。

## 2　ギャンブルからスポーツ科学が生まれた？

　スポーツ科学はどうやって始まったのでしょうか？　パフォーマンス向上を目指す前に，まずパフォーマンス自体を評価できないとどうしようもありません。実は，パフォーマンスを評価することがスポーツ科学の原点となっています。この点において，エドワード・マイブリッジ（アメリカ）の功績は，スポーツ科学における重要な位置づけとなっています。

　1872年，カリフォルニア州元知事スタンフォードは，ギャロップする馬の脚運びについて，友人と賭けをし，4本すべての脚が地面から離れる瞬間があると考えていました。そのことを証明するためスタンフォードは，写真家であるマイブリッジに2,000ドルでギャロップする馬の写真の撮影を依頼しました。マイブリッジは連続写真により，当時の前足は前方に，後ろ足は後方に伸ばして走るという一般的な考えが間違いであることを明らかにしました。重要なことは，この動物の動きを客観的に評価したということであり，マイブリッジはその後，ペンシルベニア大学からの支援でヒトの歩行などを撮影するなど，人体の運動に関する研究に従事することになりました。彼の連続写真を見たトーマス・エジソンは大いに感化され，後の映写機キネトスコープの発明に寄与，映画が誕生するきっかけとなったといわれています。マイブリッジの功績が，バイオメカニクスの原点であり，その功績を評して国際バイオメカニクス学会の学会賞名はマイブリッジ賞と命名されています。日本では，筋や腱に関する研究で多大な功績を収められた福永哲夫（現；鹿屋体育大学）が受賞しています。

　学問の原点，特にスポーツ科学では，現象を客観的に評価するという立場をとりますが，この動作の客観評価からパフォーマンスを変えていくという作業は一段，学問として洗練を必要とすると思われます。

## 3 スポーツ科学で身体的限界を変えられる？

　人間の身体的限界を知ることは，トップアスリートを考える上で非常に興味深いものであり，それに関連する競技も数多く存在します。たとえば，フリーダイビングには，呼吸を止めて水面に浮き，その時間を競うスタティック・アプネアという競技がありますが，その世界記録は11分35秒にもなります。我々が，息こらえを試みると大体1分ぐらいで苦しくなることを考えるとその長さは驚異的です。なぜ，こんなことが可能なのでしょうか？　呼吸生理において，中枢性化学受容器反射，つまり二酸化炭素の血中濃度は血管において常時モニタリングされており，二酸化炭素濃度が増加すると苦しくなり呼吸が亢進，二酸化炭素の排泄を促すことが明らかです。そのため，このような長時間の息こらえは生理的には不可能だと思われます。また別の例として，人間はエベレストの標高では，肺における酸素分圧が血液の酸素分圧より小さくなり，酸素を取り込めないため，エベレストへの登山は，酸素ボンベなしで生理学的に登頂できないと考えられていました。しかしながら，1978年にイタリア人のラインホルト・メスナーとピーター・ハーベラーはエベレスト無酸素登頂を成し遂げています。一方，フリーダイビングにおいても，一般的に息を止めて深くまで潜ると肺が締め付けられ，スクイーズと呼ばれる障害が発生します。肺に発生した場合，胸壁から肺が剥離し，非可逆的な損傷を受けると考えられるため，人間が息をこらえて潜る理論的な限界水深は30数m程度といわれていました。しかし，ジャック・マイヨール（フランス）が1976年に－100mの素潜りに成功しており，現在のノーリミッツでの潜水の最高記録は－214mにもなります。

　これら人間に達成不可能と考えられていた身体の能力は，実は生理学において説明が可能なのです。高所登山については，低酸素により通常は生理機能に不具合が生じます（高山病など）。これは，重篤な場合，死にいたることもありますが，5000m程度では，高山病の症状は数日すると消失します。これは，人間が環境変化に適応する能力があることに起因します。たとえば，低酸素環境下に暴露されると，エリスロポエチンなどのホルモンの増加により，血液，赤血球が作られ，低酸素環境においても肺における酸素交換率の向上により，十分な酸素をとり入れることができるようになります。またフリーダイビングなど潜水時には，水圧により腹部の内臓が横隔膜ごと肺の方向に押し上げられ，肺のスクイーズを防ぎ，肺，周辺組織の不可逆的損傷を

防いでいることが明らかとなっています。この人間の環境変化に対する身体の適応能は，人間の身体能力の限界を押し上げるものであり，環境生理学などの研究領域においてそのメカニズムが解明されています。

スポーツの場面では，身体適応を促すものとしてトレーニングが重要です。筋力トレーニングや低酸素トレーニング（高所トレーニング）は，この人間の身体の適応能により成り立っています。この人間に備わる生理適応能をうまくマネジメントすることにより，アスリートのパフォーマンスを向上させることは可能であり，学術的にも数多くの研究が行われています。たとえば，何％の最大筋力で筋力トレーニングをするとどのぐらいの筋力向上が期待できるかなど，運動強度，期間，継続等トレーニング効果に関してさまざまな知見が得られています。トップアスリートのパフォーマンス向上に関連して人間の身体能力の限界値を押し上げることは，非常に特殊な事象です。したがって，これをスポーツ科学により身体適応能を一般化，トップアスリートのパフォーマンス向上に還元させることは，非常に困難なテーマといえます。現在の科学では，なぜそのような適応ができたのかを学術的に解釈していくという段階ではないでしょうか。

アスリートはトレーニングにより適応した刻々と変化する身体で競技に挑んでいます。したがって，アスリートは，いかに身体を最高の状態に維持して競技を行うかを常に考えています。つまり，どの様に自身の持っている身体的特徴を最大限に競技に生かすか。このことに対してトレーニング方法は重要な意味・意義を持つといえます。6週間のトレーニングで向上した体力は，1週間のデトレーニング（トレーニングを中止する）で簡単に基の状態に戻ってしまう（Saltin et al., 1968）など，スポーツ科学におけるトレーニング方法や食事，睡眠などの他の環境因子に関する研究から得られたコンディション，トレーニングに関連した知見は，アスリートが最大のパフォーマンスを発揮するための身体の状態を維持するため有用であり，間接的にパフォーマンスの向上に寄与すると考えられます。

## 4　実は，スポーツ選手ならみんな知っているノーベル賞受賞研究

運動分野の研究でノーベル賞を受賞した科学者は少なくとも2名います。またこの

ノーベル賞の研究に関する身体の反応は，実はアスリートならだれでも知っています．それは，1922年度の生理学・医学ノーベル賞を受賞した，アーチボルド・ヒルとオットー・マイヤーホフ（ドイツ）の研究（Hill, 1913 ; Meyerhof, 1947）です．彼らの研究は，現在の運動生理学の原点です．ヒルは生理学者，マイヤーホフは，生化学者でした．私たちの持つ筋肉は動作を行うために必要不可欠であり，車に例えるとエンジンにあたります．ヒルは，筋肉の構造はどのようになっていて，また動きに関してどのような物理化学的現象を起こしているのかを精力的に研究を行い，筋中の熱発生に関する研究においてノーベル賞を受賞しています．運動すると熱が産生することは，アスリートなら誰でも知っていることであり，実は子供でも知っていることなのです（おしくら饅頭など）．エネルギーは筋で産生されますが，そのエネルギーは筋を動かす運動エネルギー，それ以外は熱エネルギーとなります．彼は，筋の運動特性と産生熱エネルギーとの関連を詳しく調査しており興味深い知見を発表しています．筋の平均的な熱効率は20～30％であり，またこの熱効率は実は筋の力発揮に依存して変化します．たとえば，姿勢を維持するような体の動きを伴わない筋収縮では，熱の産生は最小限です．一方，筋への負荷が小さく速い動きを伴う場合は，熱の産生が大きくなります．つまり，この研究結果には，エネルギー産生を動きにできるだけ変換するにはどうすればいいかのヒントがあります．たとえば，アスリートが行うような激しい運動でなくても，歩行などの軽い運動でも，熱効率が高くなりエネルギー消費が大きくなるため，現在ダイエットに推奨されている有酸素運動が効率よいとの知見の裏づけとなっています．

　一方，マイヤーホフは，筋の代謝システムにおいて重要な乳酸生成を定量化し，その生成と代謝の関係を明らかにしました．これは，「乳酸学説」といわれ，筋収縮のエネルギーは乳酸の発生により供給されるとしたものであり，無酸素状態での筋中のグリコーゲンの消費と生成する乳酸量，発生するエネルギー量から推測されるという，当時信頼性の高い知見でした．しかしながら，デンマークの若い研究者であるアイナー・ルンズコールは，グルコースを乳酸に変化させる酵素を阻害するモノヨード酢酸中でも筋収縮が起こるという乳酸学説を否定する知見を1930年に発表しました．マイヤーホフは，非常に優れた研究者であり，乳酸学説が誤りであることを認め，自身によりこの学説を撤回しています．アスリートは，この乳酸について，その研究の歴史や学説を知っているわけではありませんが，アスリートの疲労に関係して

いるとされている乳酸のことはよく知っています。"乳酸がたまる！"など，アスリートが言っているのをよく耳にします。しかしながら，彼らも科学的な知見を知る必要があると思われます。なぜなら，乳酸は疲労に関連していますが，それはアスリートが思っているそれとは全く違うものであるからです。また，そのことを知ることが，いかにエネルギーを効率よく運動に変換できるかのヒントを与えてくれるのです。

## 5 乳酸は疲労物質？ 乳酸の間違った解釈の歴史

いずれにしても，マイヤーホフの研究が発端となり，筋のエネルギー代謝，たとえば，筋でのアデノシン三リン酸（ATP）の減少とアデノシン二リン酸（ADP）の増加が確かめられ，マイヤーホフが亡くなって十年以上経った1962年に，筋収縮のためのエネルギーにATPが関係していることが示唆されました。さらに，ATPが生体内で合成されるのは，ピーター・ミッチェルのタンパク質の膜電位の差をエネルギーとした「酸化的リン酸化」の理論とATP合成酵素の発見等を経て，1997年にATP合成酵素の作用の機構が明らかとなりました。アスリートは，いかにして効率よくエネルギーを生み出すかということに興味があり，この筋代謝についても経験的な知識を持っています。ただ，論理的に知ることが，パフォーマンス向上の効率を高める要因となり得ますが，私の知る限りでは，トレーニングのエビデンスに用いられているどころか，大きな誤解がそのことを妨げています。

乳酸は，疲労により増加すると考えられていました。しかしながら，実際は図１に示す様に，糖代謝が進むのに比例して乳酸が産生されています。乳酸は細胞内に入り再びピルビン酸になりミトコンドリア内でエネルギー産生に利用されます。運動により血中乳酸値が高まるのは，TCA回路で処理される乳酸より，糖代謝による乳

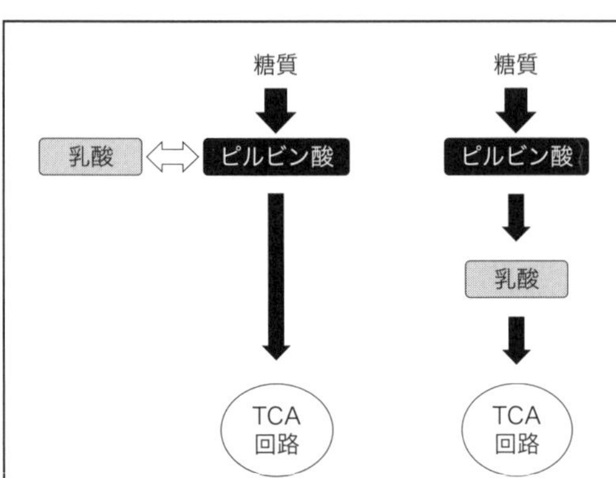

図１ 糖代謝と乳酸再生

出典：筆者作成

酸産生が上回るからです。遅筋で産生した乳酸は，速筋では乳酸の処理能力が高いため，速筋でエネルギーとして利用されると考えられています（乳酸シャトル）。近年，乳酸疲労物質説が誤りであることが証明され，乳酸は運動において重要なエネルギー源，特に脳の代謝や認知機能にも影響を及ぼすことが報告されています。乳酸が筋から発見された当時，筋を動かすエネルギー源について分かっていなかったので，グリコーゲンがブドウ糖に分解され，それが乳酸になる反応がエネルギーを生み出す，乳酸学説が注目されました。ただ，筋をよく動かし酸素が不足した状態では乳酸濃度が高くなることには変わりがないので，今世紀になるまで，乳酸は疲労物質だと考えられてきたのです。しかし，2004年頃，乳酸は疲労物質ではないという論文（Pedersen et al., 2004）が発表され，現在ではそれが主流の考えになっています。

　1976年，ワシントン大学のロバート・フィッツとジョン・ホロジー氏は，カエルの筋肉を使って，筋収縮の強さと乳酸の量の継時的な変化を調査しました（Fitts & Holloszy, 1976）。彼らは，運動をはじめるとホスホクレアチンが急速に減少する一方で，ATPの濃度はほぼ一定に維持され，筋の収縮力と乳酸の量はきれいに反比例するデータを示しました。また同時期の他の研究においても，筋の収縮低下と，ATPの減少や無機リン酸の増加，ADPの増加，ホスホクレアチンの減少といった変化の相関も報告されました。これらの報告は，疲労が乳酸によるものであるという因果関係を直接示したものではなかったにも関わらず，疲労の原因は乳酸という結論になってしまいました。筋疲労は乳酸が原因であるとする説は研究現場で提唱されてきましたが，学術的に支持してしまったことが長い間定説になってしまった原因かもしれません。

　定説になってしまった乳酸悪者説ですが，早い時期から疑問を感じている研究者，特に代謝アシドーシスによる虚血性障害を研究していた研究者たちは，1960年代には筋疲労の原因が乳酸という話はおかしいと考えていました。その後，1990年代から乳酸の蓄積やアシドーシスは

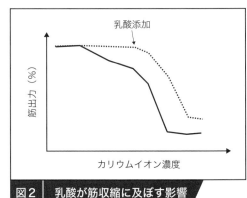

図2　乳酸が筋収縮に及ぼす影響

出典：Nielsen et al. 2001のデータから筆者作成

あまり影響しないという知見が増加し，2000年代に入ってから疲労の原因は乳酸ではなく筋細胞外のK＋であることが示されました（Nielsen *et al*., 2001）。カリウムイオンは，疲労物質であり，その濃度の増加は筋出力を低下させます。しかしながら，図2に示されているように乳酸を添加するとカリウムイオン濃度の増加に対する筋出力の低下が抑制されています。乳酸は疲労物質ではなく，筋出力を促進させるために働いています。以上のように，乳酸は，科学の中では疲労物質どころか，乳酸の産生は疲労回復や認知機能などの脳機能において重要であることが明らかになっています（Ogoh, 2017；Hashimoto *et al*., 2018）。残念ながら，いまだに乳酸悪者説を掲げる現場の指導者がいますが勉強不足としか言いようがありません。ただ多くの先入観をもって扱うと，同じデータでも異なる結論になります。同じ現象でも解釈が間違ってしまい，間違った指導につながるかもしれないことも心にとどめておく必要があります。

## 6　科学のパフォーマンス向上への貢献は可能？

　以上，雑多にスポーツ科学とアスリートついて書いてきましたが，ここでの大きな疑問点として，"科学技術により，本当に人間の身体能力，運動パフォーマンスを向上させることは可能なのか？　科学技術でオリンピックメダリストは生み出せるのか？"などを挙げることができます。

　もちろんスポーツ科学は，アスリートのパフォーマンスを向上させるという大義がありますが，実際はそうではありません。その理由としては，科学とは現象，ここではスポーツや運動に関する身体反応などですが，それを一般化することにあります。つまり，誰が行ってもそうなる事象を正確に同定することが"科学"です。一方，アスリート，特にトップアスリートは，突出した存在であり，平均，つまり一般的な反応を知りそのメカニズムが解明されても，そのことがパフォーマンス向上を助けることにはならないかもしれません。たとえば，これは水泳の平井伯昌コーチに聞いた話ですが，"水中でいかに呼吸を我慢できるかがトップスイマーで重要"という話をされていました。前述したように，人間は生きている限りエネルギーを生成しているので，呼吸を止めると二酸化炭素が血中に蓄積します。この高炭酸は呼吸中枢を刺激し，呼吸を亢進するように脳から指令がおこります。息こらえで，息苦しくなるのはこのためですが，これが正しい生理機能です。上述のコーチの話は，正常な生理機能

を持たない人（脳の二酸化炭素に対する感受性が悪い人）がトップアスリートには必要という話とも取れます。つまり，トップアスリートは，人間の生理機能で一般化できない，一般化から外れた対象で，そもそも学問ベースに乗らないのかもしれません。つまり，パフォーマンスの向上を考えた場合，答えは一つではなく，選手の数だけ答えはあるということが正しいのではないかと考えます。2つ目の理由として，アスリートは，実は科学のこと（人間の身体の仕組み）を競技経験の中（試行錯誤により）で感覚的に周知しており，自身の身体反応から最適な方法を選択しています。簡単な例でいえば，マラソン大会で，真っ先に飛び出して一番に先頭に立って普段より速く走っている人に，トップアスリートはいません。アスリートはこの様な走り方では必ずスピードが落ちて順位が落ちていくということを知っているからです。つまり，運動するとアスリートといえども必ず筋が疲労します。その筋疲労，つまり限りある糖代謝をどの様に効率よく使っていくか，そのマネジメント能力がそもそも高くないと，高パフォーマンスを発揮できないのです。

　科学技術の進歩によりさまざまなことが解明されてきましたが，我々人間は，自身の身体のことをどこまで知っているのでしょうか？ 実は，未だにわからないことだらけなのです。筆者の専門分野である生理学においても，未だに多くの研究論文が報告されており，したがって，筆者の商売も基本的にまだまだ成り立つのです。たとえば，科学技術の進歩により，脳の活動が視覚的に認識できるようになり，単純な動作，たとえば指をタッピングするときの脳の活動領域や程度が数量化できるようになりました。しかしながら，スポーツで行うような複雑な身体動作における脳の各活動部位の相互作用など詳しく解明されているとはいえません。そもそも，脳の活動を脳部位の血流量の増加の程度で評価していますが，その質を評価できているかのエビデンスは実はありません。最近の我々の研究（Tsukamoto et al., 2016 ; Hashimoto et al., 2018）

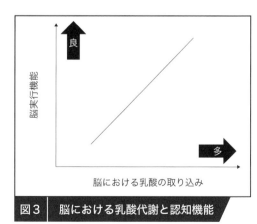

図3　脳における乳酸代謝と認知機能

出典：Tsukamoto et al. 2016, Hashimoto et al. 2018 より，筆者作成

では，運動後の脳での乳酸の取り込みと認知機能（脳の実行機能）には正の相関関係が観察され，運動による認知機能亢進のメカニズムの1つとして報告されました。乳酸は筋出力だけではなく，特に運動中や運動後の脳機能においての重要なエネルギー源の役割を担っていることが明らかになりました。さらに，高強度の運動を繰り返すと筋内の糖が枯渇，乳酸が産生されず認知機能も低下することを報告しています。このことは，アスリートは経験的に知っていることで，同じ強度の運動を行っても，疲労していると身体が動かなくなります。しかしながら，学術的にこの現象の説明はされていませんでした。したがって，学術論文になったのですが，いずれにしても，アスリートの常識に学問が追いついてないことになるかもしれません。

　スポーツ科学は，アスリートにとって有用なマテリアルとなり得ると思いますが，広義の意味では，近年特に高齢者，生活習慣病などに関して重要な学問となっています。つまり運動やスポーツにより，人間の身体が変化（適応）し，そのことがリハビリテーションなどを介して疾患予防や健康を維持することにおいて重要であることがさまざまな疫学調査により明らかになっています。特に日本では超高齢社会に突入し，高齢者の健康維持は重要な政治課題であり，スポーツ科学の重要性は高まっています。この点に関しての記述は，他の機会に譲るとしますが，スポーツ科学がパフォーマンス向上に貢献するためには，スポーツ科学をアスリートがよく知り理解し，何を利用するのかという認識や，またそれに関連する生理学的知識を持つ必要があるでしょう。

**参考文献**

Fitts RH & Holloszy JO (1976). Lactate and contractile force in frog muscle during development of fatigue and recovery. *Am J Physiol* **231**, 430-433.

Hashimoto T, Tsukamoto H, Takenaka S, Olesen ND, Petersen LG, Sorensen H, Nielsen HB, Secher NH & Ogoh S (2018). Maintained exercise-enhanced brain executive function related to cerebral lactate metabolism in men. *FASEB J*, fj201700381RR.

Hill AV (1913). The heat-production in prolonged contractions of an isolated frog's muscle. *J Physiol* **47**, 305-324.

Meyerhof O (1947). The main chemical phases of the recovery of muscle. *Ann N Y Acad Sci* **47**, 815-834.

Nielsen OB, de Paoli F & Overgaard K (2001). Protective effects of lactic acid on force production in rat skeletal muscle. *J Physiol* **536**, 161-166.

Ogoh S (2017). Relationship between cognitive function and regulation of cerebral blood flow. *J Physiol Sci* **67**, 345-351.

Pedersen TH, Nielsen OB, Lamb GD & Stephenson DG (2004). Intracellular acidosis enhances the excitability of working muscle. *Science* **305**, 1144-1147.

Saltin B, Blomqvist G, Mitchell JH, Johnson RL, Jr., Wildenthal K & Chapman CB (1968). Response to exercise after bed rest and after training. *Circulation* **38**, VII1-78.

Tsukamoto H, Suga T, Takenaka S, Tanaka D, Takeuchi T, Hamaoka T, Isaka T, Ogoh S & Hashimoto T (2016). Repeated high-intensity interval exercise shortens the positive effect on executive function during post-exercise recovery in healthy young males. *Physiol Behav* **160**, 26-34.

(小河 繁彦)

CHAPTER 10

# アスリートのコンディショニングシステム

　アスリートのコンディショニングに関わる専門領域は，スポーツ医科学の発展を背景としたエビデンスを基に現場のコンディショニングに活用されています。そのため，アスリート自身が設定した競技会において最高のパフォーマンスを発揮するためには単に練習を頑張るということだけでは成し得ない時代になっています。各専門領域のコンディショニングスタッフもコーチングスタッフと共にアスリートに関わる一連のシステムとして機能します。ここでは，そのコンディショニングシステムについてわかりやすく具体例を挙げて説明していきます。

## 1 アスリートのコンディショニングとは

　スポーツの取り組み方には健康づくりや楽しみ，社交の場としての生涯スポーツと技術や勝敗を追求する競技スポーツに大きくわけられます。競技としてスポーツに取り組んでいる人々をアスリートといいます[1]。

　コンディショニングとは，心身の体調を整えるという意味として広く使われており，アスリートにおけるコンディショニングとはパフォーマンス向上と傷害予防を目的として，「設定した競技会において良いパフォーマンスを発揮することができるようすべての要因を望ましい状態に整える準備プロセス」[1]と定義されています。

　ここでいうすべての要因は3因子にわけて考えられており，1）身体的因子，2）

心的因子，3）環境的因子があります。1）身体的因子には医学的，体力要素的，栄養学的に問題がなく，トレーニングを継続的に遂行できており，そのトレーニング効果が結果としてあらわれることを身体的コンディションのよい状態ということができます。2）心的因子には対人関係なども影響し，トレーニングに対してのモチベーション，興奮（緊張）水準や思考方法のコントロール方法に影響を及ぼします。3）環境的因子には道具や施設などのトレーニング環境，睡眠などの日常生活環境と移動や天候などが関連する特殊環境が影響してきます。

　これらの要因がバランスよくコントロールされている状態を目指して，アスリートはコンディショニングを行うわけですが，コンディショニングがうまくいかない例として，トレーニング量と体力要素のバランスが崩れることによるスポーツ傷害の発生，トレーニング量と栄養学的要素のバランスが崩れることによる貧血などの体調不良，試合に対してのプレッシャーや緊張などの過剰な精神的ストレス，トレーニングと勉強のバランスを確保するための少なすぎる睡眠時間など生活パターンの崩れ，急激な気象条件変化による体調管理困難などがあげられ，このようなさまざまな要因をコントロールしながらコンディショニングを整えることになります。加えて，アスリートは勝敗を追求するために負荷をかけたトレーニングを継続的に行うことになります。先に述べたように，そのトレーニング負荷量が多すぎると傷害や内科的疾患につながることもあるのですが，逆に負荷の弱いトレーニングを継続しても勝敗にプラスになるようなトレーニングが積めないため，アスリートとして勝敗の結果が期待できなくなります。このように，アスリートは勝敗を追求するためにある程度の負荷を継続的にかけていくため，そのトレーニング負荷量をコントロールすることと回復のためのスケジューリング，栄養補給など，さまざまな要因を総合的にコントロールすることも必要になります。

## 2　コンディショニングの流れ

　アスリートのコンディショニングにはさまざまな要因が関連しており，それらを総合的にうまくコントロールするためには具体的にはどうすればよいのでしょうか。そのためには図1で示すように，四段階のステップを踏むことになります。一段階目は個々の要因が現在どのような状態にあるかについて把握し（検査・測定と評価），二

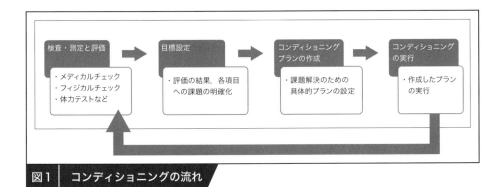

**図1** コンディショニングの流れ

段階目として、要因ごとの課題を設定し（目標設定），三段階目はその課題を克服するためのプランをたて（コンディショニングプランの作成），四段階目にそれを実行することになります（コンディショニングプランの実行）。この，四段階について身体的要因を中心に具体的な一例をあげてみます。

### 1 検査・測定と評価

サッカープレーヤーAさんは高校1年生として新チームに加入し，4月2週目にチーム全員が受けるチームドクターからのメディカルチェック，アスレティックトレーナーとフィジカルコーチからのフィジカルチェックと体力テストを受けました。同日に生活パターン（睡眠時間や食事回数），食事内容と気分などについて質問紙を用いて調査も行われました。

メディカルチェックでは，過去に経験している病気やケガがないかの問診で，中学時代に起こした2回の右足関節捻挫，1回の左足関節捻挫を伝え，その部位のチェックを受け，足関節の不安定性と足関節周囲の筋力が低下しているとの指摘を受けました。医療機関でのレントゲン，MRI検査では骨に異常はないものの陳旧性の靱帯断裂（過去のケガで靱帯が断裂している状態である）との診断を受けました。また，アスレティックトレーナーから立位姿勢を観察され（スタティックアライメント検査），下肢はO脚であり，レッグヒールアライメント（下腿と踵のなす角：図2）から回外足と評価されました。加えて，タイトネステスト（筋肉がどれほど硬いかをチェックするテスト）ではハムストリングス（太ももの後）と大腿四頭筋（太ももの前）の筋

肉の柔軟性が低いと指摘され，足関節周囲の筋力チェックではチームドクターからの指摘と同じように足関節周囲の筋力が弱いことと，合わせて内側縦アーチ（土踏まず）の低下も指摘されました。さらに，トレーニングに使っている靴もチェックを受け，靴の外側がすり減っていることについても確認されました。チームドクターとアスレティックトレーナーから数々の検査・測定から過去のケガと現在の状況，身体の特性を総合的に判断して足関節捻挫を再発させないような対策が必要であると評価されました。

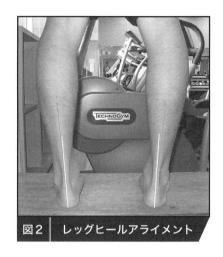

図2　レッグヒールアライメント

　身体計測（身長，体重，大腿周経囲と皮下脂肪厚）と体力テスト（バランス能力，垂直とび，スプリント，アジリティテストと持久性テスト）はチームメンバー全員が受けました。身体計測では大腿周経囲が，体力テストではバランス能力と垂直とびが平均値に達しておらず，その点については改善が必要であると評価されました。

　質問紙による調査から，就寝時間が遅いこと，朝食を抜く時があること，朝と昼の食事が炭水化物中心になっていることが指摘され，その点の改善が必要であると評価されました。

### 2　目標設定

　以上のような検査・測定と評価をふまえ，Aさんのコンディショニング課題が設けられました。

①　足関節捻挫の再発予防
②　下肢（特に大腿部）の柔軟性の獲得
③　大腿部の筋肥大と筋力，パワーの向上
④　生活パターンの見直し
⑤　食事・栄養についての理解

## 3 コンディショニングプランの作成

これらの課題を解決するために作成されたコンディショニングプランは以下のとおりです。

① 足関節捻挫の再発予防：対応担当：チームドクターとアスレティックトレーナー
　→再発予防プログラムの作成・実施
　　a．足部，足関節周囲の筋力および柔軟性向上のプログラムの作成・実施
　　b．下肢バランスおよび協調性向上のプログラムの作成・実施
　　　→a．b．は1日おきにウォーミングアップ時に実施する
　　　プログラムと実践方法については4月3週目にアスレティックトレーナーから伝え，4月4週目からは自身で取り組み，週に1回はアスレティックトレーナーが確認する
　　c．インソールの作成
　　　→専門家に依頼（予約必要：4月3週目）

② 下肢柔軟性の獲得：アスレティックトレーナーもしくはフィジカルコーチ
　→柔軟性改善プログラムの作成・実施
　　→毎日のウォーミングアップ，クールダウンにて実施する
　　プログラムと実践方法については4月3週目にアスレティックトレーナーから伝え，4月4週目からは自身で取り組み，アスレティックトレーナーが確認する

③ 大腿部の筋肥大：アスレティックトレーナーもしくはフィジカルコーチ
　→大腿部の筋肥大と筋力，パワー向上のプログラムの作成・実施
　　→筋肥大と筋力，パワー向上と段階的にチームとしての年間スケジュールを考慮（ピリオダイゼーション）してフィジカルトレーニング時実施する
　　プログラムと実践方法については4月3週目にフィジカルコーチから伝え，4月4週目から筋肥大のプログラムをフィジカルコーチと共に取り組む
　　一定期間実施後，筋力向上さらにはパワー向上と段階的に変化させていく

④ 生活パターンの見直し：アスレティックトレーナーと（管理）栄養士
　→生活パターンについてのアドバイス
　　→⑤と合わせて選手本人と4月3週目にミーティングを実施し，2カ月後に

再度状況確認のミーティングを実施する
　⑤ 食事・栄養についての理解：（管理）栄養士
　　　→食事・栄養についてのアドバイス
　　　　→④と合わせて選手本人と4月3週目にミーティングを実施し，2カ月後に再度状況確認のミーティングを実施する

### 4　コンディショニングプランの実行

　前述のように，コンディショニングについての多くの課題が具体的に挙げられ，それらの課題を解決するためにどのように，いつから取り組んでいくかを決定し，実施に移るということになります。実施期間中もそれぞれの課題がどのように進行しているかを常にモニタリングしながら，コンディショニングに関わっているスタッフはお互いの情報交換をしていくわけです。

　ある一定期間コンディショニングに取り組んだ後にそれぞれの要因がどのように変化しているか，課題克服に近づいているのかを客観的に確認する必要があり，特に体力テストなどについては4月2週目に行った項目と同じ測定とシーズンの終わりや1年後に再度評価して変化の確認をしていきます。

## 3　コンディショニングシステム

### 1　アスリートを支えるコンディショニングスタッフ

　今回は身体的要因を中心にしたコンディショニングの例を挙げましたが，コンディショニングに関わるスタッフは今回の例で挙げた，アスリート本人，チームドクター，アスレティックトレーナー，フィジカルコーチ，栄養士の他にも医療機関にてリハビリテーションを担当する理学療法士，けがの部位の治療などに携わるセラピスト（鍼灸師，マッサージ師，柔道整復師など），アスリートの科学的データを測定・分析するスポーツ科学者，心理的問題が生じたときにカウンセリングなどを担当するカウンセラーやアスリートの使用する道具などの調整をする道具管理者，技術や戦術を教える監督やスキルコーチと生活全般に関わる家族がコンディショニングに関わることとなります。

　コンディショニングシステムの流れが理解されて，検査・測定と評価に取り組んだ

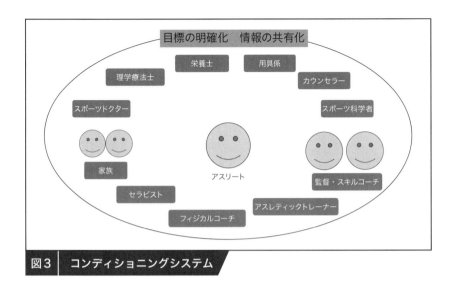

図3　コンディショニングシステム

としても，その検査・測定と評価から得られた多量の情報を整理しきれない，目標設定ができない，目標設定しても具体的なプランが作成されない，具体的プランを実際に遂行できない，コンディショニングに関わるスタッフに情報が共有されていないなどの状況はせっかくのコンディショニングがうまくいかない原因になります。1人のアスリートに対してさまざまな要因の多量の情報が提供されることになるため，その情報を整理すること，ひとりひとりのアスリートに対してのコンディショニングの目標を明確化すること，コンディショニングに関わるスタッフ全員が情報の共有化ができていることがコンディショニング成功のカギになります。

## 2　日々のコンディショニング3段階システム

これまでの説明でコンディショニングの流れと，アスリートを中心としてさまざまな領域のスタッフがアスリートのコンディショニングに関わっていることはわかりました。しかし，すべてのスタッフがいつもスポーツ現場にいるというわけではありません。そこで，ここでは日常のスポーツ現場におけるコンディショニングの具体的な進め方について説明します。アスリートのコンディショニングは三段階で考えられており，第一段階はアスリート本人が行うセルフコンディショニング，第二段階は日常的にいるコンディショニングスタッフが関わるプライマリーコンディショニング，第

三段階は専門家に依頼する二次コンディショニングと考えられています。

日常のコンディショニングの進め方についてサッカープレーヤーAさんの例を挙げながら説明します。Aさんは足関節捻挫の再発予防のコンディショニングプランとして足部，足関節周囲の筋力および柔軟性向上のプログラムを自身

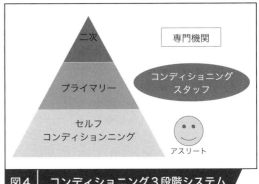

図4　コンディショニング3段階システム

で1日おきにウォーミングアップ時に実施するプランが作成されていました。このように，自身の課題を改善するためには自身でできることは自身で取り組むことが第一段階のセルフコンディショニングに該当し，週1回，アスレティックトレーナーが確認することが第二段階のプライマリーコンディショニングに該当することになります。この段階でうまくコントロールできていればよいのですが，Aさん自身も真面目に取り組んでおり，足部，足関節周囲の筋力および柔軟性も向上してきているにも関わらず，未だ痛みが残っているような状況の場合，他の問題がないかについてアスレティックトレーナーもしくはチームドクターから足関節専門のスポーツドクターに診察を依頼します。それが，二次コンディショニングに該当します。

セルフコンディショニングの別の例としてはアスリート自身が毎日行う体重測定や基礎体温計測，食事の記録や練習内容の記録などが第一段階のセルフコンディショニングに該当し，自身がどのような状況であるかを記録することも含まれます。アスリートのコンディショニングにはたくさんのスタッフが関わりますが，アスリート自身がまさにその中心人物であり，自身の役目を果たさなければ，このように，コンディショニングシステムを効果的に運用することはできません。

## 4　セルフコンディショニングの重要性

このようにパフォーマンス向上と傷害予防を目的としたアスリートのコンディショニングには多くの要因が関連しており，さまざまな領域のスタッフが連携してアス

リートを支えるシステムとして機能します。残念ながら，未だ多くのスポーツ現場では，コンディショニングシステムが整備されていないところも多いのが実状です。アスリートの健康を守り，パフォーマンスを十分発揮できるコンディショニングシステムを整えることは，スポーツ環境にとって非常に大事な課題です。

　ここで忘れてならないのは，コンディショニングシステムの中心はアスリートであることです。アスリート自身がパフォーマンス向上と継続的な練習時間確保のための傷害予防に，積極的態度でセルフコンディショニングに取り組むところから始まります。コンディショニングに関わるスタッフがそれぞれの立場に応じた責務を果たすことができて，はじめて機能するコンディショニングシステムとして確立できるようになります。

**参考文献**

1）English Oxford Living Dictionaries　https://en.oxforddictionaries.com/definition/athlete（2018年1月15日閲覧）
2）日本体育協会『公認アスレティックトレーナー専門科目テキスト5　検査・測定と評価』文光堂，東京，2007年．
3）日本体育協会『公認アスレティックトレーナー専門科目テキスト6　予防とコンディショニング』文光堂，東京，2007年．

（岩本　紗由美）

CHAPTER 11

# アスリートを支える食と栄養

　アスリートはより強くなるためにトレーニングをします。そのトレーニングの効果を高めるために栄養補給は欠かせません。なぜならば、トレーニングをしているときにおこる極限状態（理性を保てるぎりぎりの状態）になったときに耐えられる体づくりとエネルギーの補給は食べることによって成り立つからです[1]。

　2010年に国際オリンピック委員会（IOC）が発表したスポーツ栄養に関する声明においても、「正しい食事によって、スポーツで勝つための望ましい体格や体組成が得られる」と述べられています[2]。本章では、正しい食事について考えます。

## 1 アスリートが最も気をつけなければならないこと

　運動は体に貯蔵されているエネルギーを消費したり、筋肉を鍛えたりする刺激となります。適度な運動は子どもにおいては心身の健全な発育や発達に、成人や高齢者においては健康の維持や増進によい影響を及ぼします。しかし、アスリートは最大限のトレーニング効果を得ようとハードなトレーニングを行うために、それに伴う病気やケガのリスクが高くなります。アスリートにとって、運動は必ずしも健康の維持・増進に貢献するとは限らないのです。状況に応じては、生命に危険を及ぼすこともあります。そのような事態を避けるために、生命を脅かす「食物依存性運動誘発アナフィラキシー」と「脱水」の予防方法を学びましょう。

## 1　食物依存性運動誘発アナフィラキシー

　私たちの体には，細菌やウイルスなどの病原体の侵入から体を守る「免疫」という働きがあります。ところが，この免疫が有害な病原体ではなく，本来無害なはずの食べ物や花粉などに過敏に反応して，私たち自身を傷つけることがあり，これを「アレルギー反応」と呼んでいます。食物アレルギーとは，特定の食物を食べたときに，体を守る免疫のシステムが過敏に働き，アレルギー症状が起きることです[3]。食物アレルギーは，その原因となる食品を食べないことで防ぐことができます。

　一方で，「特定の食べ物を食べただけ」あるいは「運動を行っただけ」では症状はおきず，「特定の食べ物を食べた後に運動をする」ことで発症するアレルギー反応があります。それを，食物依存性運動誘発アナフィラキシー（food-dependent exercise-induced anaphylaxis：FDEIA）といいます。このアレルギーによって，運動中に皮膚にじんま疹ができたり，呼吸が苦しくなったりします。部活動を通じて運動量が多くなる中学生の男子に多くみられる症状であり，その頻度は中学生約１万2000人に１人と報告されていますが，20代まで発症の危険性があります[3]。食事後の運動に限定されて起きるこのアレルギーの多くは，昼食のときに小麦や甲殻類（エビやカニ）を食べ，２時間以内に球技やランニングなどの激しい運動をするとみられる症状です（図１参照）[3,4]。かつてはこのアレルギーによる死亡例も報告されていますが，予防や早い対応を行うことで重症になることを防ぐことができます。

　予防策としては，運動をする２時間前までは原因となる食べ物を食べないことです。しかし，実際は食べ物の組み合わせや，食べた量，運動量も関係しているため，なかなか特定できないのが現状です[4]。そのため，運動２時間前までに食べるものは，これまでに食べたことがあるものを食べるようにし，新しい食材を用いた料理を食べることは避けましょう。

　また，過去に食物依存性運動誘発アナフィラキシーを発症したことがある場合は，医療機関を受診し，必要に応じて，アレルギーが重症になることを防ぐことができるアドレナリン自己注射薬を携帯しましょう[3]。

## 2　脱水を防ぐために

　前述の食物依存性運動誘発アナフィラキシーよりも頻繁におこり，多くのアスリートが心がけなければいけないことは脱水の予防です。

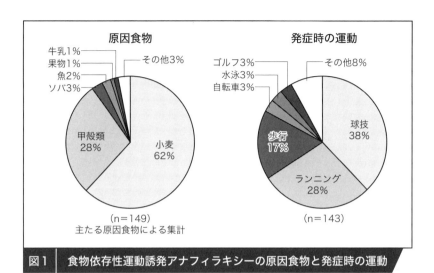

**図1** 食物依存性運動誘発アナフィラキシーの原因食物と発症時の運動

出典:「食物アレルギー診療ガイドライン2016」海老澤元宏,伊藤浩明,藤澤隆夫監修
http://www.jspaci.jp/allergy_2016/chap11_1.html (2018年7月12日閲覧)
相原雄幸「食物依存性運動誘発アナフィラキシー」『アレルギー』56:451-6, 2007年.

　成人の体の60％は水分で構成されています。運動をすると体温が上昇して大量の汗をかきます。これは,汗をかくことによって体外へ熱を放出し,体温が上昇しすぎないようにするためです。汗の成分は99％が水で,その他１％は電解質などです。電解質とは,水などの液体(溶媒)に溶解した際に,陽イオンと陰イオンに電離する物質のことであり,ナトリウム(Na),カリウム(K)などがあります。血液に含まれている主な電解質であるNaイオンやCl(クロール)イオンは食塩(主に塩化ナトリウム)と同じ成分です。我々の体は,これら電解質の濃度を狭い範囲に保ち,グルコース(ブドウ糖)と尿素の濃度と関連して,血液の浸透圧を維持しています。

　運動時に汗をかくことは,水分とともにNaイオンなどの電解質を体外へ排泄していることになります。そのために,汗をかいたときは水分補給と同時に塩分の補給を行わないと,血液の浸透圧を維持することができません。図２は水分補給にNaイオンが必要な理由を示しています。運動後の発汗により,水分とナトリウムが同時に体外へ排泄されたとき,Naを含む飲料を摂取すると,血液中には水分とNaイオンの両方が補給されるので,浸透圧が低下することなく血液量が増えて脱水から回復します。一方で,お茶や水などのNaを含まない飲料を飲むと,血液の水分は増加します

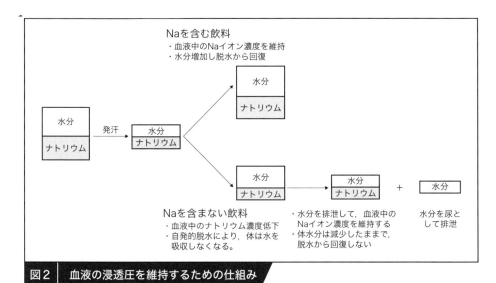

**図2** 血液の浸透圧を維持するための仕組み

出典：岡村浩嗣編著『市民からアスリートまでのスポーツ栄養学』（第2版）八千代出版，2015年を参考に筆者加筆

がNaイオンは増加しないので，血液のNaイオン濃度が低下したままの状態になっています。この状態を，浸透圧が低下した状態といいます。浸透圧の低下は危険であるために，人は無意識のうちに飲水しないようになったり，血液中の余分の水分を尿として排泄して血液の浸透圧を維持します。体に備わったこの機構を「自発的脱水」といい，脱水の回復にはいたっていません[1]。

　さらに，運動時に飲む飲料に含まれる糖分や電解質の濃度によって，体内に吸収される時間が変動します。飲料が速やかに体内に吸収されることを目的とする場合は，糖質濃度が5％，食塩が0.1〜0.2％の飲料水を飲むとよいでしょう[1,5]。概ね，市販のスポーツドリンクはこの濃度になっています。また，経口補水液はNaイオンやKイオンのバランスを調整し，脱水の予防に最も適した濃度になっています。

　運動時におこる脱水を防ぐための手段の一つは運動前後の体重を測ることです。運動直後の体重減少は水分の増減によるものであるため，運動中の体重減少が2％以内になるように心がけましょう。また，飲料を飲むときは，一度に大量に飲むのではなく，コップ1杯程度（100〜200ml）を15〜20分ごとに飲むのが理想です。特に，運動が2時間以上続く場合は水ではなく，Naと糖分が含まれているスポーツドリン

クや経口補水液の摂取が必要です。スポーツドリンクや経口補水液を薄めて飲んでいる場合は，必要なNa量がとれなかったり，水の吸収に最適な糖質濃度になっていないことが考えられます。スポーツドリンクを水で希釈したりして，糖質やNaの濃度が脱水防止の濃度（糖質およそ5％，食塩0.1～0.2％）よりも低くなっている飲料を飲む場合には飲料と同時に，食塩や糖質をとる工夫をしましょう[1, 5]。

## 2 多くの種類の食品を食べること

食物に含まれている栄養素は炭水化物，たんぱく質，脂質，ビタミン，無機質に5つに分類されます（図3参照）。そのうち，我々は炭水化物，たんぱく質，脂質を体内に取り入れることにより，エネルギーを作っています。この3つの栄養素をエネルギー源栄養素（三大栄養素）ともいいます。たんぱく質はエネルギー源になるほかにも，無機質と共に筋肉などの体の構成要素になります。車に例えると，エネルギー源栄養素はガソリン，たんぱく質と無機質は車体，無機質やビタミンはエンジンオイルの役割を果たしています。車が走るのに，これらのすべてが必要であるように，我々の体も5つの栄養素を多すぎず，少なすぎず食べることが求められます。

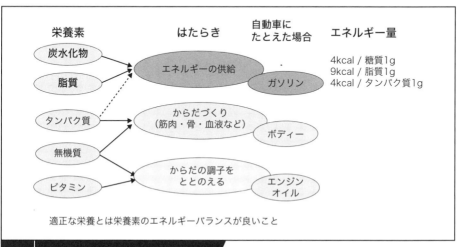

図3　食物に含まれている栄養素の働き

出典：奥恒行，柴田克己編集『基礎栄養学』改定第5版，2017年，南江堂を参考に筆者改変

## 1 エネルギー源栄養素を摂取する

バランスの良い食事とは，エネルギー源栄養素の割合で決まります。炭水化物やたんぱく質が体内に1g入ると4kcalのエネルギーになり，脂質1gが体内に入ると9kcalのエネルギーになります。1日に必要なエネルギーのうち，炭水化物からエネルギーになる割合が50～65％，脂質からエネルギーになる割合は20～30％，たんぱく質からエネルギーになる割合が13～20％になれば「バランスの良い食事」となります[7]。一般的に，「○○を食べてはいけない」「○○を食べるとよい」と特定の食物を誇張する表現がみられますが，「これだけを食べていれば大丈夫」という食物はありません。

2010年に国際オリンピック委員会（IOC）が発表したスポーツ栄養に関する声明においても，「多くの種類の普通の食品から必要なエネルギーを摂れば，練習や試合に必要な炭水化物，たんぱく質，脂質，そして微量栄養素が摂れる。正しい食事によって，スポーツで勝つための望ましい体格や体組成が得られる」と述べられています[2]。

日本食は飯や麺類，パンなどの主食，肉，魚介，卵，大豆食品などの主菜，そして野菜，海藻，きのこなどの副菜により成り立っています。主食：主菜：副菜の比率を3：2：1とし，これに果物や乳製品を加えることで栄養素のバランスが良好になります[1]。

## 2 スポーツで不足しやすいビタミン

主食，主菜，副菜の量が適量になると，ビタミンも自ずと適量が摂取できるようになります。ビタミンには脂溶性ビタミンと水溶性ビタミンがあり，特徴が異なります。

脂溶性ビタミンはビタミンA，D，E，Kからなり，油脂に溶け体内に蓄積されやすいビタミンであるため，サプリメントなどの栄養補助食品から摂取するときは，摂り過ぎ（過剰症）に気をつけます。一方で，水溶性ビタミンはビタミンB群（ビタミン$B_1$，$B_2$，ナイアシン，パントテン酸，ビオチン，ビタミン$B_6$，葉酸，ビタミン$B_{12}$）とビタミンCの総称です。水溶性ビタミンは水に溶け尿として体外に排出されるため，過剰症にはなりにくいのですが，欠乏しやすいビタミンでもあります[1]。

これらのビタミンのなかで，運動により不足しやすいビタミンとして，ビタミン

**図4** 理想的なエネルギー（カロリー）バランス

$B_1$やビタミン$B_2$があげられます。これらのビタミンの摂取量が少なくなると，運動能力の指標となる最大酸素摂取量の低下や，血液中の乳酸蓄積量の増加などがみられ，運動能力が低下することが報告されています[8, 9]。「日本人の食事摂取基準（2015年版）」によると，18〜29歳の男性のビタミン$B_1$推奨量は1.4mg/日，女性は1.1mg/日となっています[7]。アスリートはこの推奨量以上のビタミン$B_1$を毎日摂取することが望ましく，習慣的な摂取を心がけていると，長時間の持久運動による疲労の出現を予防する可能性が示唆されています。また，習慣的にエネルギー消費量の多いアスリートは，糖質を摂取する量に応じてビタミン$B_1$摂取量も増加させる必要があります[1]。

日本人の多くは，ビタミン$B_1$や$B_2$を肉類から最も多く摂取しています[10]。特に，豚肉はビタミン$B_1$が牛肉，鶏肉に比べて多く含まれています。豚ひれ肉や豚もも肉は最も多くビタミン$B_1$を含む豚肉の部位であり，それぞれ100g当たり0.98mg，0.90mgが含まれているのに対し，牛肉や鶏肉のそれは0.10mg程度です[11]。食事からビタミン$B_1$を補うために肉類や穀類を，ビタミン$B_2$を補うために肉類，卵類などを毎日摂取しましょう。そのためには，1日3食の食事において主食，主菜，副菜をそろえることが基本となります。

### 3　スポーツで特に気をつけるミネラル

人に必要なミネラルは16種類あります。そのうち，1日に100mg以上摂取する必要があるミネラルを多量ミネラル（macrominerals）といい，脱水を防止するために運動時に補給するナトリウムやクロールも多量ミネラルに分類されています。そのほかには，カルシウム，リン，カリウム，硫黄，マグネシウムが含まれます。一方で，1日の摂取量が100mg未満のミネラルを微量ミネラル（microminerals）といい，鉄，

亜鉛，銅，マンガン，ヨウ素，セレン，モリブデン，コバルト，クロムがあります。これらは，すべて摂取していないと，体の調子を整えることはできません。

　16種類のミネラルのなかで，運動を日常的に行うアスリートが意識して摂取する必要があるミネラルは，カルシウムと鉄です。カルシウムは骨強度の維持に，鉄は酸素を運搬し，貧血の予防のために，不可欠なミネラルです。

### 4　カルシウムが不足しないように心がける[1, 6]

　骨には2つの働きがあります。一つは骨格として体を支える働き，もう一つはカルシウムなどのミネラルの貯蔵庫としての働きです。体の中にあるカルシウムの99％は骨に蓄積されるため，「骨はカルシウムの貯蔵庫」といわれています。骨量が最も蓄積される時期は男子13〜16歳，女子11〜14歳であり，この時期に最大骨量の約4分の1が蓄積されると報告されています。その後，最も骨量が多くなるのは10代後半から20代前半です。このように成長期が終わっても，骨はリモデリングと呼ばれる，破骨細胞が古い骨を破壊し開始され，骨芽細胞がその欠失部分に骨基質を充填し骨形成を行う現象を繰り返します。このリモデリングが絶えず続けられることで，1年間に20〜30％の骨が新しい骨に入れ替わっています。10代，20代と10年単位の長い年月をかけて，最大骨量を少しでも増やすことが望ましいのですが，カルシウムの摂取量が不足していると，このリモデリングは正常に行われず，最大骨量は低下していきます。骨のリモデリングを正常に行い，20代までに最大骨量を高めるためには，十分なカルシウム，ビタミンDやビタミンKを摂取することです。この20代までの食事からミネラルを十分に摂取する心がけが，50代以降に発症しやすい骨粗鬆症を防ぐことにもつながります。

### 5　鉄が不足しないように心がける[1, 6]

　血液に含まれるタンパク質の一つにヘモグロビンがあり，体内で酸素を運搬する役割を担っています。鉄はヘモグロビンを構成するミネラルの一つです。貧血とはヘモグロビン濃度が低下した状態を示しています。そのため，鉄が不足すると，筋肉への酸素運搬能力が低下し，運動能力や持久力の低下を引き起こす可能性があります。

　貧血にはさまざまな種類がありますが，鉄の摂取量が少ないことが原因となる鉄欠乏性貧血は，スポーツ選手の中で最も多くみられる貧血です。特に，減量を行う選手

は食事量が制限されることで、鉄を多く含む食品を食べる量が少なくなり、貧血を起こしやすくなります。また、男性に比べ、女性では月経によって鉄が失われるため、高頻度で発症しやすくなるほか、スポーツ選手は一般人に比べ、運動による発汗や、尿、消化管で鉄を多く失うことが原因となります。

貧血と診断されていなくても、体内の鉄が不足している状態のときは、トレーニング効果があがらないことも報告されているため[12]、鉄を多く含む食品を、毎日摂取するように心がけましょう。

## 3 食事時間とタイミング

2017年のノーベル生理学・医学賞は、サーカディアンリズム（体内時計）を生み出す遺伝子とそのメカニズムを発見した研究者が受賞しました。スウェーデンのカロリンスカ研究所は「体内時計は私たちの健康と福祉に影響を及ぼす重要な研究分野に発展した」と評価しました。サーカディアンリズムは競技にも影響しています。

人間の身体は、24時間を一つのリズムとしています。朝が来たら起きるという目に見える変化だけではなく、朝が来ると血圧と心拍数が上がり始め、昼には血液中に酸素を運搬するタンパク質であるヘモグロビンの濃度が最も高くなります。夕方には体温が上がり、夜には尿の流出量が多くなります。真夜中には成長ホルモンがさかんに分泌されるほか、脂肪細胞をつくる酵素をふやす機能をもつBMAL-1と名付けられた遺伝子が最も多く増える時間帯でもあります。たとえば、BMAL-1遺伝子は午後3時ごろが最も少なく、午後10時から午前2時ごろに最も多くなるため、この遺伝子が多くなる時間帯は、体脂肪の合成が促されたり、脂肪細胞の分化に伴って新たな脂肪細胞が作り出されたりします。これは、「夜遅く食べると太る」ことの科学的根拠の一つとなっています[14]。

このように、体がもつ24時間を一つのリズムとして体が活動することをサーカディアンリズム（概日リズム）と呼びます。アスリートが最大限の能力を発揮するためには、サーカディアンリズムを維持することが望ましいのですが、試合会場への移動による時差や競技開始時刻の関係で、サーカディアンリズムを崩すことも考えられます。サーカディアンリズムを整えるには、朝食が大切です。食事をすることで、インスリンが分泌され、サーカディアンリズムに関わる遺伝子が多くなり（生命科学の領

域では"遺伝子が発現する"と表現します)，サーカディアンリズムが開始されます[15]。朝の光の刺激と同様に，朝食を食べることで，眠りから活動に向かうリズムが整えられるためです。しかし，朝食というのは，必ずしも朝に取る食事とは限りません。1日で一番長く食べなかった後で取る食事こそが重要なのです。朝食，昼食，夕食の空き時間は，夜から朝が最も長いために，通常は「朝の食事がサーカディアンリズムに重要」と解釈されています[15]。英語で朝食をbreakfastといいますが，「break（破る）fast（断食）＝断食をやめる」という意味です。1日のなかで，最も食事を食べない時間帯を睡眠にあて，起床後1時間以内を目安に食事をする習慣を繰り返すことで，サーカディアンリズムが整い，アスリートが最大限の能力を発揮する素地を作ることができます。

## 4 トレーニング効果を高めるための栄養補給

　本章にて何度も引用しましたが，「多くの種類の普通の食品から必要なエネルギーを摂れば，練習や試合に必要な炭水化物，たんぱく質，脂質，そして微量栄養素が摂れる。正しい食事によって，スポーツで勝つための望ましい体格や体組成が得られる」と述べられた国際オリンピック委員会（IOC）のスポーツ栄養に関する声明が本章の真髄です[2]。科学的根拠に基づいた「正しい食事」を理解して，食事からの恩恵に与ることができるようにしましょう。

**参考文献**

1) 岡村浩嗣編著『市民からアスリートまでのスポーツ栄養学』（第2版）八千代出版，2015年。
2) IOC Consensus Statement on Sports Nutrition 2010, IOC　https://stillmed.olympic.org/Documents/Reports/EN/CONSENSUS-FINAL-v8-en.pdf（2018年7月12日閲覧）
3) 「食物アレルギー診療ガイドライン2016」海老澤元宏，伊藤浩明，藤澤隆夫監修
http://www.jspaci.jp/allergy_2016/chap11_1.html（2018年7月12日閲覧）
4) 相原雄幸「食物依存性運動誘発アナフィラキシー」『アレルギー』56：451-6，2007年。
5) （財）日本体育協会スポーツ医・科学専門委員会監修，小林修平編著『アスリートのための栄養・食事ガイド』第一出版，2001年。
6) 奥恒行，柴田克己編集『基礎栄養学』改定第5版，南江堂，2017年。
7) 「日本人の食事摂取基準」（2015年版）厚生労働省。
https://www.mhlw.go.jp/stf/seisakunitsuite/bunya/kenkou_iryou/kenkou_eiyou/syokuji_kijyun.html（2018年7月30日閲覧）

8) Belco AZ. et al. Effects of exercise on riboflabin requirements of young women, Am J Clin Nutri.37：509-17.1983.
9) van der Beek et al. Thiamin, riboflavin and vitamin B6: impact of restricted intake on physical performance in man. J Am Coll Nutri. 13：629-40. 1994.
10)「国民栄養調査」（平成13年）厚生労働省
https://www.mhlw.go.jp/toukei/kouhyo/indexkk_14_8.html（2018年7月30日閲覧）
11) 文部科学省科学技術・学術審議会資源調査分科会報告「日本食品標準成分表2015年版（七訂）」
http://www.mext.go.jp/a_menu/syokuhinseibun/1365295.htm（2018年7月30日閲覧）
12) Hinton PS. et al. Iron supplementation improves endurance after training in iron-depleted, non-anemic women. J Appl Physiol. 88：1103-11.2000.
13) カロリンスカ研究所HP https：//www.nobelprize.org/nobel_prizes/medicine/laureates/2017/（2018年7月30日閲覧）
14) 池田正明「生体リズム研究の現在――時計遺伝子の機能と疾患の接点を中心として」『外科と代謝・栄養』49：319-26．2015年．
15) 古谷彰子，柴田重信『食べる時間を変えれば健康になる――時間栄養学入門』ディスカヴァー・トゥエンティワン社，2017年．

（太田　昌子）

## COLUMN02
# オリンピック・パラリンピックとボランティア

### 1：ボランティア活動の4原則とボランティアの魅力

"ボランティア" と聞いて，どんなことを思い浮かべますか。

障がい者の支援，子どもと遊ぶ，通学路のゴミ拾いやクリーンキャンペーン，街頭や学校での募金，発展途上国での支援活動，自分が得意なスポーツなどを子どもに教える，高齢者施設で合唱や楽器演奏を披露する，外国人に日本文化を伝えるなど，色々あるでしょう。皆さんがこれまで過ごしてきた家庭や地域，学校での生活を振り返ると，こうした活動のどれかに参加したことがあると思います。

"ボランティア"（volunteer）の語源は，ラテン語の「volo」（ウォロ）。「自分から進んで～する」「喜んで～する」という意味があり，「自発性」がその中心となります。

また，ボランティア活動の主な原則は，次の4つにまとめることができます。

○自分からすすんで行動する──「自主性・主体性」
○ともに支え合い，学び合う──「社会性・連帯性」
○見返りを求めない──「無償性・無給性」
○よりよい社会をつくる──「創造性・開拓性・先駆性」

出典：東京ボランティア・市民活動センター　https：//www.tvac.or.jp/shiru/hajime/gensoku.html　より

ボランティアをはじめるタイミングやキッカケ，取り組む場所は，人それぞれです。義務や強制ではなく「自発性」が求められるからこそ，特定の人同士のコミュニティである学校や職場では得られない「出会い」と「気づき」，「学び」があります。ボランティア活動を通して，自分の街や社会で起きていることに気づき，出会った人々の生き方からさまざまなことを考えるキッカケが生まれ，これからの自分の生き方を見つめなおす機会ができます。そしてさらに，年齢，職業，国籍を超えたさまざまな人々とつながれます。

### 2：スポーツボランティア

ボランティアは，スポーツの分野でも求められています。

スポーツは，「自分が行う」という楽しみがありますが，それ以外にも「スポーツを見る（観戦する）」「スポーツを支える」という楽しみもあり，後者の「スポーツを支える」が，スポーツボランティアのことです。

スポーツボランティアをもう少し具体的に定義すると，「地域におけるスポーツクラブ

やスポーツ団体において，報酬を目的としないで，クラブ・団体の運営や指導活動を日常的に支えたり，また，国際協議大会や地域スポーツ大会などにおいて，専門的能力や時間などを進んで提供し，大会の運営を支える人のこと」(文部省(当時)　スポーツにおけるボランティア活動の実態等に関する調査研究協力者会議「スポーツにおけるボランティア活動の実態等に関する調査研究報告書」2000年)となります。

　スポーツボランティアは，その役割と範囲から，「定期的なクラブ・団体のボランティア(各クラブ等でのボランティア指導，競技団体の運営ボランティア)」「不定期なイベントボランティア(審判や通訳，データ処理，給水給食，受付，ホストファミリーなど)」「トップアスリートやプロスポーツ選手によるアスリートボランティア(ジュニアの指導，施設訪問，地域イベントへの参加など)」の3つに分類できます。

## 3：オリンピック・パラリンピックとボランティア

　希望する一般人がボランティアとして参加できるようになったのは，第二次世界大戦後に開催されたロンドンオリンピック(1948年)からです。北京オリンピック(2008年)は約7.5万人，ロンドンオリンピック(2012年)は約7万人，リオオリンピック(2016年)では約5万人のボランティアが活躍したと言われています。(参考『オリンピックボランティアになるための本』市居愛，インプレスジャパン，2014年)

　そして，2020年の東京オリンピック・パラリンピック2020大会では，大会ボランティアで8万人，都市ボランティアに3万人が必要と言われています。

　大会ボランティアは，公益財団法人東京オリンピック・パラリンピック競技大会組織委員会が主体となり，会場や大会関係施設で，観客サービス，運営・メディアのサポート，競技結果の入力など大会運営に携わります。都市ボランティアは，東京都や埼玉県，千葉県，神奈川県，静岡県など，競技会場がある自治体が主体となり，空港や駅，競技会場の周辺で，旅行者に対する観光や交通案内，パブリックビューイングのサポートなどを担います。

　ボランティアの経験や語学力は問われてなく，大学生世代など多くの若者の参加を求めており，2018年9月〜12月にボランティア募集が行われました(大会ボランティアおよび東京都の都市ボランティア。東京都以外の都市ボランティア募集は，各自治体によって異なりますので，確認してください)。

　オリンピック・パラリンピックは誰しもが知っている国際的なスポーツイベントであり，国内のみならず，海外からも多くの方が競技者や観戦者として日本に訪れます。こうしたビッグイベントの運営に関われる機会は貴重で，ボランティア活動を通じて多くの学びや出会い，成長の機会にしてほしいものです。

(林　大介)

# II

## 理念と
## 多様なアプローチ

CHAPTER 12

# オリンピック・パラリンピックにみる平和主義

　オリンピックを観戦する際，私たちはメダリストの活躍や国ごとのメダルの獲得数などに注目しがちですが，オリンピックには，世界の平和に貢献するという目的があることを忘れてはならないでしょう。この章では，平和貢献という観点からオリンピックの歴史を振り返り，未来のオリンピックについて考えます。

## 1　オリンピックの始まりと平和

### 1　古代オリンピックの休戦協定

　オリンピックは，古代ギリシャ時代の都市国家オリュンピアで宗教的な祭典として行われたのが始まりといわれています。古代ギリシャは，いくつかの強力な都市国家に分かれて統治され，それらの都市国家間では争いが繰り返されていました。紀元前776年，歴史上最初の大きなオリンピックの祭典が催された際，周辺の都市国家間で休戦協定が結ばれました。この協定は，祭典に関わるすべての人々が安全に開催地オリュンピアまで移動できるようにすることが目的で，祭典開催中と前後一週間を休戦としていました。この休戦協定は，その後西暦392年まで293回にも及ぶオリンピック祭典の度に周辺国家間で守られました。古代オリンピックは，単なるスポーツの技を競う大会ではなく，心と体の調和のとれた発達を目指し，美徳，名誉，自由，平和

を尊ぶ祭典でした。

### 2 近代オリンピックへ受け継がれた精神

19世紀後半，フランス人のピエール・ド・クーベルタン男爵がオリンピックの復活を世界に呼びかけました。彼がオリンピックを復活させようと考えた大きな目的の一つは，スポーツを通じた平和貢献にありました。彼は，世界的なスポーツの大会を通じて，当時の世界の人々の間にあった他国に対する無知，不信感といった壁を取り払い，平和な世界を構築することに貢献できると信じていました。

> 戦争は国同士の誤解から生まれる。世界の人々を分断している偏見が無くならない限り平和は訪れないだろう。平和実現のための最善の方法は，世界中の若者が一同に会し，肉体的な強さや敏捷性を友好的な場で競い合うことではないだろうか。オリンピックは，間接的ではあるが世界平和に貢献できるだろう。
> 　　　　　　　　　　　　　　ピエール・ド・クーベルタン　1896年（Coubertin, 1970）

クーベルタンの考えは多くの国々の賛同を得て，1894年に国際オリンピック委員会が設立されました。そして1896年4月，ギリシャのアテネにおいて14カ国が参加し第1回（近代）オリンピックが開催されました。

## 2　オリンピックの哲学——3つの価値

国際オリンピック委員会は，オリンピックの中心となる価値として「卓越」(Excellence)，「友情」(Friendship)，「敬意・尊重」(Respect) の3つを強調しています。これらの3つの価値は具体的にどのようなことを表しているのでしょうか。

### 1 「卓越」(Excellence)——高い目標を目指して

「卓越」とは，選手が競技において高いレベルを目指し努力することだけでなく，人生においても目標に向かい努力し続けることの大切さを表しています。数多くの選手がオリンピックで活躍し歴史に名を残していますが，記憶に新しいところでは，ジャマイカの陸上選手ウサイン・ボルトの活躍を挙げることができます。ボルト選手は，2008年から2016年までの三つの大会で，通算8個の金メダルを獲得しました。

また，アメリカの水泳選手マイケル・フェルプスは，2004年から2016年まで4つの大会において，23個の金メダルと3個の銀メダル，3個の銅メダルを獲得し，歴史上最も多くのメダルを獲得した選手として記録されています。
　「卓越」は，メダルの数の多さだけに価値を置く概念ではありません。オリンピックではさまざまな形の偉業が成し遂げられています。たとえば，日本のスキージャンプ競技の葛西紀明選手は，2018年冬季平昌大会まで8度オリンピックに出場し，冬季オリンピック史上最多出場を記録しています。また，2014年ソチ大会では，41歳で銀メダルと銅メダルを獲得し，スキージャンプ競技史上最年長メダリストとして讃えられています。このようなオリンピック選手の卓越した競技の力や努力し続ける姿は，国を超えて人々に感銘を与えています。

### 2　「友情」（Friendship）——国を超えた絆

　「友情」は，選手同士が相互理解と連帯感を育むことを推進する価値観です。選手たちが，政治，人種，性別，宗教などの違いを乗り越えて友情を深めていくことは，クーベルタンがオリンピックの目的の一つとした「スポーツを通じた間接的な平和貢献」の第一歩といえるでしょう。
　1998年長野冬季大会でのエピソードを紹介します。ノルウェーのビョルン・ダーリ選手とケニアから初めて冬季オリンピックに参加したフィリップ・ボイト選手は，クロスカントリーの種目に出場しました。ダーリ選手はトップでゴールしインタビューを受けた後，レースを見守っていました。そのとき，彼は，最下位92位という順位でありながらも懸命にゴールへ向かって進むボイト選手の姿に強く心を動かされ，ボイト選手がゴールした時，彼を固く抱きしめました。その後二人は友情を育み，後にボイト選手は生まれた息子にダーリ・ボイトと名づけました。
　また，平昌オリンピックでのスピードスケート女子500mの競技後，お互いの健闘をたたえ合う日本の小平奈緒選手と韓国のイ・サンファ選手の姿が，日韓両国の人々をはじめ世界に感動を与えたことを思い出す人も多いのではないでしょうか。

### 3　「敬意・尊重」（Respect）——公平な競争の場

　「敬意・尊重」（Respect）とは，大会や競技のルールを尊重し遵守することだけでなく，他の選手や自分自身を尊重すること，さらに幅広い意味で人々の模範となる行

動をすることを表す価値観で，オリンピックに関わるすべての人がこの価値観に沿って行動することが求められます。また，メダルを目指して行われる努力，競争は，ルールを守って行われなければならないこと，つまりフェアプレーの精神の重要性を表しています。

この価値観に基づき，オリンピックは，対立関係にある国同士にとっての平和的交流の場としての役割を果たしてきました。たとえば，東西冷戦の最中，敵対関係にあったアメリカとソ連のアイスホッケーチームは1980年冬季オリンピックのレークプラシッド大会で対戦し，政治的対立関係にあるパキスタンとインドのホッケーチームも夏季オリンピックでこれまで7回対戦しています。

## 3 オリンピックにみる差別・不平等の解消

国際オリンピック委員会がオリンピックの哲学，理念，規則を記した文書としてオリンピック憲章があります。そのオリンピック憲章の中に次のように記されています。

> スポーツをすることは人権の一つである。すべての個人はいかなる種類の差別も受けることなく，オリンピック精神に基づき，スポーツをする機会を与えられなければならない。オリンピック精神においては，友情，連帯，フェアプレーの精神とともに相互理解が求められる。（オリンピック憲章 「オリンピズムの根本原則」 4項）
>
> このオリンピック憲章の定める権利および自由は人種，肌の色，性別，性的指向，言語，宗教，政治的またはその他の意見，国あるいは社会のルーツ，財産，出自やその他の身分などの理由による，いかなる種類の差別も受けることなく，確実に享受されなければならない。（オリンピック憲章 「オリンピズムの根本原則」 6項）

このように，オリンピックはあらゆる差別や不平等の根絶を目指すという理念の基に発展してきました。ここでは4つの観点からオリンピックの発展を振り返ります。

### 1 参加国の増加

近代オリンピックは，1896年の第1回大会以降，参加国，競技種目数共に増加し続けています。第1回アテネ大会（9競技43種目実施）は14カ国241人の参加で始まりましたが，2016年リオデジャネイロ大会（28競技306種目実施）には207の国と地域から1万1238人が参加しました。また，この大会では初めて難民選手団が結

成され10人の選手が参加しました。

　冬季オリンピックは，1924年フランスのシャモニー・モンブランで16カ国258人（6競技16種目実施）の参加で始まりましたが，2018年平昌大会には92の国と地域から2900人余りが参加し，7競技102種目の競技が行われました。参加国，参加人数の増加は，オリンピックが，国を越えた交流の場としての役割を世界に広げていることを表しているといえます。

### 2　男女の差の解消

　女子選手が最初にオリンピックに参加したのは1900年のパリ大会からでした。パリ大会における女子選手数は全体の2％でしたが，その後増え続け，リオデジャネイロ大会では女子選手数は45％を占めました。女子種目も増え続けており，たとえば，2000年シドニー大会ではウェイトリフティングとテコンドー，2004年アテネではレスリング，2012年ロンドンではボクシング，そして2014年ソチではスキージャンプが女子種目として追加されています。

### 3　文化の祭典としてのオリンピック

> オリンピズムは肉体と意志とすべての資質を高め，バランスよく結合させる生き方の哲学である。オリンピズムはスポーツを文化，教育と融合させ，生き方の創造を探求するものである。（オリンピック憲章「オリンピズムの根本原則」1項　部分）

　オリンピックが単なるスポーツの技や記録を競う大会ではないことは，このようにオリンピック憲章に記されています。世界中の人が一同に集うオリンピックは，多様な文化の祭典ともいえるでしょう。そして，オリンピックの開会式，閉会式は，世界中のテレビで放送され，開催国の伝統や文化を世界に発信する機会にもなっています。数多くの人々が開催国を訪れることで，開催国の人々と世界中の人々の間に新たな交流が生まれることが期待されています。

### 4　パラリンピックの発展

　パラリンピックの発展は，障がい者に対する人々の意識を変え，障がい者差別解消に大きく貢献してきました。パラリンピックのアスリートたちが，障がいを乗り越

え，高い競技の力を披露し活躍する姿は，障がいを持たない人たちにも大きな感銘と勇気を与え続けています。

　パラリンピックは，1960年ローマで開催された大会が第1回大会とされています。最初は車椅子競技の大会として，23カ国400名の参加で始まりましたが，それ以降，種目，規模ともに発展してきました。1976年トロント大会からは視覚障がいなど他の障がい種目も追加され，その後，ボッチャ，ゴールボールなどの障がい者向けに考案されたスポーツも種目に加えられています。2016年リオデジャネイロ大会には，159カ国4333人が参加し，22種目528競技が行われました。この大会にはオリンピックと同様，難民選手団も初めて参加しました。冬季大会は，1976年スウェーデンのエンシェルツヴィークで第1回大会が開催されました。このときの参加は16カ国53人でしたが，2018年平昌大会には49の国と地域から過去最多の約570人が参加しました。また，1988年ソウル大会以降，パラリンピックはオリンピック開催直後にオリンピックと同じ会場で行われるようになり，世界最大の障がい者スポーツ大会として発展を続けています。

## 4　未来のオリンピック——平昌大会から東京大会に向けて

　これまで大きく発展してきたオリンピック，パラリンピックですが，大会の大規模化に伴い，開催国の経済的負担の増加，テロ対策など新たな課題も生まれています。しかし，「スポーツを通した間接的な平和貢献」としてのオリンピックの意義，役割はこれからも変わることはないでしょう。

### 1　平昌大会——南北の融和？

　2018年の平昌大会では，北朝鮮と韓国の合同女子アイスホッケーチームが結成され，北朝鮮選手とともに北朝鮮の政府関係者や応援団が平昌を訪れ，両国の交流が実現しました。一方で，このような両国の動きに対する反発や一時的な融和に終わることを憂慮する声も上がりました。平昌大会以前，2000年のシドニー大会，2004年アテネ大会，そして2006年トリノ冬季大会においても，北朝鮮と韓国の2カ国が統一国旗を掲げ，共に行進しました。両国の関係は平昌大会での交流をきっかけに，今後どう変化していくでしょうか。両国の交流が一時的なものに終わるのか，関係改善

へとつながるのか注目されます。

## 2　2020年東京大会──日本から世界へ

2020年東京オリンピック・パラリンピック大会は，日本の歴史や文化を世界に向けて発信する絶好の機会になるでしょう。また，日本人が自国の歴史や文化を振り返り，世界と日本の関係を考える良い機会になるともいえます。

現在，日本といくつかの近隣国の間には，領土や歴史認識をめぐる問題，拉致や核兵器開発をめぐる問題などが存在しています。東京オリンピックでのスポーツや文化の交流を通して，これらの国々を含む世界中の人々と良好な関係を築いていくことができれば，それがクーベルタンの目指した「スポーツを通じた間接的な平和貢献」につながることでしょう。また，日本人が自国の歴史や文化を振り返る時，南北に広がる日本列島の地域ごとの文化や生活の多様性（北はアイヌ民族，アイヌの文化から南の沖縄，琉球文化まで）を再認識し，理解し，世界に発信していくことが，多様な文化の祭典としてのオリンピックの意義を深めていくことになるでしょう。

## 3　「スポーツ賛歌」に込めたクーベルタンの願い

1912年ストックホルムオリンピックの際にオリンピックの詩の公募が行われ，その際クーベルタンが仮名で応募した「スポーツ賛歌」という詩が1位に選ばれました。彼は，この詩の中でスポーツが持つさまざまな可能性について述べていますが，その詩の最後の部分からは，彼がオリンピックに込めた世界平和への願いを読み取ることができます。

---

スポーツよ，君こそ平和だ
君は人々の間に幸福な関係を築き
自制の心と秩序，そして自律の力の元に人々を集める
世界の若者は君を通して自尊心を養い
世界の多様な価値観が寛容で友好的な競争の源となる
「スポーツ賛歌」，九連，ピエール・ド・クーベルタン男爵，1912（Coubertin, 2000）

---

これからもクーベルタンの精神がオリンピアン，パラリンピアンの中に生き続け，スポーツの発展が平和と共にあることを願いたいと思います。

## 参考文献

Coubertin, Pierre de, *The Olympic Idea*, Discourses and Essays, Lausanne : Editions Internationales Olympic, 1970.

「平昌　東京五輪へ教訓」朝日新聞2018年2月26日（月）朝刊13版2面
「激戦の記録」読売新聞2018年2月26日（月）朝刊13版29面
「20年東京へ続け」読売新聞2018年2月26日（月）朝刊1面
日本オリンピック委員会「オリンピズム／オリンピック憲章」
　　https://www.joc.or.jp/olympism/charter/pdf/olympiccharter2017.pdf（2018年2月12日閲覧）, https://www.joc.or.jp/olympism/charter/（2018年2月12日閲覧）
日本オリンピック委員会「オリンピックコラム／冬季オリンピックの歴史」
　　https://www.joc.or.jp/column/olympic/winterhistory/（2018年2月28日閲覧）
日本オリンピック委員会「オリンピック開催地一覧とポスター」
　　https://www.joc.or.jp/games/olympic/poster/（2018年2月28日閲覧）
日本オリンピック委員会「JOCのすすめるオリンピック・ムーブメント」
　　https://www.joc.or.jp/movement/data/movementbook.pdf（2018年2月12日閲覧）
日本経済新聞「難民選手団、希望の代表」2016年8月6日記事
　　https://www.nikkei.com/article/DGXLASDH06H1E_W6A800C1UUB000/（2018年2月28日閲覧）
日本パラリンピック委員会「過去の大会」
　　http://www.jsad.or.jp/paralympic/what/past.html（2018年2月28日閲覧）
日本パラリンピック委員会「パラリンピックとは　パラリンピックの歴史」
　　http://www.jsad.or.jp/paralympic/what/history.html（2018年2月28日閲覧）
中日新聞「平昌パラリンピックきょう開幕日本38人躍動再び」
　　http://www.chunichi.co.jp/article/olympics/pyeongchang2018/news/CK2018030902000208.html（2018年3月10日閲覧）
Coubertin, Pierre de, *Ode to Sport*, Art and Sport, Olympic Review; Olympic Information Center, 2000.
　　http://library.la84.org/OlympicInformationCenter/OlympicReview/2000/OREXXVI32/OREXXVI32x.pdf（2018年2月28日閲覧）
Olympic Museum Educational and Cultural Services, *Olympism and the Olympic Movement*, online document, 2013.
　　https://stillmed.olympic.org/Documents/Reports/EN/en_report_670.pdf（2018年2月28日閲覧）
Rio 2016 Summer Games Olympics　https://www.olympic.org/rio-2016（2018年3月10日閲覧）

（ジェイムズ　ダニエル　ショート）

CHAPTER

# 13

# オリンピック・パラリンピックをめぐる倫理的諸問題
## スポーツの進展とともに

　1896年に近代オリンピックが幕開けとなり，ギリシャのアテネで第1回大会が開催されてから，120年ほどが経ちました。その間，スポーツは技術的にも経済的にも発展し，私たちの生活に深い関わりをもつ文化として位置づいてきました。その一方で，近年，倫理的に逸脱するような問題も出てくるようになりました。本章では，スポーツがどのように変容してきたのか，その過程でどのような倫理的諸問題が生じてきたのかということについて，追跡していきます。

## 1　オリンピックの歴史と理念

　古代オリンピックの近代における復興は，「近代オリンピックの父」と称される，フランスのピエール・ド・クーベルタン男爵の尽力により成し遂げられました。日本オリンピック委員会が監修している『近代オリンピック100年の歩み』によると，1892年11月25日にソルボンヌ大学において，クーベルタンがオリンピック復興の構想について初めて公表したとのことです。その後，1894年には，オリンピック復興に関する具体的な計画がまとめられ，オリンピック競技大会の復興が宣言されたといわれています。また同時に，具体的に以下のことも決定されました。

> ① 1896年をもって近代オリンピアードの第1年とする
> ② 古代の伝統にしたがい大会は4年ごとに開催する。また大会は世界各国の大都市で持ち回り開催とする
> ③ 競技種目は近代スポーツに限る
> ④ 第1回大会のいっさいは，クーベルタンおよびビケラスに一任する
> ⑤ オリンピック大会開催に関する最高の権威を持つ国際オリンピック委員会を設立する
> 　　　　　　　　　　　　　　　　　　　（日本オリンピック委員会　1994：67）参照

　上述の④に示されているディミトリオス・ビケラスとは，ギリシャから選出されたIOCのオリジナル・メンバーのことですが，このIOCオリジナル・メンバーはクーベルタンを含め16名が選出され，この16名によってオリンピック復興準備が進められていきました。

　オリンピック精神のことをオリンピズムと呼びますが，クーベルタンは，1935年のベルリンで，「近代オリンピズムの哲学的原理」という題目で講演をしています。このスピーチの中でオリンピズムとは何かという説明を行っているのですが，これも上掲した『近代オリンピック100年の歩み』に詳しく書かれています。それによると，オリンピズムには四つの特徴があると示されています。

　一つには，オリンピズムは一つの信仰で，競技者は肉体を鍛錬し，それによって自分の祖国・民族の国旗を称揚しようとしていること。二つには，オリンピズムは高貴さと精粋（精鋭）を意味していること。三つには，騎士性，お互いに助け合う友情から発し，力に対して力で抗する心を持つこと。四つには，オリンピックに芸術と精神が参加して美を飾ることで，筋肉の力と精神の相互協力の必要性が挙げられています（上掲書，69頁）。

　このクーベルタンの理念は，1914年に起草され，1925年に制定された『オリンピック憲章』にも反映されており，「オリンピズムの根本原則」の第1項には，次のような宣言があります。

> オリンピズムは，肉体と意志と精神のすべての資質を高め，バランスよく結合させる生き方の哲学である。オリンピズムはスポーツを文化，教育と融合させ，生き方の創造を探求するものである。その生き方は努力する喜び，良い模範であることの教育的価値，社会的な責任，さらに普遍的で根本的な倫理規範の尊重を基盤とする。
> 　　　　　　　　　　　（オリンピック憲章『オリンピズムの根本原則』1項）

このように，オリンピックはたんに勝敗や記録を競い合うというスポーツの闘争的側面だけが強調されたイベントではなく，肉体と意志と精神を結合させる生の哲学であることを志向していることがわかります。近代オリンピックが復興された当初，このように掲げられていたオリンピックの理念がいったいどのように変容していったのか，以下，確認していきましょう。

## 2　スポーツはどのように変化してきたのか

　近代オリンピックが復興されてからおよそ120年の間，スポーツはどのように変化してきたのでしょうか。まずは，オリンピックがどれだけ発展してきたのか，具体的に数字で確認してみます。

　第1回アテネ大会は，参加国は欧米先進国の13カ国，参加選手は259名，実施競技は8競技42種目でした。一方，2016年に開催された第31回リオデジャネイロ大会は，206の国と地域から，およそ1万1100人が参加しました。また，28競技306種目もの競技が実施されました。第1回アテネ大会と比較したとき，参加国はおよそ16倍，参加者は42倍，実施競技はおよそ3倍という規模の拡大が見られます。

　このように，およそ120年にわたる歴史の中で，飛躍的に発展してきたオリンピックですが，規模の拡大とともに，スポーツのパフォーマンス自体も変容し，技やタイムの向上が見られます。

　たとえば，陸上男子100mの優勝タイムの変化を見てみましょう。1896年アテネ大会の男子100mの優勝タイムは，12.0秒でした。優勝したのは，アメリカ代表のトーマス・バーク選手です。2016年リオデジャネイロ大会の男子100mの優勝者は，ジャマイカ代表のウサイン・ボルト選手で，タイムは9秒81でした。2012年のロンドン大会の優勝者もウサイン・ボルト選手ですが，このときの優勝タイムは9秒63でした。第1回大会と比べると，なんと人類は100m走の速さを2.37秒も縮めてきたわけです。

　このように，オリンピックの規模の拡大とともに，スポーツの記録やパフォーマンスも向上してきました。競技者が0.1秒でも速く，1センチでも高くということを目指して努力してきた積み重ねの結果ともいえますが，スポーツの高度化や進歩には，ほかにもさまざまな要因があるでしょう。その一つに，環境の変化が挙げられます。

たとえば，陸上100mの優勝タイムに関して，競技を行うトラックという環境に大きな変化が見られます。第1回アテネ大会で使用された陸上競技場は，今では考えられませんが，土のグラウンドでした。その後，1928年には，レンガを砕いたもので構成される水捌けのよいアンツーカーのトラックが登場します。その後，科学技術の進歩とともにトラック環境はさらに変化し，合成ゴムを固めて作成した全天候型の走路が主流となりました。これにより，ハイスピード化につながる高反撥性のあるトラックが実現しました。現在はさらに研究が進み，ハイスピード化につながる高反撥性を確保しつつ，身体にも負担の少ない素材開発が進んでいます。たとえば，ドイツのレグポール社製による新しいタータントラックが出てきましたが，これは国際陸上連盟が承認するトップクラスのトラックであり，また，ウサイン・ボルト選手が男子100mの世界記録を樹立したときに使用されたトラックでもあります。

　科学・技術は，スポーツを大きく変えてきました。フランスの哲学者であるミシェル・オンフレによれば，「技術」とは，「自然がもつ様々な必然性や制約を乗り越えるために人間が使ういっさいの手段」（オンフレ，2004：96-97）と定義されます。オンフレが述べるように，技術は，自然がもつ困難や強制力から私たちを解放するために役立ってきました。たとえば，過酷な気象状況から身を守るために，建築技術や革加工技術が生み出され，それによって住居や衣服が誕生し，自然の過酷さから解放されてきたわけです。同様に，スポーツに対しても同じようなことが見て取れます。スポーツにはそもそも，自然的（そしてあるいは人為的）な障害が備わっているわけですが，それらの障害を改良しながら，より快適なスポーツ環境を工夫して生み出してきました。たとえば，先述したトラック環境の変化もそうですが，他にも，たとえば，スパイクの改良，計測機器の改良などが挙げられます。

　技術による改良の対象は，いわばトラック環境やスパイクなど，外的自然に向けられていたわけです。スポーツにおいては，科学・技術との親和性が高いといえますが，それによって私たちは多大な恩恵を受けてきました。過酷な自然環境を改良し，快適かつ安全な環境でスポーツを行うことができるようになり，パフォーマンスやタイムの向上にも一役を担ってきたわけです。

　一方で科学技術による改良の対象は，外的自然にとどまらず，内的自然にも向けられるようになりました。内的自然とは，つまり，競技者の身体です。競技者の身体の自然性をも克服しようとしてきたその代表的な例が，近年顕在化してきたドーピング

問題です。

## 3 スポーツの変化の過程にみる倫理的諸問題

### 1　ドーピング問題

　現在，競技スポーツ界において，大きな倫理的問題として取り上げられるものとして，ドーピングの問題があります。科学技術は大きくスポーツを変えてきましたし，スポーツの発展にも寄与してきました。その一方で，さまざまな倫理的諸問題も生み出してきました。その一つがこのドーピングの問題です。

　オリンピックとドーピングの問題は，実は長い歴史があります。スポーツが高度化していく中で，このドーピング技術も，実は医科学技術の発展とともに，進化してきました。ミュラーによれば，古代オリンピックの時代にも，ドーピングという言葉はまだ用いられていませんでしたが，同じような行為は見られます。たとえば，幻覚作用のあるキノコを運動能力向上のために用いるなど，植物性由来の物質を使用していたことが，記録に残っています（Muller 2010：3）。

　その後，近代スポーツが誕生すると，自転車競技やボクシングなどでドーピングが見られるようになります。主に，コカインやニトログリセリン，ストリキニンなどの興奮剤が使用されていました。オリンピックが近代において復興してからも，ドーピングは根深い問題として付きまとうことになります。1904年のセントルイス大会では，マラソン選手がレース中にドーピングを行ったとの記録が残っています。また，1960年のローマ大会では，アンフェタミンの多量摂取により，自転車競技の選手が死亡するという事故が生じました。冷戦時代には，旧東ドイツにおいて国家による強制的なドーピングが行われていたことが，東西ドイツ統一後に発覚しました。1988年のソウル大会では，男子100mで優勝したベン・ジョンソン選手が，大会期間中にドーピング違反で金メダルをはく奪されるなど，非常にショッキングなニュースが世界を席巻しました。

　上述の諸事件を受け，ドーピング検査体制は強化されていきますが，その後もドーピング違反は後を絶ちません。2015年に発覚したロシアによる組織的なドーピングも記憶に新しいことでしょう。そして，問題となっているこのドーピング技術も，年々高度化しているのです。薬物ベースの興奮剤のあとは，交感神経系の興奮剤，そ

して筋肉増強剤が，身体の自然性の克服のために使われてきました。1970年代には，血液ドーピングの研究が報告されます。そして，21世紀に入ると，遺伝子ドーピングが懸念の対象となっています。遺伝子ドーピングの実現は，2000年6月にヒトのDNA配列の解読が完了したという，バイオテクノロジーの成功により，皮肉にもスポーツ界にもたらされた新たな懸念となっているのです。

　遺伝子ドーピングとは，「ドーピングを目的とする遺伝子・細胞治療法の使用」ととらえることができます。つまり，スポーツの競技力向上を目的として遺伝子操作技術を利用することと理解できるでしょう。これに加え，ムンテは，遺伝子ドーピングに結びつく可能性が認められる遺伝子操作技術として，① スポーツゲノミクス，② 体細胞操作，③ 生殖細胞操作，④ 遺伝的選択の四つを指摘しています（詳細は，竹村（2015）を参照されたい）。この四つの中で，特に大きな倫理的問題を引き起こすのは，人間が人間を作製することにつながる生殖細胞操作です。受精卵を操作して，金メダリストやスーパーアスリートをデザインすることにつながるこの技術は，個人の欲望に基づく新たな優生学の問題としても大変懸念されています。

　私たちは，スポーツに関わるうえで，科学・技術の恩恵を多大に受けてきました。一方で，医科学・技術の発展が転用，援用されることにより，大きな倫理的問題を抱えてきたことも事実です。「スポーツと科学・技術」，スポーツをする「人間と科学・技術」の関わり方に目を向け，問題性を認識することが大切です。特に，ドーピングの問題と向き合う際には，「人間の尊厳とはなにか」という哲学的問題について深く考えていかなければなりません。

## 2　その他の倫理的諸問題

　科学技術の進歩により内的自然の改良が試みられ，ドーピングの問題が顕在化するようになりました。そのドーピング技術も年々高度化し，現在は遺伝子ドーピングという新たな懸念が生じていることを確認しました。たしかに，ドーピング問題はスポーツ界の大きな問題の一つですが，スポーツ界が抱えている倫理的諸問題は多様です。ここでは，そのほかの倫理的諸問題についても触れておきたいと思います。

　友添（2015）によれば，スポーツ場面における倫理的問題の発生場面は三つ考えられると指定しています。すなわち，① ゲーム（コートの中），② スタジアム（競技場の中），③ 社会（日常生活の中）という構造です。①のコートの中では，関与者は選

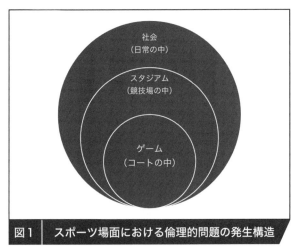

図1 スポーツ場面における倫理的問題の発生構造

出典：友添秀則（2015）「スポーツの正義を保つために——スポーツのインテグリティを求めて——」『現代スポーツ評論』32，創文企画，p.14をもとに作成

手，審判，監督などに限られ，倫理的逸脱行為には，暴力行為や八百長，試合の不正操作，意図的なファウル行為などが挙げられます。②の競技場の中では，関与者は①の場合に加え，観客やメディアが加わります。倫理的逸脱行為として，観客による暴力行為や人種差別，性差別，違法賭博や試合妨害なども想定されます。③の日常生活まで広がると，関与者はさらに広範囲にわたり，スポンサーや大衆が含まれることになります。ここで想定される倫理的逸脱行為として，スポーツ指導における暴力やセクハラの問題，八百長に関わる選手の買収，スポーツ組織のガバナンス欠如などが挙げられます（図1を参照）。

　また，新たに直面している倫理的・社会的問題として，義足を使用している選手のオリンピック出場資格をめぐる問題があります。2016年のリオデジャネイロ大会では，義足を使用しているドイツのマルクス・レーム選手が，オリンピック出場に必要な参考記録を突破しているにも関わらず，使用している競技用義足がそのバネの効用からエンハンスメント（能力の向上，増強）につながりかねないという指摘があり，オリンピックの出場は許可されませんでした。今後，義足選手の記録はさらに伸びていくものと考えられ，オリンピックに出場するための参考記録を突破する選手も増えてくるでしょう。競技用義足をめぐる取り扱いについては，倫理哲学的立場から，今

後深く考えていかなければならない問題といえます。

## 4 「スポーツを創る」視点からの取り組みを

　2015年に，中国の研究チームによって，生殖細胞を対象に実験を行ったとする研究報告が論文に出されました（Liang at al. 2015）。このように，生殖細胞操作は，すでにいま直面している新たな重要な課題です。このような遺伝子操作技術やゲノム編集技術を用いて身体能力を高めるという事態も，スポーツ界は想定していかなくてはなりません。個人の自由の範囲内として，このようなエンハンスメントを許容していくことができるでしょうか。もし，この立場から擁護していくと，当該技術を用いたい人はそのようにし，用いたくない人は拒否するでしょう。個人の自由として前者に歯止めをかけなければ，体細胞操作から生殖細胞操作へ，あるいは異種交配へ，スーパーアスリートの製作へ，どんどん歯止めが効かなくなるかもしれません。このとき，個人としてではなく，類概念としての人間存在はどうなるでしょうか。このようにドーピングの問題は，個人の自由の問題を超えて，「人間とは何か」という問題を引き起こしているのです。そのように考えてみると，自分の身体だからといって好き勝手に身体や生命を傷つけない，自分自身が自分自身を尊重する責務が各人にはあるということをしっかりと考えていかなければなりません。

　また，スポーツは文化です。人間の生活を豊かにするためにスポーツ文化が存在しているはずであり，スポーツのために人間が利用されたり手段化されたりするような逆転現象が生じることがあってはなりません。スポーツをする人間の尊厳が保障されることが何よりも重要なことであることを，私たちは忘れてはならないでしょう。

　そのためには，「スポーツを創る」という視点が欠かせません。2010年に策定されたスポーツ立国戦略では，スポーツはするだけではなく，「みる」「ささえる」といった多様な関わり方が保障されています。しかし，テクノロジーの進歩により新たな問題が生じると，新しいルールが必要となり，そのための議論が必要とされます。時代に応じてさまざまな倫理的問題がスポーツに生じることを考えると，私たちが今後どのようにスポーツのあり方を考えていくか，まさに「スポーツを創る」といった角度から対応していくことが望まれています。

## 参考文献

Liang, P. at al., CRISPER/CAS9-mediated gene editing in human tripronuclear zygotes. Protein Cell, 6(5)：363-372, 2015.
Muller, R.K., History of Doping and Doping Control. Thieme, D. and Hemmersbach, P. (Eds.) Doping in Sports, Handbook of Experimental pharmachology, 195. Springer, 2010.
竹村瑞穂「人間の尊厳を破壊するドーピング——金メダリストをデザインすることの何が問題か？」『現代スポーツ評論』32．創文企画，2015年．
友添秀則「スポーツの正義を保つために——スポーツのインテグリティを求めて」『現代スポーツ評論』32．創文企画，2015年．
日本オリンピック委員会監修『近代オリンピック100年の歩み』．ベースボールマガジン社，1994年．
日本オリンピック委員会『オリンピック憲章』https://www.joc.or.jp/olympism/charter/pdf/olympiccharter2017.pdf
ミシェル・オンフレ著，嶋崎正樹訳『〈反〉哲学教科書——君はどこまでサルか？』NTT出版，2004年．

（竹村　瑞穂）

## COLUMN03
# スポーツマンシップとは何か？

　「われわれ選手一同は，スポーツマンシップにのっとり，正々堂々と戦うことを誓います！」
　このような一文を耳にしたことはありませんか？ スポーツの競技大会でお馴染みの選手宣誓文の一例です。では，文中に登場する"スポーツマンシップ"とはどういう意味ですか？ こう尋ねられると，答えに困ってしまう人は少なくないと思います。そこでこのコラムでは，スポーツマンシップという言葉の意味を，歴史的な視点から確かめていきましょう。
　スポーツマンシップという言葉の意味を国語辞典に尋ねてみると，「正々堂々と公明に勝負を争う，スポーツマンにふさわしい態度」(『広辞苑第6版』岩波書店，2008年)，「スポーツマンの備えているべき精神」(『大辞林第3版』三省堂，2006年)などと記されています。
　多くの近代スポーツを生み出したイギリスでは，19世紀初め頃までの"スポーツ"とは，主にジェントルマン（支配階層）が行う狩猟のことを指していました。そもそも，スポーツ（sports）の語源はラテン語のデポルターレ（deportare）だと言われますが，これは移動や気晴らしを意味する言葉でした。それが，17〜18世紀になると野外での狩猟や自由な活動を指すようになり，19世紀になってようやく，今日の意味に近い競技的なニュアンスが加わるようになったのです。
　こうして，ジェントルマンのスポーツ活動の意味するところは，やがて狩猟から運動競技にまで拡大していきますが，その根底には"騎士道の精神"がありました。それは，ジェントルマンの多くが騎士を祖先に持っていたからです。近代オリンピック史上初の選手宣誓（1920年のアントワープ五輪）で，開催国ベルギーのフェンシングの選手が高らかに「我々は…競技規則を守り，騎士道精神にのっとって，祖国の名誉と競技の栄光のために戦う」という誓いを立てたのは，こうした歴史と関係がありました（『読売新聞』2016年7月13日付，朝刊）。
　将来の大英帝国を担うジェントルマンの子弟は，パブリックスクールに入学することが慣わしでした。この寄宿舎制の学校では，スポーツによる人間教育が重視され，スポーツをする上での倫理的・道徳的側面が強調されていきます。例えば，もともとは村や町の祭りだったフットボールでは，殴る・蹴る・つかむといった行為が平然と行われていましたが，その無秩序の荒々しさはパブリックスクールのエリート達には必ずしも相応しくあり

ませんでした。そのため，暴力を抑制するために"ルール"が生まれます。こうして騎士道の精神と相まって誕生したのが，今日に連なる"スポーツマンシップ"でした。

戦前，イギリスのパブリックスクールで学んだとある日本人は，その実体験からスポーツマンシップの本質を次のように説いています。

> 「スポーツマンシップとは，彼我の立場を比べて，何かの事情によって得た不当に有利な立場を利用して勝負することを拒否する精神，すなわち対等の条件でのみ勝負に臨む心掛をいうのであろう。」（池田潔『自由と規律』岩波書店，1949年）

どうやら，パブリックスクールが育んだスポーツマンシップとは，ずる賢い考えを持たずに対等な条件で正々堂々とプレーすることをいうようです。

明治の世の中になると，日本にも欧米産の近代スポーツが大量に持ち込まれます。そんな中で，日本人に最初にスポーツマンシップを伝えたとされる人物が，ウィリアム・ストレンジです。イギリスのパブリックスクール出身のストレンジは，1875（明治8）年に英語教師として来日し，東京大学予備門の学生を中心にスポーツを熱心に教えました。課外活動としてのスポーツを重視し，今日の部活動や運動会の基礎を築いたことでも知られています。ストレンジは，スポーツが若者の人間形成に大いに役立つことを日本人に強く訴えかけました。

ストレンジの教え子の一人に，東大予備門時代にスポーツ指導を受けた武田千代三郎がいました。後に秋田，山口，山梨，青森で県知事をつとめ，日本のスポーツ界を牽引した人物です。彼はストレンジから教わったスポーツマンシップに影響を受けて，これを武士道とも関連づけながら「競技道」と称して日本に普及させようと試みます。著書『競技運動』（博文館，1904年）の中で展開された武田の「競技道」は7項目にわたり，そのすべてがスポーツマンシップに通じるものですが，特に「運動家の度量礼儀」という項目を見ると，以下のようにフェアプレーをはじめとする倫理的な内容が説かれています。

- いつもフェアプレイをせよ。
- 機敏に行動し，ずる賢く，臆病な人間になるな。
- 勝利しても喜びすぎるな。
- 敗北しても恨んだり嘆いたりするな。
- 相手を見下すな。
- 天運に甘んぜよ。
- スポーツは，人格者同士の競い合いである。
- 相手は自分の良き先生であり，良き友人である。

・いつも礼儀正しくふるまえ。

　武田がストレンジから教え込まれ，自ら練り上げたスポーツマンシップ（競技道）とは，今日のスポーツ界においても十分腑に落ちる内容を含んでいます。私たちが大切にすべきスポーツマンシップとは，時代に左右されない普遍性を持って今日に受け継がれてきたといえるでしょう。

　このように，英国紳士の世界観が生み出した"スポーツマンシップ"は，長い間，スポーツの価値を倫理的・道徳的な側面から支え続けてきました。もし，スポーツマンシップがスポーツ界から消え去ってしまったら，オリンピック・パラリンピックを通じて感動を覚える人など誰もいなくなってしまうのではないでしょうか。

　もちろん，ここで示した内容だけがスポーツマンシップのすべてではありません。スポーツに関わるすべての人々が，『スポーツマンシップとは何か？』という問いを常に持ち続け，世界に広がる多様な価値観に照らしながら深く「哲学」する姿勢を大切にしたいものです。

　　　　　　　　　　　　　　　　　　　　　　　　　　　　　　　（谷釜　尋徳）

CHAPTER 14

# オリンピックとテクノロジーの相性
## 選手のパフォーマンスを支える スポーツ施設・用具の進化

　4年に1度開催されるオリンピック競技大会の舞台では，世界最高峰の戦いが繰り広げられています。そこで披露される圧巻のパフォーマンスは，選手のたゆまぬトレーニングの成果であることに疑う余地はありません。しかし，スポーツの歴史を振り返ってみると，選手の記録や技術の多くは，施設・用具の影響を受けてアップデートされてきたことがわかります。ここでは，その一例を紹介します。

## 1　プールの登場と進化

　2008年の北京大会でイギリス製の高速水着が話題をさらったように，競泳の記録が水着の性能によっても左右されることはよく知られています。しかし，水着以外にも選手のパフォーマンスをバックアップしているものがあります。それはプールです。
　初期のオリンピックでは，海，川，湖，運河がそのまま競泳の会場になっていました。第1回アテネ大会（1896年）では，エーゲ海の冷たい水に選手は苦悩したそうです。
　現在のように50mプールが使われはじめたのはパリ大会（1924年）からですが，こ

れは屋外プールです。その後，建築技術の向上によりロンドン大会（1948年）ではオリンピック史上初めて室内プールが登場します。しかし，この頃のプールでは，レース中に発生する波が大きな抵抗となって選手の泳ぎを妨げていました。そこで考え出されたのが"波消し"の機能を搭載したコースロープです。

パリ大会（1900年）の水泳競技。この時はセーヌ川が会場で，選手は川面に向けて勢い良くダイブしました。

ローマ大会（1960年）で使われたコースロープは表面がツルツルでしたが，東京大会（1964年）では表面に螺旋状の溝を入れて波消しの工夫を施したロープが登場します。その後も消波性の高いコースロープの開発が進み，現在は回転式のフロート（"ブイ"のこと）をワイヤーに敷き詰めたロープが多く採用されています。

波消しの工夫はコースロープだけにとどまらず，プールの構造そのものにも及んでいます。モントリオール大会（1976年）ではプールサイドに排水溝が導入され，泳ぎの抵抗となる波を劇的に減らすことに成功しました。この大会では，数多くの世界新記録が誕生しています。男子100m自由形のジム・モンゴメリーが人類で初めて50秒の壁を打ち破る"49秒99"を叩き出したのも，この大会での出来事でした。

レース中の選手の進路上には，先行する他の選手が作った波と，ターン後に自らが（ターン前に）作ってきた波が発生している可能性があるので，波が起こりにくく消えやすいプールの実現が，選手の記録向上に果たした役割は計り知れません。

また，テクノロジーの進歩によって水温の調節が可能になり，北京大会（2008年）のプールでは好記録が出やすいといわれる温度に保たれるよう，徹底した水温管理がなされていました。さらに，移動式の水中カメラの登場によって多角的に泳法の観察ができるようになり，これが選手の技術向上に一役買いました。

このように歴史を遡ってみると，施設（プール）の進化は選手のパフォーマンスを後押ししてきたといえそうです。

## 2 テクノロジーの進歩が生み出す新記録
―― 変わるポール,伸びる記録

　陸上競技の中で,用具の材質が最も記録に影響する種目は棒高跳びではないでしょうか。棒高跳びの起源は実用術でした。自分では跳び越えられない城壁や塀を,棒を巧みに使って跳び越えていたのです。もう一つ,川や溝を跳び越すための実用術から派生した"棒幅跳び"という競技も,19世紀前半のアイルランドやスコットランド地方で盛んに行われていましたが,これが近代陸上競技に本格的に取り込まれることはありませんでした。

　棒高跳びが競技化の道を歩みはじめたのは,19世紀中頃のことでした。当時は木製のポール(棒)が使われていましたが,固くて重いわりに強度が低いことから,高く跳ぶためにポールの高い位置(端)を持ってスピードある助走をすることは難しく,踏切の際に重量に耐えかねてポールが折れてしまう危険性もありました。こうした事情もあって,木製ポール時代の記録は3m弱にとどまっていました。

　次に登場したのが竹製のポールです。軽量でよくしなる竹は,高く跳ぶための助走スピードやポール接地後の反動を確保できるうってつけの素材でした。竹製ポールによって記録は4m台にまで伸びました。最初の公認記録は,1912年の4m02cmです。

ロサンゼルス大会(1932年)での西田修平の跳躍。着地部分は砂地になっています。

　竹の産地だった日本では棒高跳びが普及し,オリンピックでも多くのメダリストを輩出しました。ロサンゼルス大会(1932年)では西田修平が銀メダル,続くベルリン大会(1936年)でも同じく西田修平が銀メダル,大江季雄が銅メダルを獲得しています。日本人が活躍した時代は,まだ着地部分は砂地でしたので,選手は着地姿勢を気にかけながら跳躍しなければなりませんでした。当時の棒高跳びの模様は,ベルリン大会の記録映画『民族の祭典』(レニ・リーフェンシュタール監督,1938年製作)の映像からも確認することができます。そこに収められた棒高跳び決勝の映像は,後

日選手本人に頼んで撮り直した再現バージョンですが，当時のトップアスリートが足から着地していた様子がわかります。

戦後，金属製のポールが使われるようになりますが，記録を飛躍的に向上させるにはいたっていません。

この競技に劇的な変化をもたらしたのが，1961年のグラスファイバー製ポールの使用解禁でした。当時，記録の限界は16フィート（4m87cm）であるといわれていましたが，これは早くも1962年にクリアされ，翌年には5mを突破しています。この頃には，着地部分に衝撃を吸収するマットが敷かれるようになり，選手が以前より着地姿勢の心配をしなくてよくなったことも記録の更新を手助けしました。東京大会（1964年）ではスポンジマットが採用され，ある程度の安全性が確保されています。

やがて，90度もしなるグラスファイバーの弾性を存分に活かす合理的な運動技術が開発されると，世界記録は上昇の一途を辿ります。なかでも，1980～90年代に絶対王者として君臨し，世界記録を1人で35回も塗り替えた"鳥人"セルゲイ・ブブカ（ウクライナ）の存在は，この競技の発展を語るうえで忘れることはできません。

2018年10月現在の世界記録は，男子がルノー・ラビレニ（フランス）の6m16cm，女子がエレーナ・イシンバエワ（ロシア）の5m06cmです。男子でいえば，棒高跳びが競技化しはじめた頃と比べて，実に3m以上も記録が伸びたことになります。

このように，棒高跳びではポールという用具の製造加工技術の発達が，記録の向上を強力にサポートしてきました。だとすれば，今後のテクノロジーの進歩が人類をさらなる"高み"へと連れて行ってくれる可能性は十分にあるはずです。

## 3 限りなき"速さ"への挑戦
── 人類が9秒台に到達するまで

人類最速を決める陸上競技の100m走は，オリンピックの花形です。2018年10月現在の世界記録はウサイン・ボルト（ジャマイカ）の"9秒58"ですが，ここでは人類が9秒台に到達するまでの長い道のりを，記録とともに振り返ってみましょう。

100m走の世界最古の記録は，1867年のウイリアム・マクラーレン（イギリス）

による"11秒0"だそうです。第1回のオリンピックアテネ大会（1896年）で優勝したのはトーマス・バーク（アメリカ）で，記録は"12秒0"でした。この大会ではストップウォッチが採用されていましたが，正式タイムの計時法は1秒単位，しかも目視で行われていたというのは驚きです。バークは記録よりも，当時としては珍しい"クラウチングスタート"を披露したことで一躍有名になりました。

　その後，20世紀に入り"10秒8""10秒6"と少しずつ記録が縮んでいきます。しかし，ここまでの記録は，1912年の世界陸上競技連盟（IAAF）設立以前のことで，実は公式記録としては認定されていません。同連盟が公認した世界記録は，ストックホルム大会（1912年）でドン・リッピンコット（アメリカ）が出した"10秒6"からはじまります。

　アントワープ大会（1920年）からは，100分の1秒まで測れるストップウォッチが公式計時に採用されました。その翌年，チャールズ・パドック（アメリカ）が"10秒4"を記録し，さらに9年の時を経て1930年にはパーシー・ウィリアムズ（カナダ）が"10秒3"の記録を打ち立てます。

　1932年のロサンゼルス大会では，吉岡隆徳が日本人としてはじめて決勝の舞台に名乗りを上げました。それ以降，リオデジャネイロ大会（2016年）までの間にこの種目で日本人のオリンピックのファイナリストは生まれていません。さらに吉岡は，1935年に当時の世界タイ記録（10秒3）を出しています。そのスタートダッシュの鋭さから，吉岡は"暁の超特急"の異名をとり，時の人となりました。

　吉岡よりもはるか昔に，藤井實という伝説のスプリンターがいました。1902年の東京帝国大学の運動会で，藤井は当時の世界記録を大きく塗り替える"10秒24"をマークしています。藤井の力走は，東大の教授が考案した特殊な電気計時装置で記録されましたが，明治時代の日本に100分の1秒を計測できる機械が存在したこと自体驚きです。公認記録とはなりませんでしたが，"FUJII"の名は瞬く間に世界中に知れ渡りました。

　1936年にはジェシー・オーエンス（アメリカ）が"10秒2"を記録します。このタイムは以降20年間破られることはありませんでした。

　人類の速さへの挑戦が頭打ちかと思われた1940年代後半，記録の向上を後押しする救世主が現れます。スターティングブロックの登場です。この画期的な用具は，オリンピックではロンドン大会（1948年）で初お目見えし，1950年代に入ると金属製

に進化していきます．それまでは，スタート地点に選手や大会役員が穴を掘って足場を作っていたので，スターティングブロックの登場と進化が選手のスタートダッシュに大革命をもたらし，タイムを短縮させたことは想像に難くありません．

　すると，1956年，20年の時を超えてウィリー・ウィリアムス（アメリカ）が"10秒1"の世界記録を樹立し，1960年にはアルミン・ハリー（西ドイツ）が手動計時で"10秒0"というタイムを叩き出すなど，人類の9秒台の夢はいよいよ現実味を帯びてきました．

　その8年後の東京大会（1964年）は，電気計時が公認記録となった最初のオリンピックでした．金メダリストは"10秒06"を記録したボブ・ヘイズ（アメリカ）です．上述のアルミン・ハリーの記録は，電気計時では"10秒25"でしたので，ヘイズは"より正確な"意味での世界記録を樹立したことになります．手動計時は人間の反応時間の誤差が生じる分，電気計時よりも好タイムが出やすいからです．なお，これとほぼ同時期に，合成樹脂製のソールを搭載した最先端のスパイクが登場しシューズの飛躍的な軽量化が進んでいきます．

　1968年のメキシコシティ大会で，ついに"そのとき"が訪れます．ジム・ハインズ（アメリカ）が"9秒95A"というまさに前人未到の記録を打ち立てたのです（高地で実施したため"A"が付きます）．近代オリンピックがはじまってから苦節70年，人類はついに9秒台到達の夢を実現しました．

　この大会では，ポリウレタンゴム製の全天候型のトラックがはじめて採用されました．それまで，吉岡隆徳やジェシー・オーエンスの時代は土に石炭を混ぜた"シンダートラック"が，その後東京大会まではレンガの粉を固めた"アンツーカートラック"が使われてきましたが，メキシコシティ大会のトラックは排水性と弾力性の面で段違いの高性能を誇ります．100m走のほかにも，陸上競技では男女ともに数多くの世界新記録が生まれました．ジム・ハインズの驚異的なタイムは，彼が駆け抜けたトラックの素材とも決して無関係ではないはずです．

　もし，1930年代にスターティングブロック，軽量シューズ，タータントラック，そして正確な計時法がすべてそろっていたら，吉岡隆徳は日本人初の"9秒台ランナー"になっていたのでは，などと期待せずにはおれません．

　ジム・ハインズから遅れること半世紀，ついに日本人でも"10秒の壁"を突破するスプリンターが現われました．2017年9月9日，福井県営陸上競技場で行われた

| 表1 | 男子100m走の公認記録の変遷　～人類の9秒台への道のり～ |||
|---|---|---|---|
| 年代 | 記録 | 選手名（国） ||
| 1912 | 10秒6 | ドン・リッピンコット（アメリカ） ||
| 1921 | 10秒4 | チャールズ・パドック（アメリカ） ||
| 1930 | 10秒3 | パーシー・ウィリアムズ（カナダ） ||
| 1935 | 10秒3 | 吉岡隆徳（日本） ||
| 1936 | 10秒2 | ジェシー・オーエンス（アメリカ） ||
| 1956 | 10秒1 | ウィリー・ウィリアムス（アメリカ） ||
| 1960 | 10秒0 | アルミン・ハリー（西ドイツ） ||
| 1964 | 10秒06 | ボブ・ヘイズ（アメリカ） ||
| 1968 | 9秒95A | ジム・ハインズ（アメリカ） ||
| 2017 | 9秒98 | 桐生祥秀（日本） ||

　日本学生対校選手権の決勝で，当時東洋大学の4年生だった桐生祥秀が"9秒98"をマークしたのです。1998年に伊東浩司が"10秒00"の日本記録を出してから，19年もの歳月が経過していました。わずか100分の1秒を縮めることが，どれだけ難しいチャレンジであったかがわかります。

　果たして，人類はどこまで速く走れるのでしょうか。もっといえば，テクノロジーは人類の記録更新をどこまでサポートできる（してよい）のでしょうか。想像は尽きません。

## 4　テクノロジーの進歩と平等性
――オリンピックを"哲学"してみよう

　ここまで見てきたように，テクノロジーの進歩はオリンピックを大きく変えてきました。ただし，最先端の施設・用具は"ぶっつけ本番"で使って好記録が出るというものではなく，それを巧みに使いこなすために日々鍛錬を積まなければなりません。

　そうなると，こうした施設・用具で日頃から練習できる環境下にある経済的に裕福な国（日本もその一つです）の人々が圧倒的に有利です。オリンピックのメダル獲得総数の上位国が，GDP（国内総生産）ランキングの上位国とほぼ重なっているのは，

| 表2 | リオデジャネイロ大会（2016年）のメダル獲得数とGDP（2016年）の関係 | | |
|---|---|---|---|
| 国 | メダル獲得総数（金＋銀＋銅） | メダル獲得総数ランキング | GDPランキング |
| アメリカ | 121 | 1 | 1 |
| 中国 | 70 | 2 | 2 |
| イギリス | 67 | 3 | 5 |
| ロシア | 56 | 4 | 12 |
| ドイツ | 42 | 5 | 4 |
| フランス | 42 | 6 | 6 |
| 日本 | 41 | 7 | 3 |
| オーストラリア | 29 | 8 | 13 |
| イタリア | 28 | 9 | 8 |
| カナダ | 22 | 10 | 10 |

GDPランキングの出典：https://www.globalnote.jp/post-1409.html
メダル獲得総数トップ10の国は，GDPランクでも1〜13位に入っている。

決して偶然の一致ではありません。

　オリンピックの世界は"平等"を理想としていますが，五輪ホスト国の一員である私たちは"平等"という問題を立ち止まって考えてみる必要がありそうです。

**参考文献**

小川勝『10秒の壁』集英社，2008年．
岸野雄三編『最新スポーツ大事典』大修館書店，1987年．
中村敏雄，高橋健夫，寒川恒夫，友添秀則編『21世紀スポーツ大事典』大修館書店，2015年．
ニック・ハンター『ハイテクオリンピック』稲葉茂勝訳，ベースボール・マガジン社，2012年．
日本オリンピック・アカデミー編『JOAオリンピック小事典』メディアパル，2016年．
日本体育協会・日本オリンピック委員会編『日本体育協会・日本オリンピック委員会100年史 PART1』日本体育協会・日本オリンピック委員会，2012年．

（谷釜　尋徳）

CHAPTER 15

# オリンピックと
# メディア

　オリンピックをスタジアムやアリーナで直接経験する人は微々たるもので，大部分の人々にとってオリンピックはメディアをとおして経験されます。そのために，人々のオリンピック経験は，往々にしてオリンピックをとりまくメディア状況に規定されるわけです。そこで本章では，夏季大会を中心とするオリンピックとメディアの関係史を根幹に据えながら，明治期から昭和期については日本の動向に注目し，また，昭和末期以降については国際的な動向と今後の展望を織り交ぜながら，人々のオリンピック経験のありようをまとめていきます。

## 1　オリンピック報道の幕開け

　日本におけるオリンピックとメディアの結節点は，1900年前後に求められます。国民体育の推進を使命とした日本体育会の機関誌『文武叢誌』の1896年3・4月号では，「オリンピヤ運動会」と題した古代オリンピックの紹介記事が確認できます。また，団体機関誌よりも広い情報発信力をもった新聞に注目してみると，1900年3月22日付の大阪毎日新聞には，「世界体育会の勧誘（東京電話）」という見出しのもと，同年3月に挙行される第2回パリ大会の参加に向けた照会書が日本体育会幹事長に届いたとする記事が掲載されています。

　しかしながら，明治時代中期のスポーツ報道は，ほぼ国内のレベルに閉ざされてい

ました。実際のところ，スポーツ報道に力を注いでいた大阪毎日新聞は，パリ大会のみならず，次回のセントルイス大会の模様を一切報じていません。つまりこの時代において，オリンピックがニュース価値を備える段階になかったことがうかがえます。当時の人々の生活情報源であった新聞の中にオリンピックが頻繁に顔を出していく端緒は，産業資本主義の進展によるメディア産業の興隆，スポーツの国際化という現象が立ち上がっていった明治末期でした。

　1908年に開催されたロンドン大会において，大阪毎日新聞は，20世紀文明の視察を目的として欧米へ派遣した記者による「マラソン競走」と題した5回の連載記事を大会後に掲載し，マラソンの模様をつぶさに紹介しました。また，日本がオリンピックに初出場した1912年のストックホルム大会に際しては，準備状況，オリンピック小史を内容とする「オリンピック競技号」と題した特集記事を組んでいます。ストックホルム大会の大手新聞の報道に注目してみると，日本人選手の現地での様子や競技内容が伝えられるまでに広がりましたが，スポーツの専門書や雑誌，映画の中では，ごく稀にオリンピックが登場したに過ぎませんでした。

　産業資本主義が加速した第一次世界大戦を契機として，大都市で近代化が進んでいくと，都市新中間層をターゲットとする生活文化を創造していった大手新聞は，自らスポーツイベントを企画・運営してスポーツの受容空間を拡大させつつ，海外のトップアスリートを呼び物とするスポーツイベントを編み出していきました。スポーツに勢いを得ていた大手新聞による1920年のアントワープ大会の報道に注目してみると，「オリンピック欄の設置」「海外通信社からの転用記事の増加」，また，1924年のパリ大会の報道では，「記事の多様化（開会式や海外アスリートの報道，競技雑観）」「特派員の増加」「挿絵，写真を用いたビジュアル要素の導入」「映画事業の展開（海外産の無声映画の一般公開）」といった新生面が現れました。これに加えて，東京の国民新聞がオリンピック写真展覧会を三越デパートで開催したことは，都市新中間層におけるオリンピックの浸透をうかがい知る出来事としてとらえられます。

## 2　大都市におけるオリンピック報道の展開

　ラジオ放送が開始された1925年を迎えると，オリンピック報道は大都市の隅々を埋め尽くし，さらにその枠を超えていきます。新聞に求められるほどの読解力を要せ

ず，新聞よりもはるかに大きな情動への訴求力，新聞にはない空間の均質化機能をあわせもつラジオは，オリンピックの受容スタイルに新たな彩りを添えるとともに，受容空間を著しく拡大させていきました。大正末期に到来するマスメディア時代の入口で開催された1928年のアムステルダム大会では，陸上競技，競泳での金メダル獲得という快挙によって大手新聞の報道量が増大し，号外も発行されましたが，ラジオの国際中継を可能とするテクノロジーが開発される段階にはありませんでした。

　ラジオの国際中継は，1932年のロサンゼルス大会で実現するはずでしたが，オリンピック委員会と現地放送局との間で生じた契約問題によって生中継が実現せず，あたかも眼前で競技が繰り広げられているかのようなアナウンサーによる描写を電波に乗せた「実感放送」が流されました。日本選手団へのメダルの期待と移民問題や満州事変に関連したアメリカ国内における反日感情の高まりが相まって，大手新聞やラジオは，「日章旗」「祖国」といった国家を想起させる言説，「同胞」「彼ら」といった国民意識を明確化させた言説を紙面や電波の中に散りばめていきました。この傾向は，雑誌黄金期を迎えていたスポーツ専門誌や総合誌のオリンピック特集においても頻繁に認められました。

　言説に漂うイデオロギー的側面に加えて特筆すべきは，船舶での輸送写真の海上吊り上げ合戦，オリンピック応援歌の募集，日本選手団の結果に関する懸賞，自社制作のニュース映画の一般公開に示されるように，大手新聞が速報性の強化や読者参加型の企画・事業を展開したことです。これらの取り組みは，オリンピックが社運をかけた有力コンテンツに浮上していた当時の実態を示しています。また，オリンピック関連番組の新聞放送欄での紹介，新聞社主催による選手団壮行会のラジオ生中継といった現象は，新聞とラジオの融合という新たな情報発信の出現を意味しました。

　ロサンゼルス大会以後，排外的国家主義の風潮が次第に社会を覆い，メディアが総じて右傾化していくと，オリンピック報道は国民意識の覚醒・統合に向けた機能を担っていきました。1936年のベルリン大会において，大手新聞は膨大な記事やニュース映画をとおして国家イデオロギーを喧伝し，ラジオは水泳女子平泳ぎで優勝した前畑秀子の実況アナウンス「ガンバレ，ガンバレ……勝った，勝った……」が物語るように，国民意識を煽り立てました。しかしながら，昭和戦前期において大都市と地方，地方の階層間でラジオ接触に関わる情報格差が存在しており，テクノロジー上は可能であっても，オリンピック中継が日本全土へ拡大するにはいたりませんでした。

## 3 オリンピック報道の全国化

　第二次世界大戦を経て，戦時体制からの脱却，民主主義国家の建設に向けた取り組みが社会の各方面で進められる中，スポーツ界も新たな一歩を踏み出していきました。新聞は日本再生を目的としたスポーツの使命を骨子とする社説や論評を掲げ，国家権力に翻弄されていたスポーツを人々のもとに取り戻そうとする気運を高めていき，また，新興紙の育成を目的としたGHQ（連合国軍最高司令部）の言論政策の中で，スポーツ新聞が誕生しました。新聞が戦後復興期におけるスポーツの民主化にどれほど貢献したかはともかく，経済成長とともに軒並み発行部数を伸ばした新聞は，人々の日常生活の中にスポーツを浸透させていく役割を果たしました。

　テレビの中に初めてオリンピックが登場した1956年のメルボルン大会では，10分前後のオリンピックニュース番組が組まれました。また同大会から，映像機材の設置による観戦スペース減の補償としてテレビ放映権料が設定されましたが，テレビ放映権料が実質的に機能するのは，次回のローマ大会からでした。ローマ大会を端緒として，ラジオが主体であった日本のオリンピック報道にテレビが加わっていきました。録画機器の開発によって現地から空輸されたビデオテープが世界各地に行き渡り，日本ではNHKと民放各局がビデオテープを編集した3，4本の帯番組を編成し，国民がオリンピックの実像を目の当たりにするところとなったのです。この時点でテレビは，新聞，ラジオに速報性で遅れをとっていましたが，1964年の東京大会で衛星中継が実現すると，他を圧倒していきました。

　1959年の皇太子成婚パレードにより上昇を遂げていたテレビ普及率を90％近くに押し上げる原動力となった東京大会は，国民的メディアとしてのテレビの地位を決定づける起爆剤となりました。テレビをとおした国民の東京大会への接触率が97％あまりに達し，日本が金メダルを獲得した女子バレーボール決勝の視聴率が，今日までのスポーツ放送歴代最高の66.8％を記録したこと，また，全国の学校で展開されたオリンピックのテレビ授業が物語るように，東京大会はテレビの存在に力を得て，国民全体を網羅したオリンピックの受容空間をつくりあげていったのです。また，受容空間との関連でオリンピックの公式記録映画『東京オリンピック』を見過ごすことはできません。それは制作段階において，当時の政府と「オリンピズムの記録」「ナショナリズムの記録」のどちらを優先させるかで論争を呼びましたが，日本国内で

12億円強の配給収入を記録した同作品が全国各地の学校や公民館で上映会を重ね，日本映画史上最多とされる2300万人あまりの観客を動員したからです。

　東京大会が経済成長の只中に開催されたという事実を差し引いても，各種メディアによるオリンピックの位置づけは，もはや有力コンテンツの域を脱して，販売収入や広告収入の増加に直結するキラーコンテンツへと変化していきました。東京大会以後のオリンピックの歩みに視線を注いでみますと，東西冷戦体制の緊迫化，植民地国家の独立といった国際問題が顕在化したことにより，一見オリンピックとメディアの相互の発展関係は遅滞したような印象を受けます。しかしながら，衛星カラー中継の実現，スポーツを題材としたドラマやアニメの流行といった東京大会以降に出現した諸現象を要因として，テレビはオリンピックに接続しうる視聴者の裾野を拡大させていったのです。1984年のロサンゼルス大会を端緒として，テレビはオリンピックとの結びつきを深めていき，オリンピックに抜本的な変革をもたらしていきました。

## 4　テレビ主導のオリンピック

　民間資金の導入や広告代理店の介入により，赤字が常態化していたオリンピックを激変させ，430億円もの収入をもたらしたのがロサンゼルス大会でした。ロサンゼルス大会は，オリンピック史において今日に連なる商業オリンピックの出発点として位置づけられます。同大会の収入の3分の2を占めたテレビ放映権料は，それ以後高騰の一途をたどり，IOC（国際オリンピック委員会）にとってオリンピックのプロモーションの手段でしかなかったテレビは，重要なビジネスパートナーとなりました。テレビの発言力が増すにつれて，オリンピックはテレビ主導のエンターテイメントショーへと変貌していったのです。

　テレビ主導のオリンピックに関わる初期的現象は，1988年のソウル大会で立ち上がりました。オリンピックの中でも一際世界の注目を集める陸上男子100mで，金メダリストがドーピング違反で摘発されるという大失態が生じた決勝レースの開始時間は，灼熱の昼間に設定されました。この時間は，多額の放映権料を支出するアメリカのテレビ局の看板番組が放送され，コマーシャル料金の高いプライムタイムと重なっていました。アメリカで注目度の高い競技種目にみられるこのような現象は，アメリカとの時差の関係から，東アジアで開催されるオリンピックで顕著に立ち上がってき

ました。

　これに加えてテレビは，競技種目の選定，競技ルールの変更という点でも，大きな影響を及ぼしています。競技種目の選定については，世界規模での普及度が有力な判断基準となりますが，高視聴率が期待できない，もしくは，過密な放送スケジュールの中で決着に時間を要する競技種目は，テレビの都合でオリンピックから除外されます。その一方で，ビーチバレー，シンクロナイズドスイミング（アーティスティックスイミング），新体操のように肌の露出度が高く，世界のオリンピック視聴者の大半を占める男性にとってビジュアル性に富んだ競技種目は，世界的な競技人口が少なくとも，テレビとの相性の良さからオリンピックで実施され続けています。つまるところ各競技種目は，テレビとの相性如何によって採用の可否が左右される状況に置かれています。そのために競技団体の中には，ルール改正やビジュアル性の強化を施して，テレビとの相性の向上に努める動きが認められます。

　さらにテレビは，莫大な放映権料に見合った広告収入を獲得するために，IOCにたいしてプロアスリートの参加を促しています。1992年のバルセロナ大会に登場したNBA（全米バスケットボール協会）の所属選手から構成されるアメリカのドリームチームの存在は，オリンピックが世界一級のアスリートの展示会という色彩を加味していく突破口を切り開きました。世界的なマーケットの開拓に向けたNBAのビジネス戦略と高視聴率が期待できるキラーコンテンツの発掘を目指したテレビの思惑が一致して実現したドリームチームの登場は，他のプロスポーツの追随を誘うところとなり，それによってオリンピックのエンターテイメント化が色濃くなっていきました。ローマ大会が21，東京大会が40であったオリンピック放送の実施国数は，今日において200を超え，世界で40億以上の人々がテレビ観戦し，地球上の10人に9人がテレビをつうじてオリンピックを経験しています。今日のオリンピックは，まさしく地球村の大運動会という様相を呈していますが，その中でオリンピックの主役たる世界一級のアスリートは，テレビによって派手で，きらびやかに演出されたヒーロー・ヒロインとして格式化され，世界をマーケットに据えたグローバル企業は，アスリートが解き放つ身体イメージと自社ブランドのイメージを融合させた広告戦略を展開しています。

## 5 オリンピックとメディアの現在

　ソーシャルメディアの浸透が著しく加速する今日，アスリートや現場に居合わせた観客のツイート，それに端を発したインターネット空間での盛り上がりがオリンピックへの関心を喚起し，人々をテレビ視聴に駆り立てる現象が立ち上がっています。そのために，高度なインターネット社会が構築される国々において，テレビをはじめとした既存メディアは，ソーシャルメディアを活用したオリンピック報道の模索を重ねています。しかしながら，ソーシャルメディアのコミュニケーション空間では，オリンピック報道でステレオタイプのように繰り返される人種・民族，ナショナリズム，ジェンダーに関わる言説など，既存メディアが抱える問題や矛盾に関わる自由闊達な意見が飛び交っています。これらの動向は，オリンピックとメディアの将来的な関係を考えるにあたって，ソーシャルメディアと既存メディアの連携のありようを巨視的な観点からとらえる必要性を示しています。

　また，レガシー（遺産）という観点からオリンピックとメディアの将来的な関係を考えてみると，知の継承において普遍的な役割を担う博物館の存在を見過ごしてはなりません。日本には多様なスポーツ博物館が存在しますが，1959年以来，スポーツ博物館の象徴として旧国立競技場内で開館していたのが「秩父宮記念スポーツ博物館」です。オリンピックにまつわる貴重な資料をはじめ，6万点にも及ぶ資料を所蔵する秩父宮記念スポーツ博物館は，旧国立競技場の解体により，移転先が宙に浮いたままの状況にあります。採算性を重視した競技場運営を図ろうとする新国立競技場で展示できるのは，秩父宮雍仁ゆかりの資料にとどまる予定です。社会教育における市場性と公共性の関係を要点としたスポーツ博物館が直面する事態は，オリンピック・レガシーの継承，もしくは，断絶として後々に鮮明化していく切実な問題としてとらえられます。

　文明史の一大変革としてとらえられうるメディアの地殻変動が進む中で，オリンピックとメディアの関係性は多様化・複雑化しており，その今日的状況や近未来像を描くことは極めて困難です。このような時こそ，人々が何のためにオリンピックを経験し，いかなる態度でメディアに接するのか，というオリンピックとメディアに関わる根源的な問いに向き合っていく必要があるのではないでしょうか。いかなる時代であれ，人々のオリンピック経験は，メディアの存在と深く結びついてきましたが，多

メディア時代の下で膨大な情報に囲まれながら生きる我々には，これまで以上にメディアをとおしてオリンピックを経験する主体者としての自覚が求められています。

**参考文献**

佐藤卓己『現代メディア史』岩波書店，1998年。
ジム・パリー，ヴァシル・ギルギノフ『オリンピックのすべて――古代の理想から現代の諸問題まで』舛本直文訳，大修館書店，2008年。
武田薫『オリンピック大全――人と時代と夢の希望』朝日新聞社，2008年。

（綿貫　慶徳）

CHAPTER

# 16
# オリンピックと法の関わり

　4年に1度のアスリートの祭典であるオリンピック。そうした世界に，無粋な「法」が，一体何の関係があるのかと思われるかもしれません。しかし，この一大イベントを運営するためには，しっかりとした組織やさまざまな問題に対応する仕組みが必要となります。そして，それらを一都市や民間団体の努力だけで行うことは困難です。そのため，国からの援助を受けることになりますが，日本のような法治国家では，国が何かをするときに，その根拠として「法」が必要となります。また，問題を処理するために裁判の仕組みを使うこともあります。

## 1　オリンピック大会の運営の法的な仕組み

### 1　オリンピック大会にかかる経費

　2016年に開催された夏季オリンピック・リオデジャネイロ大会では，オリンピックの開催費用は，総額で約1兆3200億円であったと報告されています。その内，競技そのものにかかったのは1割にも満たない2300億円で，施設整備や会場警備などで1兆円以上のお金がかかっています。ちなみに，国家予算が約1兆円程度の国を挙げると，エストニア，ドミニカなどがあり，これらの国の1年分の国家予算を超える金額がオリンピック大会の開催にかかっています。

### 2 契約の必要性

さて、いきなりお金の話をして無粋だなと思われるかもしれませんが、国際的なイベントを支えるためにはお金の問題は避けて通れません。そして、お金のかかるイベントをきちんと運営するためには、いうまでもなく、しっかりとした計画を立て、準備をすることが最も重要となります。

もっとも、大会運営には、かなりの数に上るオリンピック関係者、関連事業者、ボランティア、その他さまざまな人が関わります。そうすると、各自がすべてを忖度して動いてくれる、何てことは期待できません。また、お互いに話し合って約束をしても、みんなが約束通り動いてくれないこともあります。そうすると、せっかく立てた計画が水泡に帰してしまうかもしれません。それどころか、計画通りいかないとなると、国際的な信用を失ってしまうおそれさえあります。

そこで、法の定めにより、絶対に守らなければならない約束である「契約」によって、計画を着実に遂行することが必要なのです。そのため、オリンピック大会は法の定める契約という仕組みに基づいて開催されることになっています。もちろん、オリンピックというスポーツの祭典は、多くの人々の善意と協力に支えられているのですが、その裏では、法による強制力をもった契約という冷徹な仕組みが機能していてこそ、計画が着実に実行され、素晴らしい成功を収めることができるのです。

## 2 オリンピック契約

### 1 契約の仕組み

まずは、契約というものがどういうものであるか簡単に説明しておきましょう。一般に、約束というものは大きくつ二つに分けることができます。一つは「徳義上の約束」と呼ばれるものです。たとえば、友達にご飯をおごるとか、彼氏や彼女にプレゼントをあげるといった約束をいいます。こうしたものは、その場のノリで行うことが多く、絶対に実現するという意思のない約束とされています。そのため、強制的に約束を守らせることはできないものとされています。

これに対して、今一つの約束である「契約」は、最終的には国家が約束の強制的実現に力を貸すという、強力な力をもった約束です。契約の場合、相手が約束を守らない（債務不履行）と、相手を裁判所に訴え、約束を守りなさいとの判決をもらい、国

の力で強制的に約束の内容を実現させることができます(強制履行)。また,契約を守らない相手との関係を切りたいという場合には,契約を一方的に終わらせることもできます(解除)。さらに,契約が守られなかったため損失が生じた場合,それを埋め合わせるために損害賠償をさせることができます。

　繰り返しになりますが,法律によって,こうした強い力が契約に認められているからこそ,契約という仕組みがオリンピック大会に際して,多くの人や物をしっかりと結び合わせることができるのです。

## 2　オリンピック大会を支える契約
### (1) IOC・IPC契約

　オリンピック大会を主催する国際オリンピック委員会(IOC)は,本部のあるスイスの法律に則て設立された非営利の法人です。また,身体障がい者であるアスリートの大会としてパラリンピック大会もあります。このパラリンピック大会は,国際パラリンピック委員会(IPC)が主催しています。

　このように,オリンピックとパラリンピックは別の独立した組織が主催しており,かつては別々の都市で開催されていました。しかし,1960年のローマ大会から同一都市で開催されるようになりました。そして,2005年には両組織が財政や広報の面等で協力して両大会を主催・運営するためのIOC・IPC契約が締結されました。これを受けて,2008年北京オリンピック・パラリンピック大会から,正式に一つの組織が運営するひとつながりの大会となっています。

### (2) 開催都市契約

　開催都市契約とは,オリンピック・パラリンピック競技大会の適正な開催に向けて,IOC・IPC,開催都市,および開催国国内オリンピック委員会(NOC)〔日本では,日本オリンピック委員会(JOC)〕の三者が守るべきルールを定める契約です。オリンピックは,国ではなく都市が開催することになっています。そこで,IOCおよびその支部であるNOCと開催都市との間で,オリンピック大会を開催する基本契約を結ぶわけです。その主な内容は,①立候補ファイルや保証書などにおける約束を守ること,②国内組織委員会(OCOG)を設立すること,③開催都市,OCOG,およびNOCは,大会に関連してIOCが被るすべての損害を補償すること,④競技会場に関する変更は,関係する国際競技連盟体(IF)との協議およびIOCの事前承認

を必要とすること，⑤オリンピック・パラリンピック競技大会の映像やマスコット等が，IOC・IPC の独占的な財産であることを承認すること，⑥大会期間中における競技会場におけるスポンサー関連以外の出店の禁止および広告宣伝の禁止などです。

なお，日本では，この開催都市契約を受けて，国も開催の準備を促進するため，文部科学省設置法の一部を改正する法律や平成32年東京オリンピック・パラリンピック競技大会特別措置法を制定し，オリンピック・パラリンピック専任大臣のポストが創設されたり，スポーツ庁が設置されるなど，組織体制の整備が行われています。

（3）マーケティング・プログラム共同契約

上述したように，オリンピック大会の開催には巨額の費用がかかります。そこで，IOC や NOC が持つ権利を活用してオリンピック大会のスポンサーを獲得するための基本方針を作り上げています。具体的には，まず，オリンピック・パラリンピック東京大会のスポンサーを名乗れる呼称権や，大会放映権とその取扱いなどを定める契約である開催都市・OCOG・IOC・IPC 共同マーケティング・プログラム契約が締結されます。つぎに，NOC のエンブレム，スローガン（日本では，「がんばれ日本」），マスコット，日本代表選手の映像や写真の利用権などの取り扱いを定める契約である，開催都市・OCOG・NOC マーケティング・プログラム契約が締結されます。さらに，これらの契約の調整を行うとともに，OCOG をマーケティング・プログラムの実施者とする開催都市・OCOG・IOC・IPC・NOC・NPC ジョインダー契約が締結されます。これらの契約が，大会開催のための組織運営の基本となるのです。

（4）民間スポンサー契約

ところで，オリンピックでは政治的中立性を確保するために，民間活力による自主財源が必要とされています。そこで，各種スポンサー企業との間でスポンサー契約が締結されます。

オリンピック大会のスポンサーについては，IOC が認める TOP パートナー，JOC が認める NOC パートナー，東京組織委員会が認める OCOG パートナーの3種類があります。このうち，TOP パートナーは，他の種類のパートナーに優先して，全世界規模でオリンピックに関する資産（ロゴやスローガンなど）を利用できます。NOC パートナーや OCOG パートナーは，さらにゴールド・パートナー，オフィシャル・パートナー，オフィシャル・サポーターの三つのカテゴリーに分かれ，資産を利用できる範囲に差が付けられています。

これらのスポンサーは，基本的に一業種一社に独占させるカテゴリー制度や，国や地域を明確に分けるテリトリー制を採用しています。これによって，スポンサーになることを魅力あるものとしています。そうしたことから，スポンサーでない者がオリンピックに関する資産を利用すること（アンブッシュ・マーケティング）に対しては厳しい態度が採られています。ただ，近年，これが余りにも厳しすぎて，大学生である選手の壮行会が公開できない等の問題も生じており，ケース・バイ・ケースの対応が求められています。

　なお，放送事業者に対する放映事業の委託は，特に有力な資金源です。そこで，オリンピックに関する放送・配信に関しては，IOCが設立したオリンピック放送機構に業務委託が行われ，さらに，日本ではジャパン・コンソーシアムという放送事業者の連合体が引き受けています。

## 3　オリンピック運営のための国内法整備

　上述したように，国はオリンピック大会を直接開催し，運営するわけではありません。しかしながら，国が全く支援しないで開催・運営できるものではありませんし，大会の開催は国にとっても名誉なことでありますから，さまざまな面で支援が行われます。その一環として，オリンピック大会の開催・運営に必要な法整備が行われます。ここでは，日本での例をいくつか挙げてみましょう。

　具体的には，たとえば，出入国審査の円滑化を図るため，出入国管理法の改正などが行われます。これは，大会に参加するため各国の選手やオリンピック委員会の役員などが日本に入国し，また，大会が終了した後には，日本を出国することになるためです。特に，オリンピック大会に参加するプロの選手は，その前後に別な大会に出場することもあるため，スムーズな出入国が強く要請されるのです。

　また，たとえば，馬術競技では馬が必要であり，馬も外国から入国することになります。あるいは，障がいのある選手や観光客には，介助犬などを連れて入国する人もいます。これらの動物については，万が一，病原菌を媒介することになっては困るため，入国に際して検疫という調査をすることになっています。そのために検疫法を整備し，円滑な輸出入検疫体制の構築が図られています。

　さらに，人と動物以外にも，多くの物も日本に持ち込まれます。たとえば，ヨット

競技では，競技に使うヨットを搬入することになりますし，射撃競技では，ライフル銃などを日本に持ち込むことになります。そこで，通関手続の円滑化を図るため，免税措置の適用や，密輸入防止体制の構築など，関税法の運用に関してもさまざまな施策が行われています。

　加えて，競技会場内での関係者の連絡，特に審判員と本部との連絡には無線が使われることがあります。ところが，許可を受けずに，特定の無線の周波数を利用すると電波法違反となるため，特別に周波数の割り当て措置をする必要があります。そこで，法律で特別の周波数の利用を認めることにしています。

　それから，マラソンや競歩などの競技を行う場合に，スタジアムなどだけで完結できないため，公道を使う必要があります。また，選手を迅速に試合会場まで運ぶために，オリンピック・レーンという優先道路が設定されることもあります。これらについては，道路の通行に関する規制を定める道路交通法の規定を利用するとともに，必要に応じて，法改正などを行うことも考えられています。

　その他，会場となる施設・地域との調整も重要な問題です。オリンピック大会は基本的に開催都市で行われますが，競技実施の都合などにより，周辺の地域で行われることもあります。その場合，当該地域における施設の整備費用を開催都市が負担することがあります。もっとも，開催都市が他地域のために地方税を原資とする公金を支出するのには根拠が必要となりますので，条例を改正して必要経費を支出することになります。

　また，開催都市内にある施設を会場として利用するに際しては，期間，利用料その他を契約で決めなければなりません。さらに，施設の内外ではクリーンベニュー（商業・政治・宗教的なメッセージはなく，競技大会と承認されたスポンサーのみが存在する状態）が求められることから，広告規制について，必要があれば条例等の改正で対応する必要もあります。

　以上，ここに示したものは一部に過ぎませんが，国は，さまざまな面から法整備を行って大会の開催を支援することになるのです。

## 4 オリンピック大会に関する選手資格をめぐる紛争の処理

### 1 スポーツ紛争とその処理

　スポーツに関して生じる紛争としては，①競技中の審判の判定に関する紛争，②代表選手選考に関する紛争，③競技者・監督・コーチ等の資格認定や競技団体規則の違反者に対する処分に関する紛争，④競技団体への加入の許否に関する紛争，⑤傘下の競技団体に対する処分に関する紛争，⑥アンチ・ドーピング規則違反の有無に関する紛争，⑦アンチ・ドーピング規則違反に対する制裁に関する紛争，⑧競技団体の理事等の任命・解任に関する紛争，⑨クラブチームと競技者の年俸，移籍，契約解除等に関する紛争，⑩競技者またはクラブチームとスポンサー企業との間の紛争，⑪スポーツ事故に関連する紛争，⑫競技団体・チーム・競技者等が保有する知的財産権等の侵害に関する紛争などがあるとされます。とりわけ，オリンピック大会との関係では，②および⑥⑦が問題となることが多いです。

　こうしたスポーツに関する紛争は，法律によって解決することができないわけではありませんが，スポーツに関する専門知識がないと，適切に解決することが困難なものが多いのです。そして，国が設営する裁判所の裁判官は，そうしたスポーツに関する専門知識を兼ね備えていないことが多いため，こうした紛争は，裁判所による裁判に適さないことがあります。

　そこで，多くの場合，仲裁という紛争処理の仕組みを使って，スポーツに関する紛争を処理することが行われています。仲裁とは，簡単にいえば，私立の裁判所を作って，そこで，裁判をする仕組みです。私立ですので，司法試験に通った裁判官だけが裁判をしなければならないわけではなく，紛争の解決に精通した専門家を裁判官役にして問題を処理します。スポーツに関する紛争の仲裁では，弁護士と並んでスポーツの専門家を裁判官役にして紛争処理をすることが多いようです。

### 2 スポーツ紛争処理機関

　スポーツに関する紛争を仲裁によって処理する機関の一つとして，スポーツ仲裁裁判所（CAS：Court of Arbitration for Sports）があります。これは，スポーツに関する紛争処理を目的として，1984年に国際オリンピック委員会によって設立された常設の仲裁機関です。本部はスイスのローザンヌにありますが，オリンピック大会などで

は，開催都市で臨時に仲裁を行うことがあります。1994年には，国際オリンピック委員会からの独立性や運営の透明性を確保するために，スポーツ仲裁国際理事会の下に移管されています。

　日本でも，スポーツに関する紛争のうち，競技団体の決定に対して，競技者，監督，チーム等が争う類型の事件を仲裁によって解決することを目的として，2003年に日本スポーツ仲裁機構（JSAA：Japan Sports Arbitration Agency）が設立されています。

　このように，スポーツ紛争に関しては，民間紛争処理機関による紛争解決が中心的な位置を占めています。今後は，こうした民間紛争処理機関への信頼をいかにして確保していくかが重要な課題となるでしょう。とりわけ，スポーツ紛争の処理は，スポーツ団体の組織的枠組みの中で行われることが多いため，どうやって公正な処理を確保するかが重要となるでしょう。そのためにも，紛争処理の積み重ねを通じて明確なルールを形成し，スポーツにおける法の支配を確立することが，最善の方法であるといえるでしょう。

## 3　ドーピング規程違反に関する紛争

　スポーツなどの競技における競技能力を不公正な方法で向上させるために，薬物を投与したり，何らかの物理的方法を行使することをドーピングといいます。ドーピングは，選手の健康を害したり，スポーツにおけるインテグリティ（高潔性）を損なうものとして，禁止されています。

　オリンピックとの関係では，1946年に，オリンピック憲章に「薬物その他の人工的興奮剤を使うことは最も強く非難されねばならず，いかなる形であろうとドーピングを許容する者は，アマチュア・アスリートの大会およびオリンピック競技大会に参加させてはならない」とのドーピングに関する項目が定められています。そして，1999年には世界アンチドーピング機構（WADA：World Anti-Doping Agency）が，また，日本でも2001年に財団法人（現公益財団法人）日本アンチ・ドーピング機構（JADA）が設立され，アンチ・ドーピング活動の中心となっています。

　ドーピング違反については，WADAやJADAの検査員の監視の下，厳格な手続で尿検査が行われて判定されます。検査の結果，陽性反応が出た場合には，医師，法律家，スポーツ団体役員によって構成されるパネルによって聴聞が行われ，違反の有無

が認定されます。このパネルの決定に対しては，上述したスポーツ仲裁裁判所などに不服申し立てをすることが認められています。

　最終的にドーピング規程違反との判断が確定した場合には，競技大会などへの一定期間の出場停止や制裁金の支払い等の制裁が課せられます。また，違反を繰り返す場合には，永久追放処分もあります。なお，ドイツなどでは，禁錮刑などの刑罰が科されることもあります。

## 5　オリンピックを成功させるために

　選手が快適な環境で充実した競技を行い，素晴らしい結果を出し，観る人に感動を与えることができるようにするためには，ハード・ソフト両面での準備と支援が必要です。そのための計画を着実に実行するためには，法律で仕組みを整える必要があるのです。なお，こうしたことは，オリンピック・パラリンピックについてだけいえることではありません。市町村レベルでの小さな大会でも同様に，法による裏打ちがあってこそ，しっかりとした準備がなされ，大会を成功に導くことができるのです。

**参考文献**

エマヌエル・フーブナー「オリンピック大会におけるドーピングの歴史」谷釜尋徳・小川翔大・坂中勇亮報告『東洋大学スポーツ健康科学紀要』14号，55頁以下。
エンターテインメント・ローヤーズ・ネットワーク編『スポーツ法務の最前線――ビジネスと法の統合』民事法研究会，2015年。
グレンM．ウォン・川井圭司『スポーツビジネスの法と文化』成文堂，2012年。
杉浦久弘「東京2020オリンピック・パラリンピック競技大会の準備状況」『日本スポーツ法学会年報』23号，6頁以下。

多田光毅・石田晃士・椿原直編『紛争類型別スポーツ法の実務』三協法規出版，2014年。
道垣内正人・早川吉尚編『スポーツ法への招待』ミネルヴァ書房，2011年。
日本スポーツ法学会監修『標準テキストスポーツ法』エイデル研究所，2016年。

（清水　宏）

CHAPTER 17

# オリンピックマーケティング
## スポンサーシップを中心に

　2020年に開催される東京オリンピック・パラリンピック競技大会（以下，東京2020五輪大会）の経済効果はおよそ3兆円で，15万人以上の雇用を生みだすといわれています。2017年の訪日観光客が約2870万人に到達し，年々増加傾向にある中で東京都だけでなく日本全国が巨大なマーケットとしてさまざまなビジネスチャンスがやってくると考えられているのです。では，東京2020五輪大会を開催するための予算は，いくら必要で，またどのようにして集めているのでしょうか？ 誘致に成功した東京都と日本オリンピック協会（JOC）は，どのように五輪大会のマーケティングを行っていくのでしょうか？ 本章では，このような視点からオリンピックを考えてみましょう。

## 1 マーケティング

　マーケティング（marketing）とは，marketという動詞を名詞化したものです。字義からすれば，マーケティングとは，"市場で売りさばく活動，市場に出す活動"となります。よって，"企業が，顧客が欲しいと思うモノを市場で売る，宣伝によってもっと欲しいと思う顧客の数を増やす，そしてまた買ってもらえるように新しいモノ

を作るなどの諸活動"となります。もっと簡単に言い換えれば，会社が客に「買ってください！」という仕組みを作るのではなく，逆に客が会社に「売ってください！」と願い出るような仕組みを作ることになります。そのためには，商品に価値があると感じる，お金を払っても良いと感じる，買おうと思ったときに買える場所にある，買ってよかったと満足している，商品に愛着を感じているなどが重要なポイントであり，またそれがマーケティングの目的となります。

## 2 オリンピックマーケティング

　五輪大会のマーケティングは，"オリンピックマーケティング"と呼ばれ，また権利ビジネスの争奪戦といわれています。五輪大会に関するすべての権利は，たとえば，テレビの放映権から記念品販売許可にいたるまで，国際オリンピック委員会（IOC）が握っています。そして，権利から得られた収入は，オリンピックムーブメント全体に分配されています（オリンピックムーブメントについては，Chapter01参照）。具体例の一部として，ドーピング撲滅のための世界アンチドーピング機構（WADA）の設立，女性アスリートの参加を実現するための支援活動，競技者やコーチに専門的・技術的なスポーツの知識を啓蒙する活動などに対する経済的な援助（オリンピックソリダリティ）に使われています。

　オリンピックマーケティングを簡単に説明するには，IOCが世界的に展開する"フランチャイズ事業"の事業者として考えるとわかりやすいのではないでしょうか。フランチャイズ事業とは，アメリカで発展した事業展開の一つの方法で，フランチャイズ事業者本部（フランチャイザー）が事業を展開するために加盟店（フランチャイジー）と契約をして，一定の地域での独占販売権を与えて事業を拡大していく方式です。実際にIOCが客に商品を売るというビジネス（B2C）ではなく，商品を作る企業にオリンピックに関する権利を売るというビジネス（B2B）となります。東京2020五輪大会を招致するために，開催都市として立候補した東京都と日本代表選手を派遣する責任者であるJOCが一緒にIOCと開催都市契約の調印を行いました。これを受けて新たに東京オリンピック・パラリンピック競技大会組織委員会（以下，組織委員会）が東京2020五輪大会を開催する責任者（フランチャイジー）として2014年1月24日に設立され，森喜朗元首相が会長に就任しました。

## 3 マーケティング活動

　組織委員会のマーケティング活動は，主にスポンサーシップ，ライセンシング（ライセンス供与），チケッティング（チケット販売）です。特にスポンサーシップについては，IOC が販売する TOP（The Olympic Partners）プログラムのワールドワイドオリンピックパートナー（以下，オリンピックパートナー）とは別に，組織委員会が東京2020スポンサープログラムのゴールドパートナー，オフィシャルパートナー，オフィシャルサポーターの3つを販売しています。スポンサーシップ構造としては，オリンピックパートナーを頂点として，その下に東京2020スポンサーが位置づけられています。東京2020五輪大会は，JOC と組織委員会が一緒になってマーケティング活動を行うため，"ジョイントマーケティング"と呼ばれるスポンサーシッププログラムを構築することが IOC より義務づけられています。もし他国で開催する場合は，JOC がスポンサーシップを管理します。

　IOC が販売する最高位概念のスポンサーであるオリンピックパートナーは13社，そのうち日本企業は3社（パナソニック株式会社，株式会社ブリヂストン，トヨタ自動車株式会社）が契約をしています（2018年3月現在）。パナソニックは，1988年カルガリー冬季オリンピック大会以降，25年以上にわたってオリンピック活動に貢献しています。契約金が総額1000億円を超えるといわれていますが，正確に発表されていないので詳細は不明です。スポンサー契約を結ぶにあたり，オリンピックマーケ

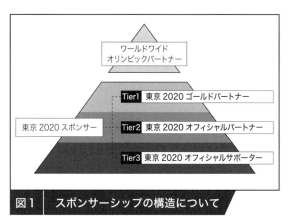

図1　スポンサーシップの構造について

出典：東京オリンピック・パラリンピック競技大会組織委員会 HP をもとに作成

ティングの特徴ともいえる"一業種一社の原則"があります。具体的には，パナソニックは"AV機器，白物家電，電気自転車"，ブリヂストンは"タイヤ，タイヤ・自動車サービス，自転車（電動・モーターアシスト除く），免振ゴム・樹脂配管システム等の化工品"，トヨタは"モビリティ（車両，モビリティサービス，モビリティサポートロボット"の業種（カテゴリー）で独占的に契約を結んでいます。もしこのカテゴリーと同業種の企業がオリンピックのスポンサーになりたいと手を挙げたとしても，契約することができません。

　オリンピックは，世界で平均94％の認知度があります。パートナー企業は，「オリンピックの公式パートナーです」と名乗ることができる呼称権と5つの輪からなるオリンピック・シンボルを使える権利が得られたことにより，オリンピックに加盟する200以上の国と地域の競技団体を通じて，あらゆる年齢層，文化，言語，都市，地域にメッセージを届けることが可能となります。これから世界にビジネスチャンスを求めようとする企業にとっては，オリンピックの認知度を活用して自社の認知度も世界的に高めることが可能となるかもしれません。すでに世界展開しているグローバル企業は，オリンピックブランドが持つ「excellence（卓越）」「friendship（友愛）」「respect（尊敬）」の価値観とオリンピック・モットー「より速く，より高く，より強く（Citius-Altius-Fortius）」を自社ブランドと掛け合わせることによってイメージアップを図ることができるかもしれません。オリンピックというブランド力を最大限に活かす宣伝活動によって，オリンピックと共に歩み，成長を続ける企業という存在を世界中へ印象付けることが可能となります。結果として，ライバルとなる競合他社と差別化を図り，競争優位の状況を勝ち取ることとなります。言い換えれば，スポンサーであることが，スポンサーを降りることによる競争優位性低下のリスクを回避することにもなります。

　組織委員会が販売する東京2020スポンサーは，Tier1（ゴールドパートナー＝150億円以上），Tier2（オフィシャルパートナー＝60億円），Tier3（オフィシャルサポーター＝10～30億円）と3つの階層に分かれています。階層によって協賛金，行使できる権利内容や期間が異なりますが，ゴールドパートナーは15社，オフィシャルパートナーは30社，オフィシャルサポーターは3社が契約しています（2018年3月現在）。この東京2020スポンサーは，オリンピックパートナーと異なり，日本国内だけで東京2020五輪大会に関連する権利を行使できるプログラムとなります。よって，

「東京オリンピックの公式パートナーです」の呼称権と組市松紋の東京2020五輪大会エンブレムを使う権利を与えられます。また，JOCとのジョイントマーケティングでもあるため，「日本代表の公式スポンサーです」の呼称権と日本代表マークを使う権利も同時に与えられることとなります。さらに，日本全国の小学生の投票で決定した大会マスコットについても使用する権利を得ています。

一業種一社の原則がオリンピックマーケティングの特徴でしたが，東京2020五輪大会では，同業種の2社以上の企業が同じカテゴリー契約を結ぶ事態が起こっています。これは，組織委員会とIOCが協議の結果，（1）競合他社同士が両社による協賛を合意していること，（2）1社当たりの協賛金の額は変わらないことを条件として認めたからです。例として，ゴールドパートナーの銀行のカテゴリーよりみずほフィナンシャルグループと三井住友フィナンシャルグループ，オフィシャルパートナーの旅客航空輸送サービスのカテゴリーより日本航空と全日本空輸などが挙げられます。同業他社との相乗り契約となれば，競争優位性としての差別化を図ることが難しいだけでなく，多額の協賛金に対して見合うだけの宣伝効果を得られるかは微妙な状態となります。しかしながら，「スポンサーになるメリットの評価よりも，半世紀に1度というビックイベントに乗り遅れてはいけないというムードが企業側に強いのだろう」と分析する報告がされています。同じカテゴリーより2倍の収入を上げることが可能となり，また国内企業の好業績も追い風となって，組織委員会がスポンサー収入の目標額に掲げていた1500億円は，2015年4月には突破し，オリンピック史上最高額の協賛金を獲得することが確実となりました。

## 4　アンブッシュ・マーケティング

IOCは，オリンピック競技大会およびオリンピック資産に関わるすべての権利の保有者です。オリンピック競技大会の権利とは，大会の組織運営，放送される映像（動画・静止画・音声など）や記録などが含まれます。オリンピック資産とは，オリンピックシンボル，エンブレム，オリンピックと特定できるもの，聖火およびトーチなどを含みます。IOCが組織委員会にこれらのライセンス使用権を与えることによって初めて東京2020五輪大会の開催が可能となり，またオリンピック資産に関する権利を組織委員会が販売することよって，大会運営に必要な費用を捻出することとなりま

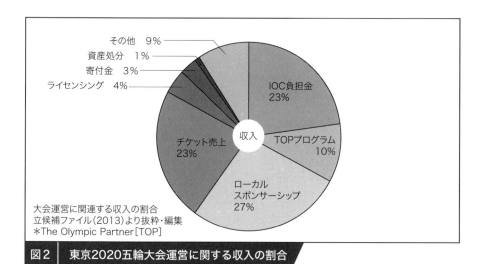

**図2** 東京2020五輪大会運営に関する収入の割合

出典：東京オリンピック・パラリンピック競技大会組織委員会HPより抜粋

す。運営に関連する収入の割合は，IOC負担金23%，TOPプログラム10%，東京2020スポンサープログラム27%，チケッティング23%，ライセンシング4％などとなっています。組織委員会のマーケティング活動による大会運営費の収入が全体の半分以上，スポンサー収入だけでも4分の1以上を占める割合となります。よって，公式スポンサーは必要不可欠な存在となります。また，その協賛金は日本代表選手団の選手強化にも活用される非常に大切な財源でもあります。IOCと組織委員会は，公式スポンサーがオリンピック資産であるオリンピック・シンボルやエンブレムなどの知的財産の使用権を守るために，公式スポンサー以外に無断使用および不正使用ないし流用されないように厳しく対応する必要があります。

過去の五輪大会では，開催に合わせて必ず"アンブッシュ・マーケティング規制法"が開催国で制定されています。アンブッシュ（Ambush）とは，"待ち伏せ"の意味で，五輪大会におけるアンブッシュ・マーケティングの意味は，"オリンピックの公式スポンサーとして契約を結んでいないにも関わらず無断でオリンピック資産を使用したり，競技会場内や周辺で広告やキャンペーンを展開することにより便乗的便益を得ると同時に公式スポンサーの効力を弱めようとする宣伝活動"となります。2013年9月7日にIOCジャック・ロゲ会長が「TOKYO」と名前を読み上げて東京

2020五輪大会の開催が決定した時，街中のいたるとこで，「東京オリンピック決定おめでとう2020円セール」「祝2020年開催」などの文字が氾濫していたことを覚えているでしょうか？ 故意であるか否かに関らず，オリンピックを想起させる，イメージを低下させるような便乗商法の違反を犯した場合には，法的に取り締まられることとなります。権利を集約することによって，4年に1度しか開催されない世界的メガスポーツイベントの公式スポンサーとしての価値を最大化させるのがオリンピックマーケティングです。もし，アンブッシュ・マーケティングによってスポンサーからの協賛金が減収すると，大会の運営が危うくなるだけでなく，未来の日本代表として活躍するメダリストの育成も出来なくなってしまいます。よって，アンブッシュ・マーケティング対策は今後も国を挙げて取り組むべき国策となります。

## 5 クリーンベニュー・ポリシー

　五輪大会の運営にあたり，オリンピック憲章に定められた「クリーンベニュー・ポリシー」によって，"清潔な会場"つくりが遂行されています。それは，会場内や周辺にゴミが一つも落ちていない環境をつくるという意味ではなく，大会期間中にすべての競技会場や周辺に商業，政治および宗教的メッセージが一切掲示されていない状態を指します。映像に映り込む可能性のあるすべての競技会場内外，観客席，観客に適応され，東京都が"オリンピックの街"になるということです。仮に，五輪大会とは関係のないのぼり旗や横断幕，公式スポンサー以外の大きなロゴの入ったジャケットや帽子を着用している観客，集団で同じ衣類の着用していることなどが宣伝行為と見なされれば，脱がせる・退場させる・目隠しするマスキングの対象となります。

　FIFAワールドカップや世界陸上などのスポーツイベントではスポンサー企業名がデジタルサイネージ（電子看板）や選手のユニフォーム・ゼッケンに露出しているため宣伝価値がわかりますが，五輪大会では一切そのようなことが出来ないクリーンベニューな環境が保たれています。五輪大会は，"商業化された大会"といわれていますが，単なるスポーツイベントではなく文化的なイベントとしてオリンピックブランドの資産価値が最大限に高められていることがわかります。

## 6　東京2020五輪大会がつくる未来

　東京1964五輪大会は，戦後復興を果たした日本を世界へ印象づけるスポーツイベントとなっただけでなく，高度成長期のきっかけにもなる大会となり，その後世界第2位の経済大国へと上り詰めることができました。当時建てられた建築物は，今日までさまざまなスポーツイベントの会場になってきただけでなく，文化的なイベントにも活用されるレガシー（遺産）として残っています。半世紀を経て2回目の開催となる東京2020五輪大会は，東日本大震災からの復興五輪ともいわれますが，どのようなレガシーを残し，そしてどのような未来がやってくるのでしょうか？ "スポーツには世界と未来を変える力がある"。これは，東京オリンピック2020Vision として掲げられている言葉です。私たちが主体的にボランティアスタッフなどさまざまな立場でオリンピックに参加することが，私たち自身で未来を作るきっかけとなり，またそれが未来を変える力にもなるはずです。是非この機会を活かせるように，積極的に世界的なメガスポーツイベントに参加する体験を通じて，未来に継承してもらいたいと思います。

**引用・参考文献**

足立勝『アンブッシュ・マーケティング規制法』創耕舎，2016年。
アラン・フェラン，ジャン＝ルー・シャペレ，ベノワ・スガン『オリンピックマーケティング世界No.1イベントのブランド戦略単行本』原田宗彦監修，スタジオタッククリエイティブ，2013年。
石井淳蔵，廣田章光『1からのマーケティング』碩学舎，2009年。
小川勝『オリンピックと商業主義』集英社，2012年。
デヴィッド・ミラー『オリンピック革命──サマランチの挑戦』橋本明訳，ベースボールマガジン社，1992年。
仁科貞文，田中洋，丸岡吉人「広告心理」電通，2007年。
日本マーケティング協会『マーケティング・ベーシックス』同文館，2001年。
原田宗彦，藤本淳也，松岡宏高『スポーツマーケティング』大修館書店，2008年。
マイケル・ペイン『オリンピックはなぜ，世界最大のイベントに成長したのか』保科京子，本間恵子訳，サンクチュアリ出版，2008年。

坂牧政彦「東京オリンピック・パラリンピック（東京2020）とマーケティング」
　　https://dentsu-ho.com/articles/1275（2018年3月26日閲覧）。
国土交通省観光庁スポーツ観光推進室「過去におけるオリンピック・パラリンピックにおける観光の現状」

http://www.mlit.go.jp/common/001029815.pdf（2018年3月26日閲覧）。
日本オリンピック委員会「オリンピック憲章」
　https://www.joc.or.jp/olympism/charter/pdf/olympiccharter2014.pdf（2018年3月26日閲覧）。
東京オリンピック・パラリンピック競技大会組織委員会 HP
　https://tokyo2020.org/jp/（2018年3月26日閲覧）
日本経済新聞「東京五輪協賛額，12社で1500億円越し最高に」
　https://www.nikkei.com/article/DGXLASDH14H64_U5A410C1EA2000/（2018年3月26日閲覧）
Momentum「東京2020：オリンピックマーケティングの現状と課題について」
　https://www.momentum.co.jp/news/tokyo2020_olimpic_marketing.html（2018年3月26日閲覧）。

（西村　忍）

CHAPTER 18

# オリンピックとプロパガンダ
## ベルリンオリンピック概説

　4年に1度開催されるオリンピックにおいて開催国では，開会式や閉会式，各種目競技の進行，企画やその運営など，その国ならではの文化を取り入れて一大イベントとして演出し，国を挙げて平和の祭典であるオリンピックの成功に力を注ぎます。しかし平和の祭典といわれるオリンピックに政治色を前面に押し出し，国家の宣伝のために最大限に利用したといわれるオリンピックが，1936年ドイツの首都ベルリンで開催された第11回ベルリンオリンピックでした。そこで本章では，良くも悪くも後世に名を遺すオリンピックとなったベルリンオリンピックが，どのような様相を呈して行われたのかをまとめていきます。

### 1　ナチスの体育・スポーツ

　第11回ベルリンオリンピック（以下ベルリン大会と略称）を語る上で，国家社会主義ドイツ労働党であるナチスと，その党首であるアドルフ・ヒトラーの存在を欠かすことはできません。ベルリン大会が開催される3年前，1933年1月にヒトラーが政権を握ると，ナチスはドイツ国内すべての教育制度を自らの支配下に収めていきました。ヒトラーは，ナチスが政権を獲得する以前から，身体活動をとおして肉体的に

も精神的にも強化された青少年の育成を求め，体育・スポーツの義務化と，民間の体育・スポーツ団体への国家的な援助の必要性を示していました。ヒトラーが政権を掌握するとナチスは，知育よりも体育・スポーツを重視して，青少年の教育に積極的に関与するようになります。

まずナチスは，体育・スポーツをより充実させるために，国家的な責任者として全国体育指導総監を制度化します。そして帝国文部省を新設し，大学での体育授業を週5時間に増やして必修にします。そこに軍事訓練を加えていくようになります。「頑健な身体の育成」を基本理念として，国民の健康，人種的純粋性，力の意識，兵士的・戦士的姿勢，共同体のための献身，チームへの忠誠などが，授業をとおして掲げられ，ナチスは身体を鍛錬することは国家社会主義教育の最高の目標として位置づけました。

図1　ベルリン大会の開会式でナチス式敬礼をするヒトラー
腕にはナチス党旗であるハーケンクロイツの腕章を着用しています。
出典：Walter Richter/Weitere *Die Olympischen Spiele 1936 in Berlin und Garmisch-Partenkirchen - Band 2* Cigaretten-Bilderdienst Hamburg-Bahrenfeld (Hrsg.), 1936. (図2〜10も同様)

ナチスの青少年団体であるヒトラー・ユーゲントは，ナチスが政権を掌握する以前から党内で組織されていましたが，ナチスはベルリン大会以降にヒトラー・ユーテント法を制定し，ドイツ国内で組織されていたすべての青少年諸団体を国家的に組み込みました。ヒトラー・ユーゲントの活動内容は，集団キャンプや合宿，社会科見学，視察旅行などをはじめとして，体育・スポーツを積極的に行いました。

学校教育の中だけでなく，従来民間人の手で行われていた体育・スポーツに関わる団体も国家の組織に組み込まれていきました。集団で行われる「行進」も積極的に取り入れられ，腕を挙げて行うナチス式敬礼が，あらゆる競技会で義務づけされます（図1）。ベルリン大会以降1938年には，ヒトラーの命名によってすべての体育・スポーツ団体は，ナチス政権の政治目的に奉仕するようになりました。

## 2 ナチスとオリンピック

　第11回オリンピック大会（1936年）がドイツの首都ベルリンに最終的に決定したのは，まだナチスが政権を掌握していない1932年5月に開催された国際オリンピック委員会（IOC）での総会時でした。しかし翌年の1933年にナチスの1党独裁がはじまると，ドイツは世界平和維持や国際協力を目的として活動する国際連盟を脱退します。そしてゲルマン民族の優位性という信念のもと，ナチスはドイツ民族の純粋性を保つために，遺伝性疾患を持つ子孫の誕生を阻止する法律をつくります。さらにナチスは，ドイツ国内に住んでいるユダヤ人を有害な「人種」としてとらえ，ドイツからのユダヤ人の「排除」，有色人種に対する差別などの人種差別政策を推し進めました。

　このような状況のなかで，平和の祭典であるオリンピックをドイツで開催することについて世界中からの批判が巻き起こり，ベルリン大会開催の是非が議論されるようになります。特に多くのユダヤ人が住むイギリスやアメリカからの批判は激しく，オリンピックのボイコット運動までが起こりました。ヒトラーは，オリンピックはユダヤ人によって支配されている祭典であるとして，協力しないという声明を一度は出しましたが，ヒトラーの側近でナチスの宣伝大臣であるヨーゼフ・ゲッペルスが，「オリンピックがナチスにとって絶好の宣伝になる」と説得したことにより，オリンピック開催に同意しました。ナチスの有名な党旗である「ハーケンクロイツ」は，このベ

図2　オリンピック・スタジアムと水泳場

ルリン大会を機会にドイツの国旗として公的に使用されることになりました。

　ヒトラーがオリンピックの開催を決めた後は，10万人収容のオリンピック・スタジアム，1万6000人収容の水泳場などの施設が急ピッチで建設され（図2），それらを結ぶ道路や鉄道，ホテルなどの整備が国を挙げて進められました。ナチスの人種差別政策の火種は依然としてあったものの，大会中は表面化しないように細心の注意が払われ，イギリスやアメリカもオリンピックに参加することになりました。そしてベルリン大会は，49カ国の地域から3963名もの選手が参加し，第二次世界大戦前のオリンピックの中で，最大規模を誇る大会となりました。

## 3　ベルリン大会の試み

　ベルリン大会はドイツの莫大な国家予算をつぎ込んで，1936年8月1日から8月16日までの16日間開催されました。ナチスの政治目的に大いに利用された大会といわれていますが，その後のオリンピックに継承される画期的な演出がなされています。まず，現在の夏季・冬季オリンピックでも行われている「聖火リレー」です。聖火自体は，すでに1928年第9回オリンピック大会（アムステルダム）で，オリンピック会期中に聖火台に火が灯されるという演出がなされていました。しかしオリンピック発祥の地であるギリシャのオリンピアで採火された聖火を，国を超えて開会式のスタジアムまでリレー形式で運ぶという聖火リレーは，ベルリン大会において初めて演出されました（図3）。1936年7月20日にオリンピアで採火された聖火は，ギリシャのオリンピア，アテネ，デルフォイ，サロニキ，ブルガリアのソフィア，セルビアのベルグラード，ハンガリーのブダペスト，オーストリアのウィーン，チェコのプラハを経由してドイツのベルリンまで，7カ国3075kmの距離を各国合わせて3000人近い若いランナーによって，10日かけて運ばれていきました。そして開会式のハイライトとして最終ランナーであるフリッツ・シルゲンが，聖火をスタジアムの聖火台に点火さ

図3　ギリシャ人による最初の聖火ランナー

Chapter 18　オリンピックとプロパガンダ

せ，第11回オリンピック大会の幕が開きます。現在行われている聖火リレーの形態は，このベルリン大会で初めて演出され，第二次世界大戦以後に開催されたどのオリンピックでも継承されるようになりました。

　ベルリン大会は，当時の最先端の科学技術をふんだんに導入した大会でもあります。まず，トラック競技や水泳での精密な写真判定装置，勝利判定を示す電気装置，コンピュータを用いたスコアリングボードについて取り上げてみましょう。トラック競技や水泳競技では，選手がほとんど同時にゴールした場合，肉眼で着順位を判定することは非常に困難を極めます。そこでベルリン大会では，精密な写真判定装置が導入されました。フェンシング競技では，2人の選手が片手に持った剣で互いの体を突いて勝敗を決めますが，これもどちらが先に突いたのかは動きが瞬時であるために見極めることが困難です。そこでフェンシング競技では，勝利判定を示す電気装置が取り付けられました。飛び込みを行うダイビングプールでは，判定結果を表示するコンピュータを用いたスコアリングボードが導入されました。現在では勝敗の決め手となる写真判定や映像判定は当たり前のように導入されておりますが，当時のオリンピックでは画期的な試みでした。

　ベルリン大会においてオリンピック史上初の試みとして，ラジオの実況放送を挙げることができます。ベルリン大会前のオリンピックのラジオ放送は，すでに試合を観戦したアナウンサーが，放送室で自分が観た試合を再現するという実感放送でした。しかしベルリン大会では，いま目の前で行われている試合を観戦しながら，ありのままを放送するという実況放送が行われました。そのためベルリン大会では，オリンピックの模様を世界各国に中継するための放送施設やプレス

図4　ベルリン大会のプレスセンター
世界中から約1500名の新聞記者が集まりました。

図5　200m平泳ぎで金メダルを獲得した前畑秀子
時差の関係で，真夜中であったにも関わらずラジオを聴いていた日本人が熱狂しました。

図6　ラジオ放送専用の放送室
オリンピックスタジアムの上から実況放送がなされました。

図7　テレビ放送用のカメラ
当時のテレビカメラは大砲のような大きさであったことが分かります。

センターも充実していました（図4）。この実況放送ですが，日本では，ベルリン大会で日本女性初の金メダルに輝いた水泳女子平泳ぎの前畑秀子選手の決勝の模様が有名です（図5）。ドイツのマルタ・ゲネン選手と前畑選手のデッドヒートしながら戦っている様子を，NHKの河西三省アナウンサーは，「前畑！　前畑がんばれ！　がんばれ！　がんばれ！……勝った！　勝った！　勝った！　前畑勝った！」と絶叫して日本に伝えました。この河西アナウンサーの水泳女子平泳ぎ決勝の実況放送は，日本でも大きな反響を呼びました。現在当たり前のように試合をライブで放送するラジオの実況放送は，このベルリン大会から始まりました（図6）。ラジオの実況放送のみならず，まだ実験段階であったテレビ中継が，初めてこのベルリン大会より導入されました。ベルリン市内20数か所で試合の模様を受像公開し，約15万人の人々がテレビをとおしてオリンピックを観戦したといわれています（図7）。ちなみに，大陸を超えてオリンピックのテレビ中継が始まったのは，1964年に東京で開催された第18回オリン

ピック大会からになります。

そして何よりオリンピック史上画期的な試みであったのは，オリンピックの記録映画が制作されたことです。

## 4 オリンピックの記録映画『オリンピア』

第10回までのオリンピックで，オリンピックの模様が映像として公式に制作されることはありませんでした。ヒトラーはナチスの宣伝大臣であったゲッペルスをとおして，当時ダンサーであり女流芸術家として名声を博していたレニ・リーフェンシュタールにベルリン大会の記録映画の制作を依頼します。彼女は，80人近いカメラマンや助手を使い，当時では珍しい特殊なカメラも導入するなどして，大会の模様を130万フィートのフィルムに収め，2部作の記録映画『オリンピア』（1部「民族の祭典」と2部「美の祭典」）を制作しました。

この記録映画を制作するにあたってレニ・リーフェンシュタールは，大型クレーンを使用，スタジアムに6つの穴をあけて，そこにカメラを据え付けて撮影を行いました（図8）。彼女は，選手の一瞬の動きを高速度撮影によってスローモーション化し，さらに望遠や倍率の高いズーム・レンズを使用することにより，選手の生き生きとした表情，声援を送る観客の様子とともに，試合を観戦するヒトラーをクローズアップさせました。

1部の『民族の祭典』は，ギリシャのオリンピアからベルリンまでの聖火リレーの様子，ベルリン大会の開会式の模様から，陸上競技を中心に制作され，最後は閉会式

図8　記録映画用の撮影
スタジアムに穴をあけて，カメラマン自身がくぼみに入って撮影している一コマです。

で締め括られています。ベルリン大会は，開催国のドイツが圧倒的な強さを誇り，メダル獲得数も第１位でした。砲丸投のハンス・ヴェルケが金メダル，ゲルハルト・シュテックが銅メダルを獲得する映像では，ヒトラーに対するナチス式敬礼とヒトラーの喜ぶ表情のアップ，２旗のハーケンクロイツがドイツの国歌とともに掲げられる様子が映されています。アメリカの黒人選手であるジェシー・オーエンスは，100m，200m，400mリレー，走り幅跳びにおいて，オリンピック新記録で金メダルを獲得し，オリンピック史上初の４冠となりました（図9）。『民族の祭典』には，ジェシー・オーエンスの活躍に，歓声を上げている観客たちの様子が映されています。

図9 200m決勝時のジェシー・オーエンス
ジェシー・オーエンスは，100m，200m，400mリレー，走り幅跳びで金メダルを獲得しました。

　日本人選手は，三段跳びの田島直人選手，棒高跳びの西田修平選手と大江季雄選手，１万mの村社講平選手，マラソンの孫基禎選手，南昇竜選手の活躍が『民族の祭典』に収められています。特にマラソンでは，朝鮮半島出身の孫基禎選手が金メダルを，南昇竜選手が銅メダルを獲得し，このニュースは日本でも大フィーバーとなります（図10）。当時朝鮮半島は日本の統治下であったため，日本国旗掲揚と国歌の君が代が流れますが，表彰台に立つ孫選手と南選手は複雑な思いで俯いたままの様子が映像では収められています。閉会式では，次回1940年第12回オリンピック大会の開催地が東京に決定されていたため，日の丸が大々的に映ります。しかし1937年に日中戦争が起こり，1940年開催予定だった東京大会は幻のオリンピックとなりました。

図10 マラソンで金メダルを獲得した孫基禎のゴールシーン
朝鮮半島が日本の統治下だったため，日本人選手としてオリンピックに出場しました。

　レニ・リーフェンシュタールは，ベルリン大会後，約１年半かけて記録映画の編集作業を行いました。記録映画『オリンピア』は，1938年に本国ドイツで公開され，同年ベニス映画祭で金賞を受賞しました。日本では1940年に１部の『民族の祭典』が公開されました。人々にとってオリンピックの模様は，多くが新聞とラジオの実況

Chapter 18　オリンピックとプロパガンダ

図11 当時の新聞に掲載された記録映画『民族の祭典』の広告
「凄い人気！」と題されるほど、日本で大ブームとなりました。
出典：東京朝日新聞、昭和15年6月22日。

放送であったため、この記録映画の公開は大変評判になり、ドイツブームになったといわれます（図11）。IOCは、このレニ・リーフェンシュタールの記録映画『オリンピア』の成功により、以後のオリンピック大会において開催国の組織委員会に記録映画の制作を義務づけました。

## 5　ベルリンオリンピックの記録

　1936年に開催されたベルリンオリンピックは、ヒトラー率いるナチスの威信をかけて、莫大な国家予算を費やして開催されました。このため大会は、聖火リレーや、当時の最先端の科学技術を導入した写真判定装置、勝利判定を示す電気装置、コンピューターを用いたスコアリングボード、さらにラジオの実況放送やテレビ中継、記録映画の制作など、後世に残る画期的な試みを行いました。ベルリン大会に合わせて

図12　現在のオリンピック・スタジアム
オリンピック・スタジアムは、ベルリンオリンピック当時のまま使用されています。
出典：筆者撮影

図13　ドイツのケルンにあるスポーツ博物館内の
　　　ベルリン大会のブース
筆者がスポーツ博物館を訪問した時，小学生や中学生の団体をはじめ多くの人々が見学していましたが，ほとんどの人がこのブースに入ることはありませんでした。
出典：筆者撮影

　ナチスは，ドイツ国旗を党旗であるハーケンクロイツに定め，それはオリンピック会期中あらゆる場面で掲げられ，「ハイルヒトラー！」の掛け声に伴ってナチス式敬礼を義務づけました。オリンピック会期中は，オリンピックが平和の祭典であるとして，ナチスは人種差別政策を緩和させましたが，第二次世界大戦がはじまると史上最悪なユダヤ人大量虐殺を行いました。

　現在，オリンピック・スタジアムは当時のまま残され（図12），ドイツブンデスリーガの一つであるヘルタ・ベルリンのホームグラウンドになっています。ドイツのケルンにあるスポーツ博物館には，ベルリン大会のブースが設けられていますが（図13），多くの人がそのブースを素通りしていき，ショーケースのガラスも手垢まみれで磨かれていない様子は，このベルリン大会がドイツ国内においても非常にナーバスな問題となっていることの現れでしょう。

**参考文献**

岸野雄三他『最新スポーツ大事典』大修館書店，1987年。
沢木耕太郎『オリンピア　ナチスの森で』集英社，2007年。
レニー・リーフェンシュタール監督『民族の祭典』，アイ・ヴィー・シー，1938年。
ディヴィッド・クレイ・ラージ『ベルリン・オリンピック　1936』高儀進訳，白水社，2008年。
東洋大学ライフデザイン学部「オリンピック・パラリンピック・ムーブメント」研究グループ編集『東洋大学ライフデザイン学部「オリンピック・パラリンピック・ムーブメント」推進教育プログラム報告書-ニュージーランドおよびドイツからの招聘講演を中心にして-』東洋大学ライフデザイン学部「オリンピック・パラリンピック・ムーブメント」研究グループ，2017年。

Walter Richter/Weitere *Die Olympischen Spiele 1936 in Berlin und Garmisch-Partenkirchen – Band 2* Cigaretten-Bilderdienst Hamburg-Bahrenfeld (Hrsg.), 1936年.

（安則　貴香）

CHAPTER 19

# オリンピック・パラリンピックとインバウンド観光

　旅行には，日本人の国内旅行，日本人の海外旅行（アウトバウンド観光），外国人旅行者による訪日旅行（インバウンド観光）の3つの種類があります。わが国は，2020年東京五輪開催年に訪日外国人旅行者数4000万人を達成する政府目標を掲げて，さまざまなインバウンド観光振興に取り組んでいます。本章では，インバウンド観光についての基礎知識を概観し，オリンピック・パラリンピックとインバウンド観光の関係についてロンドン五輪の事例を参照しながら解説します。

## 1　インバウンド観光とは

　インバウンド観光とは外国人旅行者に日本を訪れてもらうことです。まず，訪日外国人旅行者の定義を確認し，訪日外国人旅行者数の推移について概観しましょう。

### 1　訪日外国人旅行者の定義

　訪日外国人旅行者とは，出入国管理を担当している法務省が国籍別に集計している外国人正規入国者から，日本を主たる居住国とする永住者等の外国人を除き，これに外国人一時上陸客等を加えた入国外国人旅行者のことです。政府機関や企業等の駐在員やその家族，留学生等の入国者・再入国者は入国外国人旅行者に含まれますが，航

空機やクルーズ船の外国籍乗員が一時的に上陸した場合は含まれません。日本政府観光局（JNTO）が訪日外国人旅行者数（月別および年間の推計値・確定値）を公表しています。

## 2　世界のインバウンド観光市場

国連世界観光機関（UNWTO）は，毎年，世界のインバウンド観光に関する基礎的な数値を取りまとめ，動向を分析しています。UNWTOのデータによると，世界全体で1泊以上の外国旅行を実施した人数（国際観光客到着数）は堅調に伸び続けています。2016年の国際観光客到着数は12億3500万人に達しました。地域別には，ヨーロッパの割合が5割と最も多くなっています。12億3500万人の旅行者がどの国・地域を訪れたのかについて，日本政府観光局（JNTO）がUNWTOや各国の政府観光局のデータを活用して推計したランキングを参照すると，第1位はフランスの8260万人で人口以上の外国人旅行者を受け入れていることがわかります。第2位は米国，第3位はスペイン，第4位は中国，第5位はイタリアと続いています。アジアでは，中国（第4位），タイ（第10位），マレーシア（第12位），香港（第13位），日本（第16位）です。わが国は，以前は第20位の韓国にも及ばなかったのですが，ここ数年で順位を上げてきています。

国際観光客到着数は，2020年に14億人，2030年に18億人に達すると予測されています。アジア・太平洋は2020年に3億5500万人，2030年に5億3500万人となることが見込まれており，日本が位置する北東アジアは各々1億9500万人，2億9300万人と推計されています。また，2030年にはヨーロッパのシェアが低下し，アジア・太平洋が3割を占めるようになると予測されています。

このように，世界のインバウンド観光市場は今後も成長市場ですから，訪日外国人旅行者数も相応の伸びが期待できます。ただし，旅行は，政情不安，テロや戦争，景気停滞，自然災害，伝染病の流行といったイベントリスクによって大きく減退することがありますから，観光振興は，世界が平和であること，各国・地域の国際関係が良好であること等が前提となるのです。

## 3　訪日外国人旅行者数の推移

2003年4月にインバウンド観光を国策として本格的に展開するビジット・ジャパ

ン事業が開始されてから，訪日外国人旅行者数は増加を続け，リーマンショックと呼ばれる世界金融危機やわが国で流行した新型インフルエンザの影響を乗り越え，2010年には過去最高の861万人に達しました。しかし，2011年3月11日に東日本大震災が発生し，福島第一原子力発電所に大事故が起こりました。一方で，円高が進行し，これらの影響により，2011年の訪日外国人旅行者数は前年対比27.8％減の622万人となってしまいました。再びインバウンド観光を振興しようと政府・自治体・観光ビジネス業界はさまざまな取り組みを実施し，2012年の訪日外国人旅行者数は836万人まで回復しました。その後は，中国や東南アジア諸国向けに実施された査証緩和措置，LCC 等による航空座席供給量の増大，円高是正によって訪日旅行商品に割安感が出てきたことなどを背景に，訪日プロモーション事業が奏功し，訪日外国人旅行者数は急速に増加していきます。2016年の訪日外国人旅行者数は過去最高の2404万人（前年比21.8％増）となりました。

　こうした勢いに対応するため，政府は，2016年3月に「明日の日本を支える観光ビジョン――世界が訪れたくなる日本へ――」を策定し，2020年までに訪日外国人旅行者数4000万人に，2030年までに6000万人とする目標を設定しました。

## 4　国・地域別の訪日外国人旅行者数

　訪日外国人旅行者の主要な送客市場は韓国，中国，台湾，香港，米国の5カ国・地域です。2016年には上位4カ国・地域（韓国，中国，台湾，香港）からの旅行者が

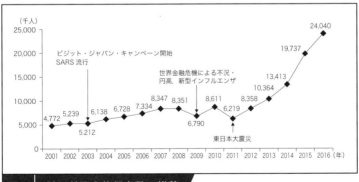

図1　訪日外国人旅行者数の推移

出典：日本政府観光局（JNTO）のデータより作成

72.7％に達しており，アジア全体からの旅行者は85.0％に上っています。観光客は"近く"から，多く，頻度高くやって来るという原則が反映されていることがわかります。なお，日本から遠距離にある米国が第5位となっていますが，"近く"とは，単に距離的な近さだけではなく，両国間の関係の緊密度や交通手段の充実等による心理的な近さやアクセス面での利便性も含まれることを示しています。

一方，2016年の訪日外国人旅行者全体の対前年増加率は21.8％でしたが，中国（27.6％），韓国（27.2％），マレーシア（29.1％），フィリピン（29.6％），インドネシア（32.1％），ベトナム（26.1％）はこれを上回る成長をみせました。訪日旅行の送客市場の国・地域の顔ぶれが多様になってきています。

## 5　インバウンド観光の意義

訪日旅行は，外国人に実際の日本を知ってもらい，日本人と交流してもらう好機です。観光を通じた草の根交流によって，日本を理解してくれる人，好意をもってくれる人が世界に増えていくと，日本が国際社会で起こす行動に力を貸してくれたり，共感してくれる人々の増加が期待できます。すなわち，わが国のソフトパワーが強化されていくのです。外国人旅行者を受け入れる地域の人々は，自地域の資源等が海外からの人々に喜ばれたり，賞賛されたりすることによって，地域への誇りと愛着を育んでいくことができます。地域への誇りと愛着は，住民が地域を活性化する取り組みの原動力となることが期待できます。

外国人旅行者は，日本滞在中に交通，宿泊，食事，お土産，アクティビティ等に消費をします。こうした消費は，日本の外で生み出された富が元になっているものであり，わが国にとっては純増の外需といえます。さらに，外国人旅行者による消費は，企業間取引を通じて，農業や製造業等の他業種にも経済波及効果を及ぼしていきます。また，日本滞在によって日本ファンになった人々は，自国に戻ってから，日本で食べた食料品を購入したいと思うでしょうし，同じ性能の製品が店頭に並んでいたら自分にとって馴染みのある，あるいは，信頼がおける産地のものをまず手に取る確率が高くなります。わが国は，日本ファンによる日本産品の消費に向けて，輸出を伸ばしていくことが可能になるのです。あるいは，日本企業が海外進出をする際に，日本に対する好イメージを持つ人々が多い地域であれば摩擦が少なくてすむ場合もあります。

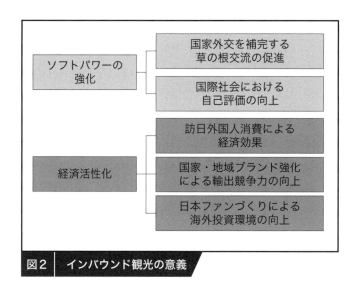

図2　インバウンド観光の意義

　インバウンド観光は，国全体にこのようなメリットをもたらす可能性があり，その可能性を最大限に実態化させていくために，政府挙げての取り組みがなされているのです。

## 2　ロンドン五輪と英国のインバウンド観光

　英国は，五輪という世界で最も神聖かつ大規模なメガイベントを活用して外国人旅行者誘致に成功し，2020年までに4000万人の訪英外国人旅行者を受け入れるという目標を設定しました。わが国はこの英国の事例に学ぼうとしています。

### 1　シドニー五輪からの教訓

　豪政府はシドニー五輪（2000年開催）への準備の一環として，過去の五輪開催都市の経験について綿密な科学的調査を実施しました。この結果，五輪大会前後10年間の経済効果の50～60％が観光に由来することが明らかとなり，オリンピック・レガシーづくりのための最重要課題の一つが観光振興への取り組みだと結論づけられました。また，①五輪による外国人旅行者数の増加は，世界のメディアに開催地や開催国が露出する機会を活用したプロモーションの成否およびそれを通じた観光目的

地としての地位向上に拠ること，② 五輪による突出した知名度向上やイメージ向上は短期間のものであること，③ 五輪大会期間中は，開催地の混雑や宿泊費の高騰等の懸念に起因する開催国全体の一時的なインバウンド需要減のリスクがあること，④ 五輪開催の翌年に需要が落ち込むと観光産業に一時的な危機が生じること，といった留意点も明らかにされました。

このように，シドニー五輪における取り組みは，科学的かつ戦略的に実施されたのですが，十分な成果を得ることはできなかったのです。豪州への外国人旅行者数は，五輪開催後に伸び悩みました。豪州の観光関係者は，「五輪後の10年は"失われた10年"だ。五輪は，シドニーを舞台に押し上げ世界的ブランドにしたが，聖火が消えた瞬間に仕事が終わったと誤解して，その後に必要であった投資やマーケティングの継続等を怠った」と厳しい自己評価をしているのです。

## 2　ロンドン五輪開催決定と英国の観光政策

英国の観光行政の担当機関は，文化・メディア・スポーツ省（Department of Culture, Media & Sport：DCMS）と，その下部組織であるVisit Britainです。2012年ロンドン五輪開催が決まると，DCMSは2007年9月に「Winning：A tourism strategy for 2012 and beyond」を策定します。この計画には，① 全観光事業者が訪英キャンペーンに参加すること，② デスティネーションとしての英国の国際的なイメージの改善，③ 障がい者を含めたすべての旅行者に配慮した最高水準の受入体制の整備，④ 観光産業で働く人々のスキルの向上，⑤ 宿泊施設の質の向上，⑥ ビジネスでの訪英者を増やすこと，⑦ 経済波及効果を全英に拡大させること，⑧ 持続可能な観光振興へと改善することの8つの目標が設定されました。

この目標を達成するため，英国政府は，英国とロンドンのブランドイメージの再構築，Cultural Olympiad（文化プログラム）の展開，国際会議等の誘致の推進，バリアフリー化の促進等を実施しました。また，「五輪の経験は開催地から開催地へとバトンリレーされるべきものだ。五輪は短距離走ではなく，長距離走なのだ」と考えて，豪州等の過去の五輪開催地・国の経験を十分に学んだ上で観光戦略を立案し実施しました。英国は，インバウンド観光におけるオリンピック・レガシーづくりの司令塔をVisit Britainに定め，「観光予算の配分は，大会前中後で2：2：6とし，五輪後の成果の刈取り期に資源を集中投入する」こととしました。

## 3　一貫性のある継続したキャンペーン

　2011〜2015年の間に，"Britain - You're invited"キャンペーンが展開されました。長期間のキャンペーンは，政府と民間企業による１億ポンドに上るマッチング・ファンドによって支えられました。このキャンペーンと並行して，五輪大会開催年には，スポーツ以外の英国の魅力を世界に訴求するため，「Countryside is GREAT」等の"GREAT"キャンペーンが集中的に実施されました。訴求内容は文化・遺産・スポーツ・音楽・田園地帯・ショッピング・飲食に加えて，ビジネス・投資や教育における創造性や知的財産の豊富さにいたる多岐にわたるものでした。また，五輪大会終了後に英国訪問を促すために，Visit Britainは2012年10月から2013年３月にかけて"Big British Invited"キャンペーンを実施しました。ロンドン五輪の記憶が残る世界の人々に対して，ロンドン五輪の映像を活用した"Memories are GREAT"をテーマに，英国への誘客が呼びかけられました。特に，英国インバウンド観光の成長市場と期待されている中国，日本，インド，米国，アラブ首長国連邦，カナダ，ブラジル，ロシアでは重点的に実施されたのです。

## 4　徹底したメディア活用

　英国のメディア対策は早期から実施されました。2007年から毎年1000人程度の海外ジャーナリストを招聘し，2012年には世界トップクラスのジャーナリストを五輪や全英の重要なイベント等の内覧に招待しています。2008年には，海外メディアがロンドン五輪を報道する際に活用できるように，五輪に関する映像・画像のデータベースを作成して無料公開しました。2012年には，大会会場や国内の歴史的・文化的な行事やその開催地域を取り上げた多くの短編映像を制作して海外の放送局に提供しました。これによって，英国に対する正しい報道がなされる基盤をつくり，同時に，英国が取材してほしいポイントを伝えることにも成功したのです。「007シリーズ」のように世界的に有名な映画に出演する著名人に，統一メッセージ"THIS IS GREAT"を発信してもらうことによって，英国に関するイメージを世界中に浸透させることも行われました。

## 5　地方誘客への取り組み

　英国では，五輪開催都市ロンドンだけでなく，地方部へのインバウンド誘致の下地

をつくる取り組みも実施されました。オリンピック憲章上の義務とされている文化イベント Cultural Olympiad を担当した理事会の報告によれば、英国全土の1000以上の開催地で約18万件のイベントが開催され、延べ4300万人が参加し、文化面での地方の魅力を世界に訴えたとのことです。また、五輪開催中に、500を超える海外メディアが、イングランド、スコットランド、ウェールズ、北アイルランドをめぐるメディアツアーに参加しています。他に、英国全土の観光スポット等1000カ所以上をカバーした聖火リレーや、プレゲーム・トレーニング・キャンプの地方誘致も実施されました。

## 6　成果

　五輪大会決定時から2015年まで、リーマンショックによる影響はあったものの、訪英外国人旅行者数は増加基調であり、外国人旅行者による消費額は、五輪開催決定後から一貫して増加しています。特筆すべきは、英国が重要視したインバウンド観光の地方誘客において、五輪大会後に一定程度の効果が出ており、ロンドン以外の地方部における外国人旅行者宿泊数が増加に転じたことです。このことから英国では、五輪大会開催年やその翌年に外国人旅行者数や消費額が落ち込むことなく、インバウンド観光振興の土台づくりに成功したことがわかります。

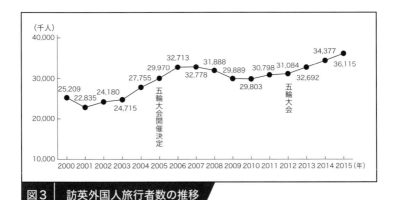

図3　訪英外国人旅行者数の推移

出典：Visit Britain の公表データより作成

| 表1 | 地域別の訪英外国人旅行者宿泊数 | | | | | | | | （単位：千人） |
|---|---|---|---|---|---|---|---|---|---|
| | ロンドン | | その他のイングランド | | スコットランド | | ウエールズ | | ロンドン宿泊者の割合 |
| | 人数 | 前年対比 | 人数 | 前年対比 | 人数 | 前年対比 | 人数 | 前年対比 | |
| 2009年 | 14,211 | — | 12,932 | — | 2,544 | — | 991 | — | 46.3% |
| 2010年 | 14,706 | 3.5% | 12,568 | −2.8% | 2,358 | −7.3% | 890 | −10.2% | 48.2% |
| 2011年 | 15,289 | 4.0% | 12,996 | 3.4% | 2,350 | −0.3% | 879 | −1.2% | 48.5% |
| 2012年 | 15,461 | 1.1% | 12,846 | −1.2% | 2,225 | −5.3% | 854 | −2.8% | 49.3% |
| 2013年 | 16,811 | 8.7% | 13,516 | 5.2% | 2,421 | 8.8% | 869 | 1.8% | 50.0% |
| 2014年 | 17,404 | 3.5% | 14,191 | 5.0% | 2,700 | 11.5% | 932 | 7.2% | 49.9% |
| 2015年 | 18,581 | 6.8% | 15,169 | 6.9% | 2,592 | −4.0% | 970 | 4.1% | 49.8% |

出典：Visit Britain の公表データより作成

## 3 東京五輪とわが国のインバウンド観光

英国の事例を参考にして，わが国のインバウンド観光振興のためのプロモーション事業が高度化されることとなりました。具体的には，2019年ラグビーWCの開催，2020年東京五輪の前後を通じて行われる文化プログラム，ホストタウンでの相互交流などを契機として，各地方が誇る歴史・文化や漫画・アニメ等のメディア芸術や食文化等の魅力を主に欧米豪に向けて強力に発信することとされています。また，試合の観戦だけでなく，地域の魅力を体験するスポーツツーリズム等の各種の滞在プランを造成し，海外に発信することも検討されています。五輪閉会後にも，航空会社と共同広告を展開するなど，五輪効果を継続させるための官民連携キャンペーンを実施したり，平昌や北京，2024年五輪開催国などと連携し，共同キャンペーンを展開することも考えられています。

## 4 大学生としてできること

ロンドン五輪では，ボランティアが大活躍しました。Games Makers と呼ばれた大会運営のボランティアとして，全国から選抜された約7万人が，選手の支援，会場運営，選手の移動，医療関係等の仕事をこなしました。また，London Ambassador という観光のボランティアは，主要な観光拠点でビジター・インフォメーションを提供

し，観光客の支援を行いました。皆さんは，どのように東京五輪という貴重な機会に関わっていくのでしょうか。ぜひ，それぞれに関わり方を考えて行動に移してください。

(矢ケ崎 紀子)

## COLUMN04

# 江戸のスポーツ文化
## 驚異のスポーツ"お伊勢参り"

　交通手段が未発達だった江戸時代，人の移動は"歩く"という行動とともにありました。当時の陸上交通は徒歩移動が基本だったからです。そんな中，江戸時代後期には一般庶民の間で空前の旅ブームが巻き起こります。特に人気があったのは，三重県にある伊勢神宮への旅"お伊勢参り"でした。全国各地の人々が長期間仕事を休んで家を留守にし，時には往復で2000kmを超える距離を歩いて旅したのです。このコラムでは，江戸の人々が愛した長距離徒歩旅行の世界を紹介します。

　江戸時代の日本人は，どのくらいの歩行能力を持っていたのでしょうか。1857（安政4）年に下新井村（現・埼玉県所沢市）からお伊勢参りに旅立った鈴木源五郎は，毎日の旅の記録を『伊勢参宮道中記』という日記にまとめています。その記述内容から計算すると，総歩行距離は約1900km，1日平均の歩行距離は約35kmで，1日に歩いた最長距離は何と約62kmに及んでいます。驚くべき健脚です。

　注目すべきは，源五郎が伊勢到着後，来た道をそのまま引き返さずに，西の奈良方面に移動していることです。さらに，近畿・中国地方を貫いて四国にまで足を延ばし，帰路は東海道ではなく山沿いの中山道経由で旅を終えています。こうした周遊ルートが江戸のお伊勢参りの特徴でした。一生に一度かもしれない長旅にあたって，できるだけたくさんの異文化に触れて楽しもうとする貪欲な姿勢がうかがえます。

　実は，源五郎は特殊な歩行能力の持ち主ではなく，むしろ江戸時代ではいたってふつうの旅人でした。江戸時代後期に東日本の関東・東北地方からお伊勢参りをした男性は，1日平均で35kmほどの距離を歩いたとされています。特に，東北地方からのお伊勢参りでは旅の総歩行距離は2～3カ月の間に2000～3000kmにもおよびました。現代人の感覚では気の遠くなるような数字です。1日の歩行時間は平均して10時間，時速3～4kmほどのペースで進むのが一般的でした。

　江戸時代にお伊勢参りをしたのは男性だけではありません。幕末にかけて遠方に旅する女性が急増し，女性も負けじと1日に30km弱の距離を何カ月間も歩き通しました。全国各地のたくさんの女性たちが，杖を片手に草鞋を履いて数千kmの周遊旅行を成し遂げていたことは，江戸時代の知られざる女性像を私たちに教えてくれます。

　これだけの歩行能力を持った江戸の旅人は，現代人から見れば紛れもなく"アスリート"です。しかし，当時の旅人が出発前に長距離歩行のためのトレーニングをしていた形跡は，不思議なことにいくら探しても出てきません。おそらく，徒歩で移動することが当

たり前だった彼らにとっては，日常生活そのものがトレーニングの代わりを果たしていたのでしょう。

　旅人が選びとった履物が"草鞋"でした。江戸時代には，同質の履物を大量生産できる技術はなく，草鞋は各地の街道沿いの農民が片手間で製造していました。そのため，製造者によって耐久性を含めた性能の優劣に違いがあり，当時の旅行ガイドブックにも良質の草鞋を選んで履くことが順調に旅を進めるための秘訣だと書かれています。

　実際に草鞋の耐久性を探ってみましょう。江戸時代にお伊勢参りをした旅人の中には，道中での物品の購入記録を日記に詳しく書いている人がいました。たとえば，1845（弘化2）年に喜多見村（現・東京都世田谷区）から伊勢参りをした田中国三郎です。その旅日記『伊勢参宮覚』を読むと，だいたい40kmを歩いた時点で1足の草鞋を買い求めていることがわかります。先ほど示した旅人の歩行距離と照らし合わせると，草鞋の耐久性は概ね1日に1足のペースだったと理解してよさそうです。

　それでは，旅人はどのようにして草鞋を手に入れたのでしょうか。1日に1足ペースで草鞋が必要なら，たとえば2カ月間の旅をする場合には60足の草鞋を持ち運ばなければならず，長距離歩行の大きな妨げになってしまいます。実は，草鞋にはいくつかの入手経路がありました。一つは，宿場や茶屋の店先で草鞋を買うパターン。もう一つは，路上に出没する草鞋売りから購入するパターン。さらには，各地の宿屋には草鞋の訪問販売サービスまでありました。これだけのパターンがあれば，旅人は草鞋の入手先に頭を悩ませることなく，予備用に持ち運ぶ草鞋も最低限でよかったはずです。

　このように，江戸時代のお伊勢参りから，日本古来の活き活きとしたスポーツ文化の姿が浮かび上がってきました。オリンピック種目のように勝敗を問う"競技"とは違いますが，欧米由来の近代スポーツが大量に紹介される以前の日本にも，独自のスポーツが確かに存在していたのです。

　日本には，古代，中世，近世を貫いて社会の各階層の人々に営まれた1000年に及ぶスポーツ文化が存在します。オリンピック・パラリンピックの自国開催を控え，国際交流がますます活発化する時勢にあっては，こうした日本的なスポーツ文化を海外の人々に発信することも大切です。そこには，異文化間の相互理解を後押しし，平和な世界の実現へと導く手掛かりがある，と言っては飛躍しすぎでしょうか……。

（谷釜　尋徳）

# III

# 東洋大学と
# オリンピック・
# パラリンピック

CHAPTER

# 20

# 大学スポーツの未来

　2020年東京オリンピック・パラリンピックに向けて，今，日本全体が盛り上がっています。テレビや新聞などのマスコミ，さらには各産業界，そして国や地方自治体にいたるまで2020年に大きな期待を持っています。2020年の東京，そして日本はどのように変わるのでしょうか。また2020年以降はどのような社会になっているのでしょうか。

　本章ではこれからの日本のスポーツ，特に大学スポーツをとりあげます。今，スポーツ庁を中心に進められている日本版NCAAとはなにか，創設にあたりどのような課題があるのか紹介しつつ，大学スポーツのあるべき姿を考えます。

## 1 これからの日本のスポーツ

### 1　日本スポーツ界への大きな期待

　2013年9月，アルゼンチンのブエノスアイレスで行われた国際オリンピック委員会（IOC）の総会において，第32回（2020年）夏季オリンピック・パラリンピック開催都市が東京に決定した瞬間から，日本のスポーツ界に大きな期待が寄せられました。夏季大会としては第18回大会（1964年）以来，2回目の東京開催となります。歴史を振り返れば，この第18回大会を契機に日本は70年代，80年代の経済発展を遂げるのでした（オリンピック景気）。そして2020年においても経済的，社会的な発展，

さらには震災復興といったさまざまな側面でオリンピック・パラリンピックには大きな期待が込められているのです。

　第18回大会を控えた1961年にはスポーツ振興法が発表され，この法律には戦後日本のスポーツあり方が定められていました。そして50年の時を経て2011年にはスポーツ基本法が施行，さらに2012年には具体的な方策を定めたスポーツ基本計画，そして2017年には第2期スポーツ基本計画が発表され，この計画には2020年，さらにはそれ以降の日本スポーツの方向性が記されています。

### 2　スポーツの産業化

　第2期スポーツ基本計画は，「スポーツ立国の実現を目指す指針と具体的施策」として4つの指針が示されています。

　この4つの指針で特に注目したいのが，「国民がスポーツで社会を変える」ですが，その具体的な取り組みの中には，「スポーツの成長産業化」が謳われています。日本

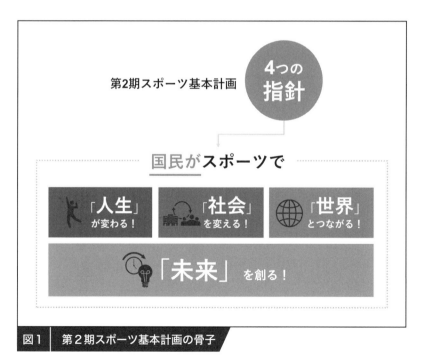

図1　第2期スポーツ基本計画の骨子

出典：スポーツ庁HP

図2　スポーツの成長産業化

出典：スポーツ庁HP

のスポーツ産業は2012年に約5.5兆円でしたが，2020年には10兆円，さらに2025年には15兆円の産業規模に成長することが目標として掲げられています。そのためには① スタジアム・アリーナ改革，② スポーツ経営人材の育成・活用，③ 新たなスポーツビジネスの創出・拡大という具体的な施策も掲げられており，今後，日本のスポーツ産業の活性化に向けた取り組みが進められていく予定です。

## 2　大学スポーツの活性化

　第2期スポーツ基本計画には，大学スポーツの活性化も含まれています。日本ではプロスポーツの台頭やトップスポーツ選手の活躍によりスポーツにかかる期待は大変大きくなっていると同時に，大学スポーツにも注目が集まっています。今，あらためて大学スポーツの存在価値が問われているのです。

### 1　大学の部活動
　従来，大学スポーツはあくまでも学生が行うアマチュアスポーツとして，競技を中

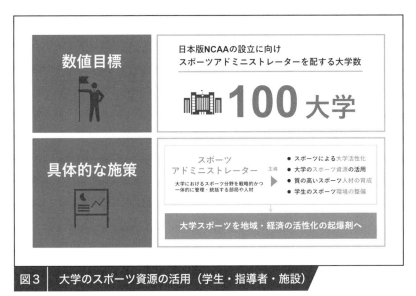

図3　大学のスポーツ資源の活用（学生・指導者・施設）

出典：スポーツ庁HP

心とした活動が主なものでした。アマチュアスポーツだからこそ活動資金は決して豊かとはいえず，その現状は部費を集め，寄附金や大学からの補助金等に頼るしかありませんでした。一部のスポーツを除いて，多くの大学スポーツでは活動資金が足りないという現実もありました。また学生が「競技をする」ことが主な活動であったため，どんなに優秀な成績を収めても，大学内の，それもごく一部でしかその活動は取り上げられないという現状もありました。さらには大学のスポーツ施設は大変立派なものが多いにも関わらず，体育の授業や放課後の部活動の時間しか使われていません。せっかくの施設が有効利用されていないという指摘もありました。そんな日本の大学スポーツを新しいステージに進めるために，第2期スポーツ基本計画では今後の大学スポーツに対する提言が明記されました。

## 2　NCAAとは

この計画の中には「日本版NCAA」という言葉が明記されていました。このNCAAとはアメリカの全米大学体育協会「National Collegiate Athletic Association」の略で，全米の大学スポーツを統括する組織です。

NCAA は，その大学の規模や競技内容によってディビジョンⅠ～Ⅲまで分けられており，ディビジョンⅠはさらに細分化されています。各ディビジョンはカンファレンスという階層に分かれ，基本的に同じカンファレンスに所属する大学同士で試合をすることになります。日本の大学と大きく違うところは，日本では各競技によって大学が分けられ，リーグが構成されるため，競技ごとに対戦相手（大学）が違うものとなりますが，NCAA では同じディビジョン，カンファレンスに所属する大学はすべての競技において同じ相手（大学）と試合をすることになります。そのため各競技を通じて「大学」対「大学」の構図ができ，大学全体で盛り上がるのです。特に人気があるのがアメリカンフットボールとバスケットボールといわれています。皆同じカラーを身にまとい大学を代表して対戦します。だからこそアメリカのカレッジスポーツは盛り上がっているのです。

　さらに NCAA では試合観戦のチケットや各大学のグッズ，さらには放映権などを販売し，大きな収益を得ています。この収益が各大学にも配分され，大学スポーツ全体が潤う仕組みになっているのです。そのため NCAA に所属する大学が所有する施設はプロスポーツでも使用できるぐらい立派な施設もあるのです。

### 3　日本版 NCAA とは

　アメリカの NCAA のように日本でも「日本版 NCAA」の創設が期待されています。この創設のために，今，スポーツ庁を中心とし，賛同する大学が少しずつ動き始めているようです。日本版 NCAA を成功させるためには，各大学に設置されるアスレティックデパートメントの存在が重要となるといわれているのです。

　従来，日本の大学の部活動はあくまでも学生の活動としてとらえられていたため，大学内では学生部などの部署が担当してきました。そこにはアメリカの NCAA のようにチケット販売やグッズの販売，放映権の販売などの考えはなく，あくまでも学生のための活動の促進に従事してきました。しかし日本版 NCAA を成功させるためには，各大学の中に従来の仕組みとは別に大学スポーツを活性化させるためのマネジメント部門が必要となります。その役割を担うのがアスレティックデパートメントという部門になるのです。

　アスレティックデパートメントでは大学スポーツの収益化のためのマネジメント業務を行うと同時に，地域と大学の交流，さらには学生の勉強サポートなど，あらゆる

面で大学スポーツをサポートする役割を担うことが期待されています。アスレティックデパートメントのサポートにより，大学スポーツの収益化が見込め，大学スポーツの環境が充実し，より大学スポーツの活性化が見込めることが期待されています。さらに大学施設などの開放や地域との交流なども積極的に行うことで社会に対する大学の役割を果たし，そして大学のファンを増やすことにもつながるのです。

### 4　日本版 NCAA への危惧

　日本版 NCAA はまさに大学スポーツにとって目指すべきところではあるものの，十分に注意をしなければならないこともあります。まずは大学スポーツがより活性化することによる，学業への影響です。現状においても強豪校の大学では，授業より部活動が優先されがちで，部活動に所属している学生は授業に出ておらず卒業できない，などの問題が指摘されています。いくら大学スポーツの活性化が目指されているからといって，本来，大学生の本分は勉強することです。本当にスポーツだけに打ち込みたいのならば，大学ではなく，プロや実業団に行けばいいだけのことです。この点，アメリカの NCAA では日々の勉強についていけるようアスレティックデパートメントがサポートし，試験において一定以上の点数を取らないと部活動自体が活動中止となるなど，厳しい基準を設けています。日本においても大学スポーツの活性化により，勉強が疎かになるようでは，日本版 NCAA を創設する意味がありません。学生は自らの活動が活性化されるのと同時に，高い意識をもって勉学にも励まなければならないのです。

　次に日本版 NCAA による収益をどのように使っていくか，という問題です。従来，日本の大学ではあくまでも学生の活動の一環として部活動を位置づけていたため，その活動から多額の収益を得ることは想像されていませんでした。大学の会計上もそのような収入は予測されていません。そのため大学スポーツから得る収入を大学としてどのように位置づけ，どのように使っていくか，ということも早急に考えなければなりません。さらにそのような収入があることにより，従来大学が受けられていた税制の優遇が受けられなくなるかもしれないということも予測されているのです。

　日本版 NCAA の創設は，日本の大学スポーツにおいては初めての試みです。そのため数々の問題点がこれからも生じてくることでしょう。私たちは大学スポーツの発展のためにも，これらの問題点をこれから一つずつ解決していかなければならないのです。

## 3 大学スポーツへの期待

　日本版 NCAA の創設などにより，大学スポーツの様相も大きく変わろうとしています。しかし本来の大学スポーツの本分は何も変わっていません。社会や，環境が目まぐるしく変わる現代において，大学スポーツのあるべき姿とはどのような姿なのでしょうか。

### 1　プロスポーツと大学スポーツ

　プロ野球，Jリーグ，そしてBリーグと日本にはプロスポーツが存在します。またその他の競技においてもプロ化やメジャースポーツ化への意向を持っています。さらには選手のプロ化も年々進んでいます。一昔前では大学がプロ選手，トップ選手への登竜門的な位置づけであったこともありましたが，今ではその競技のトップを目指すためにはプロという道も存在している以上，私たちは大学スポーツのあり方を今一度考えていかなければなりません。

　プロスポーツと大学スポーツの違いは何でしょうか。それは大学スポーツでは競技者があくまでも大学生であるということです。そして大学生の本分は勉強すること。決してスポーツをすることではないのです。大学では勉強することでより深い知識を得ることができ，論理的に考える力を得ることができます。また友達や先輩，後輩などとのさまざまな交流を持てる場でもあるのです。大学生としてスポーツをすることはそういったスポーツ以外のことも経験できるチャンスがあり，それは必ず将来の自分に返ってくることなのです。その中でスポーツも一生懸命することに大学スポーツの良さがあるのです。

　日本版 NCAA は簡単に考えてしまうと，大学スポーツのプロ化，収益の最大化ととらえられてしまうことがありますが，決してそのようなことではなく，「大学生として」一生懸命スポーツをする者の環境整備のために行うものなのです。

### 2　大学スポーツの未来

　大学生である期間は限られています。しかし大学卒業後何十年と母校のことは気になるものです。後輩たちが試合で活躍している，オリンピック・パラリンピックで，プロスポーツで活躍している姿を見るのは何とも誇らしい気分になるでしょう。実は

大学スポーツが発展することは，現役生の為のみならず，多くの卒業生や関係者のためでもあるのです。大学を卒業したら大学との関係は終わりではなく，大学スポーツを通じていつでも大学と関わりが持てるようになる。そんな大学全体のコンテンツとして大学スポーツは重要な役割を担っているのです。そのためにも大学スポーツが未来永劫，その目的を見失わず，そして発展をしていくためには，勝つことだけが目的とならず，学生自身，そして大学として大学スポーツをどのようにしていきたいのか，という意識を常に持つ必要があります。そして日本版 NCAA はそういった大学スポーツを発展させるための一つの方法でもあるのです。

　今後，大学スポーツはどのような姿を描くのか。それは私たち一人ひとりの手に委ねられているのです。

**参考文献**

スポーツ庁「第 2 期スポーツ基本計画」http://www.mext.go.jp/sports/b_menu/sports/mcatetop01/list/detail/__icsFiles/afieldfile/2017/04/14/jsa_kihon02_slide.pdf（2018年4月21日閲覧）。
谷塚哲『変わる！日本のスポーツビジネス』カンゼン，2017年。

（谷塚　哲）

CHAPTER

# 21
# 箱根駅伝・マラソンと東洋大学

　箱根駅伝は，正月の風物詩として広く認識されている一大イベントとなっています。多くの人はなぜ箱根駅伝に関心を持つのでしょうか。箱根の山登りに代表されるような過酷なレースで起こるブレーキ（アクシデント等で予想を下回る走り）や快走などさまざまなドラマに感動するのでしょうか。それとも，苦しみに耐えながら頑張っている姿に日本人は共感しやすいのでしょうか。
　本章では，箱根駅伝の現状と駅伝で活躍するためには何が大切なのか，さらには駅伝とマラソンとの関係について簡単に述べます。

## 1　箱根駅伝とは

　箱根駅伝は1920（大正9）年に誕生し，2018年で94回大会を迎えました（途中5回の中止あり）。現在は前回大会でシード権を獲得した10大学と予選会を突破した10大学に関東学連選抜チームを加えた合計21チームが出場しています。テレビ放送は55回大会（1979年）にダイジェスト版で開始され，65回大会（1989年）からは今と同じようにスタートからゴールまでがほぼ完全生放送で中継されています。完全生放送開始当初から高い関心が持たれていましたが，今では毎年25〜30％と非常に高い視聴率が示されています。さらに予選会もテレビ放送されており，本選出場をかけた熱い戦いに注目している人も多いと思われます。

## 2　東洋大学の躍進

　図1に本学の箱根駅伝の総合順位の変遷を示しました。14回（1925年）大会に初出場をはたし，以後出場会数76回（5位）を誇る伝統校の一つに数えられる東洋大学ですが，その順位の変遷を見ると今のシード権落ちに相当する11位以下の成績が18回，5位〜10位が45回，予選落ちが5回でありそれほど目立った存在ではないようでした。しかしながら直近の10年間は3位が1回のみで他は優勝か2位であり，活躍の顕著さが際立っています。

　20km を超えるような長距離走においては自分の考えた予想タイムよりも1分以上速く走ることは非常に困難ですが，反対に2分以上遅くなってしまうことはそれほど珍しいことではないと考えられています。長い距離のレースほど大会直前の調整練習のわずかなミスや大会当日の少しの体調不良，さらにはレース展開の影響がより顕著に現れやすいのです。しかし反対に，ブレーキになってしまうことを恐れる余り慎重になりすぎると，一人一人のマイナスは小さくても10人分を合わせると大変大きなマイナスになってしまいます。したがって，箱根駅伝で成功するためには，失敗を恐れない積極性と仮に誰かが失敗しても他の選手がフォローし合う連帯感が必要だと思われます。そのように考えたときに，10年連続で優勝争いを続けている今の東洋大学駅伝チームの現状は大いに誇れるものであるとともに，参考にすべき箇所が多々あ

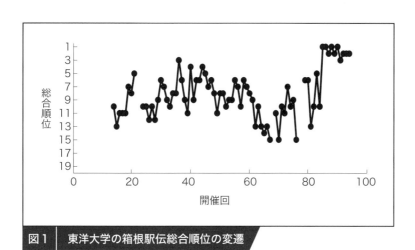

図1　東洋大学の箱根駅伝総合順位の変遷

るのではないでしょうか。

　東洋大学の箱根駅伝を語るときに柏原竜二（2009年～2012年・5区）の存在を忘れることはできません。彼の影響力は絶大なものでした。1年生で初出場した大会では先頭と4分58秒差の9位でスタートすると19.2km付近でトップに立ち，2位に22秒差をつけてゴールテープを切ったのです。次に，彼の例だけではなく駅伝の魅力の一つである逆転による先頭争いについて触れます。

## 3　箱根駅伝の大逆転

　箱根駅伝の大逆転といえば，山登りの5区というイメージがありますが，それは数字からも明らかです。「世界に通用する選手の育成」を目指して5区の距離は2006年から2016年までの11年間は20.9kmから23.4km（2014，2015年は再計測により23.2km）に伸びましたが，その間の5区の逆転劇は顕著です。11年間で8回の逆転劇がありましたが，そのときの5区スタート時点でのトップまでのタイム差と，ゴール時点の2位とのタイム差を足した時間を算出しました。そのタイムを5区の影響力と解釈すると，逆転のあった8回の平均はなんと4分50秒という数字がでます。1区から4区までに1分ずつ負けていても5区の1区間だけで逆転できた計算になります。

　このような現象が起きたのは，今井正人（当時順天堂大学），柏原竜二（当時東洋大学），神野大地（当時青山学院大学）といった走力と山登りの適性を兼ね備えたスーパースターが出現したこと，それだけ走力のある選手を5区に配置できたチーム事情などもあるでしょうが，一方でその両者を兼ね備えた選手はそれほど多くはなく力の飛び抜けた選手が出現する可能性の高い区間であるということかもしれません。ではなぜ，このような影響力の大きな5区で好記録を残す選手がもっと現れないのでしょうか。山登りに適したフォームについては一般的に「上下動が少なく歩幅の広すぎない地を這うようなフォーム」が適しているとされています。しかし柏原選手のフォームについてコーチは，「上下動が少ないものの力強く地面をたたくようなフォーム」であると説明しており，一般的に登りに適しているフォームとは必ずしも一致しません。また，今井選手や柏原選手はどちらかというとがっちりした体型であるものの神野選手は軽量で細身の体型です。山登りに最適な体型というものもないのかもし

れません。さらに5区のように登りが10km以上続くような環境での練習は身体への負担や時間的な問題を考慮するとそれほど頻繁に行うことは難しいでしょう。つまり体型やフォームで適性を判断することが難しく、さらに実際の登りのトレーニングを行う頻度の少なさが選手育成を困難にしている要因の一つであるといえるかもしれません。

　距離の短くなった2017年以降の2大会は両方とも5区をトップでたすきを受けたチームがそのまま往路のゴールテープを切っていますが、2位とのタイム差は縮まっています。各校の戦略にもよると思いますが5区の影響が少なくなるのか、またそれとも元のように大きくなるのかは今後の推移を見守るしかないのかもしれません。

　一方で、往路終了時点からの大逆転は少なくなっています。往路の大きな遅れを取り戻して逆転で優勝する、そのようなレース展開を見るのも駅伝の醍醐味の一つだと思いますが、近年ではそのような事例はほとんどみられません。表1に復路で大逆転したタイム差のトップ5を示しましたが、最も新しい事例でも32年前の62回大会でした。予想外のブレーキは競技力の優劣に関係なく起こすことがあります。しかしどちらかというと競技力の劣る選手方が、記録的に不安定で好不調の波が大きい傾向にあるようです。図2に2000年以降の日本人大学生の10000mのランキングの変遷（1位と50位）を示しました。1位の記録も上下はあるものの改善する傾向にありますが、50位の記録は明らかに向上していることが分かると思います。特に、一緒に示してある社会人も含めた日本ランキングがほとんど改善されていないことを考慮すると、大学生ランナーの改善はグラフ以上に大きいと考えられます。今回は50位までの記録の変遷しか確認することはできませんでしたが、次節で説明する大学生長距離ランナーの競技力改善理由などを考慮すると、50位以下の選手層でより大きな記録向上の可能性はあると考えられます。それらの結果により、チーム全体の走力の向上にともない大会前の結果予測から大きく異なる選手が少なくなったことで、優勝を狙う

| 表1 | 往路終了時点からの大逆転ベスト5 | | |
|---|---|---|---|
| 回 | 開催年 | 優勝校 | トップとのタイム差 |
| 1 | 大正9 | 東京高等師範学校 | 8分27秒 |
| 47 | 昭和46 | 日本体育大学 | 7分55秒 |
| 36 | 昭和35 | 中央大学 | 7分41秒 |
| 13 | 昭和7 | 慶応義塾大学 | 6分59秒 |
| 62 | 昭和61 | 順天堂大学 | 6分32秒 |

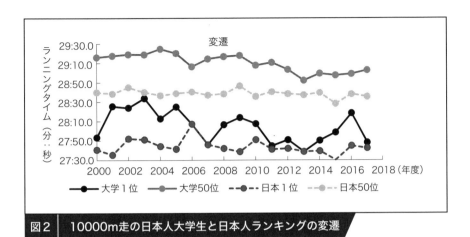

図2　10000m走の日本人大学生と日本人ランキングの変遷

ような大学において大ブレーキを起こす選手が少なくなり，復路の大逆転がみられなくなったといえるかもしれません。

## 4　長距離走の記録向上の要因

　長距離走のパフォーマンスに影響する主な要因として，①トレーニング法の改善，②フィジカルトレーニングによるランニングフォームの改善，③栄養指導の徹底，④障害予防と疲労回復促進，⑤選手意識の改善，などが考えられています。

　今，多くの大学でフィットネスコーチやフィジカルコーチによる筋力向上プログラムが組まれています。このトレーニングの目的は単に筋力を強化することではありません。身体の適切な部位に必要な筋力をつけることで姿勢やフォームを改善し，ランニングトレーニングによって獲得した能力（エネルギー）を，できるだけ効率よく走るためのエネルギーとして使えることを目的としています。走るときの歩幅を2mとすると20kmでは1万回着地していることになります。一歩一歩のわずかなエネルギー効率の違いが大きく影響するのです。

　また，食事やケアの影響も特に大きいと感じています。人間はトレーニングを行うと，その刺激に適応するため身体が強化されるように作られています。この適応をより大きくすることが競技力を向上させるために重要となるのですが，そのためには適切なトレーニングを行うだけでは十分ではなく，トレーニング後に正しい食事を十分

に摂ることが必要であることが明らかになっています。科学的に効果の認められたトレーニングを行っても栄養状態が不良では，競技力の改善が認められないだけでなくケガや貧血など色々な障害を引き起こす可能性が高くなるということです。箱根駅伝に出場するレベルの選手の体脂肪率を測定すると5～8％程度であることが多く，非常に細身であることが分かります。普通の人は脇腹をつまむと皮下脂肪の厚みを感じますが，彼らの脇腹をつまんでもほとんど皮下脂肪がありません。そのような状態の中で，栄養を過不足なく摂らせ，必要な部位の筋力をアップするためには専門のスタッフの存在を欠くことはできません。

　箱根駅伝を目指す大学のほとんどは例外なく寮生活をしながらトレーニングに励んでいます。フィジカルトレーニングや栄養指導は専門のスタッフが直接確認しながら指導することではじめて効果の認められることが分かっています。多くの時間をスタッフと接しているからこそわずかな体調の変化を発見でき，良好な体調でトレーニングに臨むことができるのではないでしょうか。そしてこのような体制は，素質的にトップの選手よりもわずかに劣る選手でより効果的に作用している可能性があります。競技力を順調に向上させるためには故障などによってトレーニングが中断しないことが大切です。トップ選手は他の選手に比べて，先天的に消化器系または関節や筋肉組織が優れており，そのため元々疲労回復が早く故障を起こしにくい身体をしていることが推測されます。したがって，そういった身体的素質でわずかに劣る選手層において効果的に作用しチーム全体の戦力の底上げにつながっているのかもしれません。

　もちろんランニングトレーニングについても，科学的な観点から研究された新しいトレーニング法とこれまでの経験に基づく内容を考え合わせて，より効果的なトレーニング法の検討が模索されていることはいうまでもありません。

## 5　トラックレースと箱根駅伝は両立するのか

　トラックとロードでは活躍する選手は必ずしも一致しません。なぜそのようなことがおこるのか不思議に感じることはないでしょうか。駅伝に出場する選手も春から秋にかけてのトラックシーズンにおいては5000mや10000mのレースに積極的に出場します。もちろんトラックレースで学生トップクラスの選手の中で，箱根駅伝に出場

する機会を自ら捨てる選手はいません。しかしながらその結果となると，トラックと駅伝の両方で素晴らしい結果を残す選手もいますが，どちらか一方の成績の割にはもう一方で満足のいく結果を残せない選手も存在します。トラックレースとロードレースには主に次のような違いがあると考えられています。①路面の違いによる着地の衝撃，②集団か個人か，③走行距離です。③について，10000mレースはトラック種目としては最長のレースですが，箱根駅伝の半分の距離しかありません。当然，走るスピードや競技時間は異なりますので，同じ長距離種目であっても求められる資質が多少異なります。そのため競技力に差が生じても仕方ありません。

また，①について陸上競技場の走路には適度な反発力を持ちながらも足への着地衝撃を和らげることが可能な素材で表面が舗装されています。一方駅伝やロードレースはごく普通の道路を走ることになります。両者の着地衝撃に大きな違いが生じることは容易に想像できます。着地衝撃が大きいと筋肉のダメージや疲労が蓄積しやすく，元々着地衝撃の大きな選手や脚部の筋力の弱い選手ほど影響を受けやすいと考えられます。フォームによって，ロード向きの選手かトラック向きの選手かを判断しているコーチもいます。

②の集団か個人か，とはどの様なことなのでしょうか。箱根駅伝において「30秒の差」と聞くと皆さんは，大きな差と感じるのでしょうか，それともわずかな差と感じるでしょうか。駅伝において30秒で走る距離はほぼ170〜180mになります。テレビを通してみると近くに感じるかもしれませんが，実際に直線で170m先にいる人を見るとかなり遠くに感じるのではないでしょうか。まして，1分以上の差になると直線で姿を見ることができても，差が縮まっているのか広がっているのかを認識することはとても困難です。従って，駅伝においては1区の選手以外には自分の走るペースを客観的にしかも冷静に判断しながら長い距離を一人で走れるという適性も必要になるのです。

## 6　箱根駅伝はマラソンを弱くしているのか

ところで駅伝と同様，日本人に人気のあるスポーツにマラソンがあります。以前は，日本のマラソンレベルは世界的にみても高く，東洋大学のOBである池中康雄は1935年，当時の世界最高記録を残しております。また，1991年の東京世界選手権

では谷口浩美が優勝を果たしています。それに比べて近年は世界から大きく取り残されてしまい，リオオリンピックにおいては16位，36位，94位という成績に終わっています。このような状況において「駅伝がマラソンを弱くしている」という言葉を時々耳にすることがあります。その意見の根拠としては，ブレーキを起こす選手をできるだけ減らすために走り込みを重視することによってスピード能力が衰え，高校時代に優れた競技成績を残した選手が伸び悩む，といったものが挙げられています。しかしながら，先ほどの図2からも分かるように大学生の走力は向上しています。したがって，箱根駅伝がマラソンを弱くしているという意見は必ずしも正しくないようです。

　近年，公務員マラソンランナーとして話題になった川内優輝は100km走を練習に取り入れたり毎月のようにマラソンレースに参加したりと，常識的な方法とは異なるアプローチでマラソンに取り組んでいます。また2018年2月の東京マラソンで日本記録を更新した東洋大学OBの設楽悠太は，非常に多くの試合に出場する一方で普通のマラソン選手が行う30〜40km走などを行わないことが知られています。現在ではほとんどの大学で重視しているフィジカルトレーニングも少し前までは今の状況を想像できなかったはずです。こうしてみるとすべての人に共通して最適なトレーニングはないのかもしれません。

　また，食事についてもこれからは個人に適した内容を模索する必要があるかもしれません。走るときには身体の中の糖質（グルコースやグリコーゲン）や脂肪からエネルギーを作って利用していますが，走る速度によりエネルギー源の割合は異なり速く

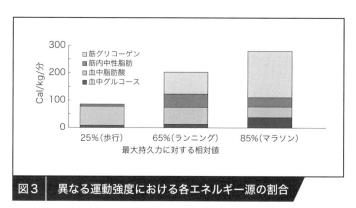

図3　異なる運動強度における各エネルギー源の割合

出典：Romijin JA et al.（1993）のデータを元に作成

走るほど糖質が多く使われます（図3）。そのため，これまで駅伝やマラソンなどを高速で走るときには糖質の摂取や補給が重視されてきました。しかし近年，普段から脂肪の多い食事を摂ることでアスリートの持久力が向上する可能性を示す研究結果が報告されており，脂肪摂取の重要性が見直され始めています。マラソンランナーに推奨される食事法が少し変わるかもしれません。

　トレーニング法や食事法だけでなく，自分が強くなるために必要な方法を見つけようとする探究心を持ったマラソンランナーが増えることがマラソン復活の近道なのかもしれません。

**参考文献**

箱根駅伝　http://www.hakone-ekiden.jp/（2018年3月1日閲覧）
陸上競技ランキング　http://rikumaga.com/（2018年3月10日閲覧）
Romijin JA,Coyle EF et al : Regulation of endogenous fat and carbohydrate metabolism in relation to exercise intensity and duration.265 E380-391 1993.
山田茂「スポーツと栄養」『日本調理科学会誌』47巻2号，2014年。

（塩田　徹）

CHAPTER 22

# 2020年に向けた東洋大学の取り組み

## 1　大学連携について

　2013年，ブエノスアイレスで行われたIOC総会において2020年オリンピック・パラリンピック競技大会（「以下　2020年大会」）の開催地が東京に決定しました。1964年以来，実に56年ぶりに東京でオリンピック・パラリンピックが開催されることになります。

　東洋大学とオリンピック・パラリンピック連携は，2014年6月23日に本学と公益財団法人東京オリンピック・パラリンピック競技大会組織委員会（以下，組織委員会）の間での大学連携協定（以下，連携協定）に基づく事業です。2020年大会に向けて，連携大学は，オリンピック・パラリンピック教育の推進やグローバル人材の育成等，大学の特色を活かした取り組みを進めていくことになります。全国の国公私立大学805校（2018年7月現在）が連携協定を締結し，その目的は，オリンピック教育の推進，大会機運の醸成等があげられています。また連携事項は，人的分野および教育的分野での連携，競技大会に関わる研究分野での連携，競技大会の国内PR活動での連携，オリンピックムーブメントの推進およびレガシーの継承に関する連携です。現在，連携協定を結んだ各大学では，語学力を生かしたボランティア養成，オリンピック・パラリンピックに関する授業，講演会の実施等のさまざまな取り組みが行わ

れております[3)4)]。この連携事業に基づき各大学毎に2020年大会に向けた取り組みが行われることになっております。

## 2　2020年大会に向けた学内組織の設立

　東洋大学は，連携協定締結後，2014年10月，2020年大会に向けて学内でWG（東洋大学2020東京オリンピック・パラリンピック支援活動WG）が設立されました。このWGでは，組織委員会との連携協定内容に基づき，本学の役割について議論を行いました。その後，2020年大会に向けた学内組織として，2015年6月，東洋大学オリンピック・パラリンピック連携事業推進委員会専門部会（以下，専門部会）が設立され，この専門部会では，（1）連携事業に関する事項，（2）学生参加事業に関する事項，（3）附属中学，高等学校等との連携に関する事項，（4）地域，企業等との連携事業に関する事項，（5）ボランティア育成事業に関する事項，（6）出版物に関する事項，（7）学術研究に関する事項，（8）その他専門部会が必要と考える事項について協議しております。また2020年大会に向け全学組織である東洋大学オリンピック・パラリンピック連携事業推進委員会（以下，連携事業推進委員会）が設立されました。この委員会では，専門部会から提言された事項を含む2020年大会に向けた全学的な事業について審議が行われています。このように2020年大会に向けた多様な事業は，連携事業推進員会を中心に今後も実施されていく予定です。

## 3　TOYO SPORTS VISION

　2020年大会に向けた東洋大学の取り組みを検討していく中で，2016年6月に建学の精神に基づき東洋大学とスポーツの有機的な関係に関する指針として「TOYO SPORTS VISION 〜スポーツを「哲学」し，人と社会と世界をむすぶ。〜」（以下，VISION）が策定されました[5)]。本学は，これまでもスポーツを通じた人財育成や社会貢献が学部・学科，課外活動などで行われてきました。しかしながら，これらのスポーツに注力する学部学科に所属していない学生は，そのような意義ある取り組みに参加する機会が乏しいと言わざるをえない状況でありました。そこで2020年大会の開催を控えたこの契機に学部キャンパスを超え，すべての学生が参画可能な取り組み

出典：TOYO SPORTS VISION
https://www.toyo.ac.jp/site/toyo-sports/sportsvision.html

をこのVISIONを通じて実行していくことになります。当面は2020年大会に向けた取り組みが中心になりますが，2020年大会終了後も長きにわたり継続していく取り組みの計画・実行・検証を行うことが目的です。このVISIONは，4つの柱から構成され，本学の建学の精神についてスポーツを通して具現化していくための指針となるものです。この4つのVISIONの柱に基づきACTION PLANも策定され，VISIONの実現に向けた取り組みが実施されております。

## 1　スポーツボランティア養成事業

　VISIONの一つ目の柱であるスポーツを「する」人，「みる」人，「ささえる」人の育成の中でスポーツボランティアの養成に関する取り組みが実施されています。2018年9月には，2020年大会ボランティア募集が開始されており，本学も2020年大会に向け，多様なスポーツイベントに学生を派遣しています。2017年度は，パラスポーツ関連団体，東京マラソン，大会スポンサー関連行事へのボランティア参加を実施しました。今後もこのようなスポーツイベントを含む多様な機会においてスポーツボランティアとして参加していく予定です。

## 2　公開講座の実施

　VISIONの一つの柱にスポーツを通じた「地域連携」の促進があげられております。2020年大会に向け，2015年11月には，「東京2020を考える——オリンピック・パラリンピック講座」というタイトルの市民向け公開講座が実施されました。また2016年11月にも，「東京2020を考える——東洋大学とオリンピック・パラリンピック」という市民向け公開講座が実施されております。この講座はオリンピック・パラリンピックに関する複数のテーマについて東洋大学教員がリレー形式で講師を務めており，東洋大学の知的資源を広く社会に還元する取り組みとなっています。

## 4　全学総合科目オリンピック・パラリンピック講座

　連携協定締結後に，2020年大会に向けた最初の取り組みとして2015年度の秋学期より正課授業科目として全学総合科目オリンピック・パラリンピック講座が開講されました。この全学総合科目は，白山，朝霞，川越，板倉，赤羽台の各キャンパスに同時配信されるため全キャンパスの学生が受講可能な科目です。本学の専任教員を中心としたオムニバス形式で実施し，オリンピック・パラリンピック関連事業に取り組む専門家を外部講師として招聘し授業を実施しています。この授業では，オリンピック・パラリンピックに関して多角的視点より「哲学する」機会の提供を目的とし，授業では，「スポーツイベント」を裏方で支える「スポーツボランティア」の実際にも触れました。「哲学」を建学の理念として生まれた東洋大学の学生には，単に「オリンピック・パラリンピックを学ぶ」ことだけではなく，オリンピック・パラリンピックを題材として世界に広がる多様な価値観を学び，深く「哲学する」姿勢が求められます。また授業では，歴史，芸術，マーケティング，トレーニング，観光など，オリンピック・パラリンピックに関わるバラエティに富んだテーマを毎回異なる講師陣がオムニバス形式で講義を担当しております。各教職員の専門分野からオリンピック・パラリンピックを語ることで，オリンピック・パラリンピックが単なるスポーツ競技会ではなく，社会のあらゆる側面と結びついていることの理解を目指しております。この授業の受講生も年々増加しており，2017年度秋学期では全キャンパスで受講者が約700名となっています。この授業での配布資料として，連携事業推進委員会でこれまでの2冊のリーフレットを作成し，学生に配布しております。1冊目は「2016

から2020を考える」というタイトルで、リオデジャネイロ五輪出場の在学生・卒業生の情報、全学総合科目を担当する教員の専門分野に関する記事を掲載し発行しました[6]。また2冊目は「東洋大学のスポーツの歴史を紐解く」というタイトルで[7]、このリーフレットには、本学関係者の歴代オリンピック出場選手も掲載しており、東洋大学とスポーツの130周年の歴史を振り返ることができる貴重な内容となっています。このようなリーフレットと合わせて学習することで、学生一人一人のオリンピック・パラリンピックに対する深い学びに繋がっていくことが期待されます。

## 5 パラスポーツ体験会

2016年度より、パラリンピックに対する理解促進事業として、パラスポーツ体験会（ボッチャ・ゴールボール）を実施しております。体験会では、競技の歴史、ルール説明、デモンストレーション、競技体験が行われました。この体験会参加者からは、「見えない人に対する、スポーツ場面での状況に応じた言葉のかけ方が難しかった」、「アイマスクをした競技者の目が見えているような動きに感心した」との感想が聞かれました。2017年度もパラスポーツ体験会（ボッチャ・車椅子バスケットボール）やパラスポーツ理解を促進するためのDVD上映会を実施しました。今後も同様の事業を実施していく予定です。

パラスポーツ体験会（ボッチャ）
2016年10月29日（土）
出典：ともに筆者撮影

パラスポーツ体験会（車椅子バスケットボール）
2016年10月29日（土）

## 6　リオデジャネイロ五輪関連イベント

　2016年リオデジャネイロ五輪（以下，リオ五輪）は，在校生で競泳の萩野公介選手，内田美希選手，陸上競技の松永大介選手，桐生祥秀選手，ウォルシュジュリアン選手，卒業生の陸上競技の設楽悠太選手，石川末廣選手，北島寿典選手と在校生・卒業生合わせて8人が参加しています[6]。このリオ五輪に出場を応援する選手を応援目的で，学内で壮行会・パブリックビューイング，報告会等実施しました。壮行会では，大学全キャンパスで選手に向けた寄書きを作成し，選手に贈呈しました。このリオ五輪出場選手イベントでは，在学生が運営に関わり，当日の司会，受付，花束贈呈，資料配布等の活動をボランティアとして行い，イベントを盛り上げてくれました。学内で実施したパブリックビューイングでは，約500名の学生を始めとする教職員が集まり萩野公介選手の金メダル獲得の瞬間を多くの学生と共有することができ，貴重な体験となりました。

## 7　オリンピック・パラリンピック学習支援講座の実施

　2016年10月より，東洋大学社会貢献センター（エクステンション課）においてオリンピック・パラリンピック学習支援講座を実施しています。現在都内をはじめとする小中高等学校，特別支援学校の中には，2020年の東京オリンピック・パラリンピックに向けて「オリンピック教育」を取り入れているところが少なくありません。そこで，東洋大学の教員が小中高等学校，特別支援学校に出向き，五輪をはじめスポーツに関する講義を行い地域連携事業としての「オリンピック教育」を推進する取り組みを行っています。この取り組みは，1校につき年間1回，講師1名を派遣する事業で，講演・講義時間は45分から65分であり，オリンピック・パラリンピックに関する多様なテーマから当日の内容を選択します[10]。2018年度もこの事業は継続しています。

## 8　スポーツシンポジウムの開催

　2020年大会に向けたスポーツシンポジウムとして，2016年10月に「東洋大学

キックオフイベント〜2020年東京オリンピック・パラリンピックに向けて〜」を実施しました。このイベントでは，大会組織委員会の方をお招きし，2020年大会に対する多様な関わり方について講演いただきました。また東洋大学よりリオ五輪へ出場した在学生の2020年大会に向けた抱負，全学総合科目オリンピック・パラリンピック講座受講生の発表，ゼミ活動でオリンピック・パラリンピックについて学んでいる学生の発表，高校生の2020年大会に向けた考え等の発表を行いました。また同年12月には，東京2020年向けた講演会として，2012年ロンドンオリンピックに対する事業を大学で担当されたイースト・ロンドン大学副学長のダスティ・アムロリワラ氏をお招きし「What you can do for the Olympics and what the Olympics can do for you——オリンピックのために何ができるのか　オリンピックが何をもたらしてくれるのか」を開催いたしました。この講演会の中で，ダスティ・アムロリワラ氏より，「東京オリンピック・パラリンピックが多くの人にとって一生に一度のチャンスであることを自覚し，仕事として，ボランティアとして，研究者として，さらに文化面などあらゆる側面で自分がどのように貢献できるのか，主体的に考えていくことが大切である」と参加学生へのメッセージをいただきました。[11]

そして2017年11月25日に本学のスポーツに関連する4学部（法学部・ライフデザイン学部・総合情報学部・食環境科学部）合同でシンポジウムを開催しました。

このシンポジウムは，「スポーツを哲学する——TOYO SPORTS VISION——」というタイトルで東洋大学創立130年記念行事として実施されました。第1部では，「日本のスポーツと陸上界のこれから」というテーマで本学の法学部企業法学科，土江寛裕教授の講演が行われました。また第2部では，パネルディスカッション「スポーツを哲学する——TOYO SPORTS VISION——」が行われ，本学教員の専門分野より活発な議論がなされ，スポーツと人，社会，世界について多角的視点から考える機会となりました。また本学学生からも2020年大会に向けた抱負，スポーツとの多様な関わりについてコメントがあり，参加者とともに改めてスポーツについて深く考えるシンポジウムとなりました。[12]

## 9　組織委員会との大学連携イベントへの参加

組織委員会は，6月23日がオリンピックデーおよび全国の大学・短期大学との連

跳舞人(Tokyo 2020学園祭)
出典:ともに筆者撮影

東洋大学阿波踊り愛好会(東京2020ライブサイト in 2018)

携協定締結日であることを記念して、翌日の2017年6月24日(土)に、大学連携'17イベント「Tokyo 2020学園祭」を開催しました。ステージでは、かつて近代オリンピックの競技の一つだった「芸術競技」をアレンジし、さまざまなジャンルで競い合う、連携大学生によるパフォーマンスバトルが実施されました[8]。このイベントに本学公認サークル(跳舞人、Tomboys☆)が参加し、ステージ上で、日ごろの活動の成果を全力で出し切るパフォーマンスを行いました[8]。

また組織委員会と東京都は、東京2020大会の盛り上がりに向けて、「東京2020ライブサイト in 2018」を、平昌2018オリンピック・パラリンピック冬季競技大会期間中に実施しました。このイベント期間中、連携大学によるパフォーマンスステージが行われました。このステージに、東洋大学 Harmonic Motion がアカペラを披露、東洋大学阿波踊り愛好会が演舞、東洋大学大道芸サークル PASTIME がジャグリングパフォーマンス、東洋大学手話サークル・つみきが手話ソングを披露するために参加しました[9]。いずれのサークル団体も日頃の活動成果を十分に発揮し、会場を盛り上げました。

## 10 2020年大会に向けた大学連携事業について

2020年大会は、東洋大学とスポーツの有機的な関係に関する指針である VISION を実現していく重要な契機です。そして、教育、研究、社会貢献の側面から2020年大会の経済的・社会的影響、レガシーを多角的視点から深く考える機会となります。

前回東京で開催された1964年大会は，在学生が選手村のボランティアとして参加しました。[13] 2020年大会には，在学生のより多様な活動が期待されます。

　東洋大学の活動は，在学生，卒業生が2020年大会時に直接，間接的に貢献することを目標として開始されました。これまで，正課授業，スポーツボランティア養成事業，パラリンピック理解促進事業，スポーツシンポジウム，学習支援講座，公開講座等，独自のイベントが実施されています。今後も大学連携のキーワード「教育」「経験」「レガシー」[14]の視点を持ち，VISIONの実現を目指して，魅力ある取り組みが実施されます。

　2020年大会にむけたこれらの取り組みは，一過性で終わらせるものではなく，私たちとスポーツの関係について示唆に富んだものでなければなりません。在学生，卒業生，教職員にとって，このような活動が生涯を通じたスポーツとの多様な関わり方，スポーツの意義を深く哲学する機会となるでしょう。2020年大会を経ても，哲学を建学の精神とする東洋大学が，現代社会におけるスポーツの価値を考え行動し続けていくことが，人々の豊かなスポーツ生活を目指す社会に非常に重要な役割を持つのではないでしょうか。

**引用・参考文献**

1）公益財団法人東京オリンピック・パラリンピック競技大会組織委員会「東京2020オリンピック・パラリンピック競技大会における大学との連携協定について」https://tokyo2020.org/jp/get-involved/university/（2018年2月20日閲覧）
2）公益財団法人東京オリンピック・パラリンピック競技大会組織委員会「連携協定締結大学一覧（平成30年7月1日現在）https://tokyo2020.org/jp/get-involved/university/list/data/latest-list.pdf（2018年8月17日閲覧）
3）毎日新聞，朝刊，P24，2015年4月12日
4）毎日新聞，朝刊，p24，2015年4月19日
5）東洋大学「TOYO SPORTS VISION」
　　https://www.toyo.ac.jp/uploaded/life/105572_149010_misc.pdf（2018年2月20日閲覧）
6）東洋大学2020東京オリンピック・パラリンピック連携事業推進委員会編，「2016から2020を考える。」2016年12月
7）東洋大学2020東京オリンピック・パラリンピック連携事業推進委員会編，「東洋大学のスポーツの歴史を紐解く」2017年12月
8）公益財団法人東京オリンピック・パラリンピック競技大会組織委員会「大学連携'17イベント「Tokyo 2020学園祭」開催のご案内 https://tokyo2020.org/jp/news/event/20170524-01.html（2018年2月20日閲覧）
9）公益財団法人東京オリンピック・パラリンピック競技大会組織委員会「東京2020ライブサイト

in 2018」https://tokyo2020.org/jp/special/pyeongchang-to-tokyo/livesites/（2018年2月20日閲覧）
10) 東洋大学「オリンピック・パラリンピック教育支援プログラム」https://www.toyo.ac.jp/site/haken/olipara.ht（2018年2月20日閲覧）
11) ダスティ・アムロリワラ「オリンピックのために何ができるのか？オリンピックは私たちに何をもたらしてくれるのか？ What you can do for the Olympics and what the Olympics can do for you」『スポーツ健康科学紀要』，14巻，2017年。
12) 東洋大学2020東京オリンピック・パラリンピック連携事業推進委員会，「東洋大学創立130周年記念行事スポーツを哲学する～ TOYO SPORTS VISION ～開催報告書」2017年。
13) 東洋大学2020東京オリンピック・パラリンピック連携事業推進委員会「東洋大学のスポーツの歴史を紐解く」p.6，2017年。
14) 大学連携18イベント Tokyo2020学園祭 the2nd ポスター
https://tokyo2020.org/jp/assets/news/data/poster0612.pdf（2018年8月18日閲覧）
・高木宏夫，三浦節夫，『井上円了の教育理念——歴史はそのつど現在が創る』2006年。
・荒牧　亜衣，「第30回オリンピック競技大会招致関連資料からみるオリンピック・レガシー」『体育学研究』58（1）2013年。

（北島　信哉）

CHAPTER

# 23

# 東洋大学と
# オリンピック
## 東洋大学スポーツ130年史

　2016年夏，リオデジャネイロでオリンピック・パラリンピックが開催されました。オリンピックには，過去最大規模の東洋大学関係者（8名）が選手として出場し，地球の裏側で持てる力を存分に発揮しました。しかし，オリンピックにおける東洋大学勢の大躍進は，一朝一夕に成し遂げられたものではありません。ここにいたるまでの，長きにわたる先人たちの激闘の記録があったのです。

　2017年に東洋大学は創立130周年をむかえました。本章では，東洋大学のスポーツ130年史を"オリンピック"という切り口から振り返ってみましょう。東洋大学とオリンピックが織りなす物語のはじまりです。

## 1　井上円了時代の東洋大学とスポーツ

　いまを遡ること約130年前，1887年に東洋大学の前身である私立哲学館が井上円了博士によって設立されました。哲学館が開かれた当初，講師陣の中に黎明期の日本のスポーツ界を牽引した，とある人物が名を連ねていました。柔道の創始者で，アジア初のIOC委員として日本のオリンピック参加に尽力した嘉納治五郎です。『哲学館講義録』には嘉納による「倫理學（批評）」の文章が収められています。若き日の嘉

納が哲学館生のスポーツ活動に関わった形跡は今のところ確認できませんが，東洋大学ははじめからオリンピックと遠縁を結んでいたといえそうです。

『東洋大学百年史年表』より哲学館時代のスポーツ関連の事項を拾い上げてみると，古くは1902年1月18日に，柔道場の開場式が挙行されています。また，翌1903年10月16日には，井上円了が欧米の視察旅行から帰国した歓迎行事として，王子の飛鳥山公園で「陸上運動競技会」が開催されたそうです。少し時代は下りますが，1919年には和田山哲学堂を会場に「剣道仕合大会」が行われたという記録もあります。年表に書き残されるのは史実のほんの一部であると仮定すれば，井上円了時代の私立哲学館や東洋大学の学生は，盛んにスポーツに興じていた可能性があります。

ここで，井上円了の著作の中から，スポーツや運動に関する記述を抽出してみましょう。1891年の「哲学の効用」（『天則』所収）には，「そもそも人は肉体と精神との二部より成るものにして，その肉体練磨の術としては運動あり体操ありて，以てその健康を保持するに足る。而して此外になほ精神練磨の法ありて之が強健を致すのすべなかるべからず。」という一文があります。スポーツ（運動や体操）は「健康を保持する」という点で効果が認められているものの，重要視されているようには読み取れません。

また，1917年の『奮闘哲学』では，「近来は西洋の娯楽が我国に入り来り，野球の如き大いに身体の運動を進むるものあれども，余り運動に過ぐるのもまた宜しくない。（中略）余り身体の活動に過ぎて，疲労を重ね，苦痛を感ずるようになっては娯楽の本旨にも戻ることになる。」とあります。ここでは，野球を事例に西洋由来のスポーツの存在に触れていますが，スポーツのやり過ぎによるマイナス面の方を懸念しているようです。

だからといって，井上円了がスポーツ嫌いだったというわけではありません。明治・大正期のスポーツは，まだ今日のように人々の生活に浸透しておらず，世間ではその意義を疑問視する声も少なくなかったからです。むしろ，著作の中でスポーツを取り上げていることは，円了がスポーツという新たな時代の風を敏感に察知していた裏付けだと解釈することもできます。

## 2　運動部の設立と躍進

　東洋大学に運動部が設立されたのは，20世紀に入ってからのことでした。1906年改正の『同窓会規則』（4条6項）には，運動部として撃剣部（後の剣道部），柔道部，庭球部（後のテニス部）を置き，練習をすることになったと記されています。しかし，実際にはほとんど活動していなかったようで，当時学生だった常光浩然が中心となって1912年に撃剣部，庭球部，弓術部（後の弓道部）を創設したそうです。同年，日本はストックホルムで開かれたオリンピックに初参加を果たしましたが，常光青年はこの出来事に多少なりとも感化されて運動部の設立を思い立ったのかもしれません。

　1925年に独立した部となった剣道部は，夏期の合宿や地方遠征，他大学との交歓試合，各種大会への出場など，活発な活動を展開しました。とりわけ，1927年6月11～21日にかけて行われた「東北・北海道武者修行」は，各地で熱狂的な歓待を受け大成功を収めています。

　剣道部と同じく1925年に独立した庭球部は，創設当初は京北中学校のコートを借りて練習に励んでいました。1927年に日比谷公園コートで挙行された全国大学専門学校軟式庭球大会では，島田・西寺ペアが決勝戦で国士舘大学を破って優勝しています。

　上記の2部とは異なり，弓術部は1912年に誕生してから間もなく衰退してしまいます。1927年に有志が寄り集まって弓術同好会を興すも活性化しなかったために，1929年に新たに弓道部が結成されました。1933年には学友会の一部として独立し，同年の専修大学と拓殖大学との秋季三大学定期戦では優勝を果たしています。

　1906年には組織化されていた柔道部が，学友会の部として独立したのは1925年のことでした。1927年9月には東北・北海道遠征を，1938年6月には東北・北陸遠征を行うなど，その盛況ぶりがうかがえます。

　野球部は1924年に創部され，翌年に学友会の一部として独立しています。1926年には大学専門学校野球連盟に加盟しました。やがて，東洋大，國學院大，専修大，日本大，東京商科大（後の一橋大），宗教大（後の大正大）によって東京新大学野球連盟が結成されます。現在の東都大学野球連盟の前身です。

　1927年，競技部（後の陸上競技部）が誕生します。創設当初より部員数は50名を

超えていたそうで，早くも同年の全日本選手権大会に砲丸投げの鹿野節が出場を果たしています。1933年には第14回の箱根駅伝に初参加しました。このとき参加したのは，東洋大，早稲田大，慶應大，日本大，明治大，中央大，文理科大（後の筑波大学），法政大，日本歯科大，東京農大，拓殖大の11校で，本学は10位でゴールしています。

　この他にも，昭和初期までに水泳部（1927年），山岳部（1927～28年頃），スケート部（1929年），卓球部（1930年），籠球部（1930年頃――後のバスケットボール部），唐手研究会（1930年――後の空手道部），拳闘部（1931年――後のボクシング部），射撃部（1932年），モーター倶楽部（1933年――後の自動車部），相撲部（1940年）が相次いで産声を上げています。

　日本人のスポーツ熱が次第に高まっていったこの時代，世相を反映するかのように東洋大生も熱心にスポーツに入れ込むようになりました。まさに，東洋大学運動部の草創期であるといえるでしょう。

## 3　"幻のオリンピアン"あらわる

　今からおよそ80年前，オリンピック出場まであと一歩に迫った東洋大生がいたことは意外と知られていません。その名は池中康雄（1937年3月文学部卒）。当時の陸上長距離界を席巻したマラソンランナーでした。

　1935年4月，翌年に迫ったベルリンオリンピックに向けて東京の神宮競技場で「ベルリンオリンピックマラソン代表候補挑戦競技会」が行われます。この大会で池中は当時の世界最高記録を2分以上更新する2時間26分44秒で優勝し，ベルリンオリンピック出場の最有力候補となりました。同年正月の箱根駅伝で，池中は5区山登りで区間賞を獲得しているので，ランナーとして好調の時期にあったことがわかります。

　しかし，そんな池中を悲劇が襲います。大病にかかった弟のために，大量の献血をしなければならなくなったのです。この影響もあって，1936年5月に行われた最終選考会では途中棄権を余儀なくされ，オリンピックの出場権を逃してしまいました。

　それでも池中は，オリンピック出場の夢をあきらめませんでした。ベルリンには行けませんでしたが，1940年に開催予定だった東京オリンピックの出場権をほぼ手中

に収めます。オリンピック前年の1939年には，競技部時代の仲間3名と連れ立って青森〜東京間の216里（約842km）の走破マラソンを試みるなど，過酷な練習に身を投じました。しかし，日中戦争の激化により東京大会は中止（返上）に追い込まれてしまいました。池中が"幻のオリンピアン"と呼ばれる由縁です。

　卒業後，池中は郷里の大分県中津に帰って指導者生活をスタートし，長距離ランナーの育成に半生を捧げました。有名な「別府大分マラソン」は池中が創設した大会です。

## 4　1964年　東京オリンピックと東洋大学

　およそ半世紀前の1964年10月10日，東京オリンピックの開会式が行われました。開会式でのNHKの北出清五郎アナウンサーによる「世界中の秋晴れを全部東京に持ってきてしまったような，素晴らしい秋日和でございます！」との名実況に，テレビの前の日本人の心は躍りました。

　東京オリンピックは，地の利を活かした日本人選手たちが次々と大活躍したことでも知られています。女子バレーや体操競技をはじめ16個もの金メダルを獲得しました。金メダル獲得数でいえば，アメリカ，ソ連についで堂々3番目に喰い込んでいます。

　この東京オリンピックと東洋大学との関係は，これまであまり語られてきませんでした。東洋大学関係者で初のオリンピック選手は，東京オリンピックで誕生しています。陸上3000m障害に出場した奥沢善二（1960年3月経済学部卒）です。本学卒業後は東京急行電鉄に入社して競技に励んでいた奥沢でしたが，オリンピック前年に膝を骨折する大怪我を負い，その影響で最終選考会でも落選してしまいます。しかし，奥沢は決してあきらめませんでした。開会式3週間前に行われた"敗者復活戦"で好成績を収め，見事に出場権を勝ち取ったのです。東京オリンピックの日本選手団は合計357人でしたが，奥沢はその最後"357人目"に出場を決めています。大会本番では世界レベルに歯が立たず予選敗退となりますが，東洋大学にとっては歴史的な一歩となりました。

　東洋大学は東京オリンピック，そして五輪後に開かれたパラリンピックのサポート役を積極的に買って出ます。東洋大学短大の観光科の学生たちが代々木の選手村食堂

で食券係や配膳サービスなどを担当し、一躍脚光を浴びました。同年8月18日の『読売新聞』には「みんなが日本の代表選手」という見出しで、五輪開催前の選手村食堂で東洋大生が活躍する記事が写真入りで掲載されています。また、自動車部は大会組織委員会からの依頼を受けて、選手や役員の選手村～競技会場間の車輸送を補助する役割を果たしました。いずれも現在の東洋大生にも継承すべき輝かしい"遺産"です。

このとき、選手村の食堂に駆り出されたのは、東洋大を含め早稲田大、慶應大、明治大、立教大、女子栄養大、日本女子大などから総勢1200人。皆、夏休みを返上して事前の訓練や本番の業務にあたっていました。また、食堂以外にも、村内の力仕事全般を日体大、国士舘大、日本大、順天堂大の体育系学部の学生が担っていたそうです。1964年の東京五輪成功の舞台裏には、多くの大学生が汗を流した現実がありました。

東京オリンピックに向けて、大学内では学生による活発な行動も見られました。東洋大学体育会（田淵順一委員長）はオリンピック前年の1963年夏、"東北遠征キャラバン隊"を組織し、東北六県の県庁所在地に遠征を行います。その目的は、スポーツマンシップによる「道徳的心情豊かな人づくり」を訴えることや、東洋大学のPR活動でした。「美しい国土を、若い力で！」をスローガンに、大型バス2台、大型トラック1台、乗用車3台、ジープ1台、オートバイ1台を借り上げ、学生100名を超える大編成で日中は各地の市街地を練り歩き、夜は吹奏楽部・軽音楽部らによる音楽公演が催されました。東洋大学のキャラバン隊の噂は瞬く間に広まり、岩手県一関では2500人、山形では3500人もの観衆が詰めかけたそうです。

東洋大学にとっての東京オリンピック（1964年）とは、選手の初出場はもちろん、選手村でのボランティアや東北遠征キャラバン隊の編成など、学生の秘めたるパワーを世の中に示すことにも繋がりました。それだけ、オリンピックの自国開催は当時の東洋大生の心を激しく揺さぶるものがあったに違いありません。

## 5　"初物づくし"のスピードスターあらわる

ここでは、グルノーブル大会（1968年）と札幌大会（1972年）の二度の冬季オリンピックに出場した、スピードスケートの斎藤幸子（1969年3月経済学部卒）を取り上げ

ます。

　北海道釧路生まれの斎藤は，スケートとともに陸上競技にも取り組んでいて，釧路江南高校時代には陸上短距離でインターハイに出場した実績を持ちます。アイスホッケーの選手だった父親と二人三脚で競技生活を送り，高校２年生でスピードスケートのオリンピック候補選手に選ばれてからはスケート一本に絞り，日本選手権で総合優勝を果たしました。

　鳴り物入りで東洋大学に入学した斎藤は，その後も次々と好記録を生み出します。500mと1500mの二つの日本記録を引っ提げて，大学３年生でグルノーブルオリンピックに挑みました。スケート関係者からは「カーブだけが不安」と評されていましたが，その不安はオリンピック本番で見事に的中してしまいます。500mのレース運びは順調でしたが，最終コーナーでカーブを切り損ねて転倒し，コース外の柵に突っ込み，そのまま救急車で病院に運ばれました。幸い重症にはいたりませんでしたが，斎藤にとってはほろ苦いオリンピックデビューとなりました。

　卒業後，三協精機に入社した斎藤は，いよいよ競技人生のハイライトを迎えます。25歳の時，二度目のチャンスが札幌オリンピックで巡ってきたのです。このときまでに国内で無敵の強さを手にし，まさに"スピードスター"となっていた斎藤に対し，日本中がこの種目12年振りの入賞に期待を膨らませました。直前の全日本選手権でも６つの日本記録を樹立し，まさに絶好調。しかし，またも世界の壁が立ちはだかり，結果は500mで９位と惜しくも入賞はなりませんでした。

　東洋大学関係者として，冬季オリンピックに初出場，女性初のオリンピアン，在学中にオリンピックに出場した最初の選手，など，斎藤幸子の本学のスポーツ振興に対する功績は計り知れません。東洋大学の歴史に名を刻んだ人物のひとりです。

## 6　入賞者・メダリスト登場の時代へ

　ミュンヘンオリンピック（1972年）の頃になると，東洋大学から複数の選手が大会に出場し，好成績を収めるようになります。最初にオリンピックのメダル争いに名乗りをあげたのはレスリングでした。米盛商事所属の梅田昭彦（1970年３月経営学部卒）は，レスリングのフリースタイル48kg級で見事６位入賞を果たしています。

　鹿児島県出身の平山紘一郎は1970年３月に東洋大学（法学部）を卒業後，自衛隊

体育学校でめきめきと頭角をあらわし，ミュンヘンオリンピックにグレコローマンスタイルの52kg級代表として出場します。レスリング競技の日本選手でただ一人決勝リーグまで勝ち残った平山は，決勝戦で当時世界王者（メキシコ五輪金メダリスト）であったブルガリアのペター・キロフと金メダルをかけて戦いました。世界の檜舞台で，平山はキロフ相手に積極的に攻勢に打って出ます。何度も背負い投げやタックルを仕掛けますが，守りを固めたキロフには通じずに両者決め手がないまま引き分けに終わります。その結果，決勝リーグでのわずか1点の差でキロフが金メダル，平山は銀メダルを獲得しました。東洋大学初のメダリストの誕生です。

次のモントリオールオリンピック（1976年）でも，同階級に出場した平山には金メダルの最有力候補として期待がかけられました。最終戦では世界王者のコンスタンチノフ（ソ連）を破りましたが，決勝リーグを通じた点差と対戦成績により平山は銅メダル。二大会連続のメダルを手にしました。29歳の平山は，このオリンピックを最後に現役引退を決意します。

モントリオールオリンピックでは，柔道の80kg以下級で井上英哲（1977年3月経営学部卒）が韓国代表として見事銅メダルを獲得しています。

## 7 華麗なるジャンパー――モントリオールの空を舞う

座右の銘は「白露もこぼさぬ萩のうねりかな」（芭蕉）。東洋大学文学部国文学科に提出した卒業論文のテーマは『奥の細道――芭蕉と木曾義仲の接点』。当時のスポーツ界にあっては異色の"才女"として知られた陸上走り高跳びの曾根幹子です。

広島県出身の曾根幹子は，高校2年（上下高校）で日本選手権を制し一躍脚光を浴びます。高校3年の日本選手権で東洋大の鈴木久美恵とデッドヒートを演じ，1m69cmの高校新記録を出しました。

東洋大学に進学後，跳躍フォームをそれまでのベリーロールから背面跳びに変更し，さらなる飛躍を目指しました。大学4年の日本選手権では，日本人歴代2位の1m77cmを跳び日本記録まであと1cmと迫ります。実は，予選前日に痴漢に遭遇し，睡眠不足で体調を壊して臨んだ大会でした。同年秋の茨城国体に出場した曾根は，決勝で1m83cmを跳びついに日本新記録をマークしました。翌年2月の国際室内陸上競技会で樹立した室内新記録（1m80cm）を置き土産に，曾根幹子は東洋大学を卒

業します。

　卒業後も，曾根の快進撃は止まりません。就職先に選んだのは，陸上競技の名門チーム大昭和製紙でした。同年11月の日本選抜陸上競技大会で自らの持つ日本記録を2cm更新（1m85cm）した曾根は，翌年に控えたモントリオールオリンピックの候補選手に抜擢されます。このとき，曾根は23歳。すでに日本のエースに成長していました。

　オリンピックに備えるべく，アメリカの大会を転戦する武者修行も順調にこなし，あとは本番の夢舞台を待つばかりでした。「初めてなのと，日の丸が多かったので感激しました」（『読売新聞』1976年7月19日朝刊）。オリンピック開会式後の取材に対する曾根のコメントです。

　1m74cmの長身が，華麗にモントリオールの空を舞いました。足の不調で満足に練習ができなかったこともあり，結果は予選敗退でしたが，東洋大学出身の女性がはじめて夏季オリンピックに出場した価値ある足跡がここに刻まれました。

## 8　燃える薩摩隼人──初の金メダリストへ

　鹿児島県出身の宮原厚次（1983年3月経営学部卒）は，高校時代まで柔道に励んでいました。卒業後の進路に迷っていた矢先，東京に出てレスリングに転向する話が持ち上がります。そのスカウトを担当したのが，先に登場した本学初のメダリスト平山紘一郎です。

　上京後は，自衛隊体育学校に所属して平山のもとでレスリングに没頭し，夜は東洋大学で勉学に励む多忙な日々を過ごしました。生来の才能もあってか，宮原はレスリングをはじめてわずか1年でグレコローマンスタイル48kg級の全日本選手権の覇者となります。その後，過酷な減量が自分の性格に合わないと見るや，52kg級に転向します。

　1979年から数えて全日本選手権を破竹の勢いで6連覇。まさに選手としての絶頂期にロサンゼルスオリンピック（1984年）出場のチャンスが巡ってきました。逆境に強い"ケンカレスリング"が宮原の持ち味だったそうです。その信条が発揮されたのが，オリンピックの舞台でした。

　決勝進出をかけた韓国の方大斗との一戦は，事実上の決勝と目されていました。開

始直後から立て続けに攻勢を仕掛けられ、宮原は劣勢に立ちます。しかし、逆にこれが宮原の闘争心に火をつけました。宮原は一気に反撃に出るとたちまち逆転し、そのまま方を圧倒して初の五輪でファイナリストに名乗りを上げました。

　決勝戦の相手はメキシコのダニエル・アセベス。当時の世界レベルでは無名の19歳の新鋭です。試合開始1分ほどで、宮原はアセベスを背中から抱え上げ後方に投げる大技を繰り出しました。その後、ヒヤリとする場面はあったものの試合は宮原優勢で進み、ついに歓喜の瞬間が訪れます。東洋大学ではじめての金メダリストの誕生です。普段は試合後にあまり感情を表に出さない宮原でしたが、このときばかりは両手を上げて跳びはね、マットの上を走り回って喜びを爆発させました。唯一、宮原の心残りは、当時のレスリング界で圧倒的な強さを誇った旧ソ連勢が、東西冷戦の影響でオリンピックをボイコットしていたことです。

　ソ連勢を破ってオリンピック史上初の二連覇を達成すべく、宮原の挑戦は続きました。29歳で向かえたソウルオリンピックでは、当然ながら宮原には日本中から金メダルの期待がかけられます。初戦のフランスのロベール戦に圧勝すると、続くイランのカカハジ戦も難なく突破します。さらには、最大の強敵と予想されたソ連のイグナテンコを判定で退け、五輪王者の貫録を見せてV2に王手をかけました。

　決勝戦の相手はノルウェーのヨン・ロニンゲン。前回のロス五輪でも対戦し宮原が勝っている相手です。しかし、ロニンゲンは宮原のレスリングを徹底的に研究し尽していました。それまで冴えわたっていた得意技の"俵投げ"もロニンゲンの前には不発に終わり、序盤に奪われたポイントが響いてそのまま試合終了。こうして宮原の五輪連覇の夢は途絶えました。試合後のインタビューで宮原は「ロスの金より、よくがん張ったという実感があります。すべてを出し尽くして満足しています」(『読売新聞』1988年9月22日朝刊) と答えています。三十路を目前にしたベテランレスラーにとって、五輪連覇は体にむち打っての過酷な挑戦であったに違いありません。

　ロサンゼルスで金。ソウルで銀。宮原厚次はオリンピック二大会連続のメダルを獲得し、先輩でありコーチでもある平山紘一郎に並ぶ偉業を成し遂げました。

## 9　日本競歩界のパイオニア──未来を切り拓く

　もともとは中長距離の選手だった今村文男（1989年3月経済学部卒）が、競歩の世界

に転身していったきっかけは高校時代にありました。千葉県の強豪八千代松陰高校で都大路での活躍を夢見ていましたが、ハイレベルな練習に体がついていかずに入学当初より故障を繰り返す日々を送ります。そんな中、リハビリの一環としてはじめた競歩でしたが、2年生の夏にはこれが専門種目となりました。

　徐々に才能が開花し、東洋大学入学後は30km競歩で学生記録を更新するなど、国内トップ選手へと成長していきます。今村は自身の学生時代を「三年のときの関東インカレで自分が競歩で三位になったことでチームが一部に残留できたことが一番の思い出です」(『東洋大学報』132号、1994年)と振り返っています。

　卒業後は陸上部がある会社に就職しますが、会社が経営難に陥りわずか半年で退社を余儀なくされました。しかし、今村は現役続行にこだわり、その後1～2年間は工事現場や焼き肉店のアルバイトで食い繋ぎました。午前4時起床で練習し、その後は夜までアルバイトという過酷な日々でしたが、今村は「自分の夢や目標を達成するなら、何とも思わなかった」(『読売新聞』2016年3月7日夕刊)と言い切ります。

　地道な活動の甲斐あって1991年には富士通に入社し、同年東京で開催された世界陸上(50km競歩)で7位に入り、この種目で日本人初の入賞を果たしました。その後は度重なる海外遠征で力を蓄え、50km競歩の日本記録を6回更新、1997年の世界選手権で2度目の入賞(6位)を果たすなど、パイオニアとして日本競歩界の未来を切り拓いていきます。

　今村のオリンピックデビュー戦は1992年のバルセロナオリンピックです。猛暑の中、50km競歩は過酷なレースとなり、結果は18位でした。

　続く1996年のアトランタオリンピックは代表から漏れますが、2000年のシドニーオリンピックで二度目のチャンスが巡ってきました。「日本記録を更新し、世界に通じることを証明したい」(『読売新聞』2000年8月30日朝刊)と意気込みましたが、審判の判定との相性が噛み合いません。今村の長いキャリアの中でもほとんど指摘されたことがない歩型違反を二度もとられ、リズムを崩したまま36位でフィニッシュ。がっくりと肩を落としました。

　2004年4月11日、アテネオリンピック選考会の日本選手権が今村文男の引退レースとなりました。約20年間の競技人生に別れを告げた今村がセカンドキャリアとして目指したのは、指導者の道でした。大学院にも通い、先進的なトレーニング理論を確立すると、多くの選手が今村の元からオリンピックの舞台へ巣立っていきました。

2012年に日本陸連の競歩部長に就任してからは、鈴木雄介選手（富士通）の世界新記録樹立や荒井広宙選手（自衛隊体育学校）のリオオリンピックでのメダル獲得（日本人初）など、日本勢の大躍進を演出してきました。

東洋大学からは2012年のロンドンオリンピックに西塔拓己（2014年3月経済学部卒）が、2016年のリオオリンピックに松永大介（2017年3月理工学部卒）が、それぞれ在学中に競歩の日本代表として連続出場しました。先輩今村文男が蒔いた種は、いま、母校で確かに芽吹いています。

## 10 "アマチュア野球軍団"最後の挑戦

もともと、近代オリンピックは"アマチュア"のみが参加を許された大会でした。初期のオリンピックはいわば上流階級のための社交場で、スポーツに限らず金銭を稼いで生活する労働者階級（プロフェッショナル）は排除されていました。この"アマチュア規程"の境界線は、やがて「スポーツで報酬を得ているかどうか」が基準となり、1980年代までプロスポーツ選手はオリンピックに参入していません。その後、スポーツ界における商業主義の台頭とも関わって、オリンピックが徐々にプロ選手にも門戸を開くようになった結果、いまでは大半の種目でプロの参加が認められています。

オリンピックにおいてプロ野球選手の出場が解禁されたのは比較的遅く、2000年のシドニー大会からです。つまり、1996年のアトランタオリンピックの野球日本代表は、五輪野球における"最後のアマチュア軍団"であったことになります。アマチュアといっても、このときの日本代表は後のプロ野球界を支える人材で溢れていました。福留孝介、松中信彦、井口忠仁、谷佳知など、プロ野球選手と比較しても遜色のない錚々たる顔ぶれです。代表メンバー20名のうち、実に10名がオリンピック後にプロ野球の道に進みました。

その豪華メンバーの中に選抜されたのが、捕手の黒須隆（1992年3月経営学部卒）と内野手の今岡誠（1997年3月法学部卒）です。浦和学院高出身の黒須は、東洋大学時代より強打の捕手として注目を集め、卒業後は日産自動車で活躍していました。一方、今岡はPL学園高を卒業して東洋大学に入学するや否や、1年時の春季東都リーグ戦で4番バッターとしてデビューを果たすと、勢いそのままホームラン王と打点王の二

冠に輝いています。

　アトランタオリンピックの舞台では特に今岡の活躍が目覚ましく，大会通算打率は4割3分，予選リーグのイタリア戦と準決勝のアメリカ戦で2試合連続のホームランを放ち，日本代表チームの躍進に大いに貢献しました。

　オリンピック決勝戦の相手は，当時アマチュア野球最強を誇るキューバでした。序盤に大量失点を喫しますが，主砲松中の満塁ホームランなどで互角の展開に持ち込みます。最後は力の差を見せつけられ，9対13のスコアで敗戦しますが，日本代表は堂々の銀メダルを獲得しました。

　このほかに，団体競技では1992年のバルセロナ大会にローラーホッケーの福田等（1986年3月経営学部卒）が，1998年の長野冬季大会にアイスホッケーの三浦孝之（1989年3月経済学部卒）が東洋大学からオリンピックに出場していますが，メダルを手にしたのは黒須と今岡がはじめてです。

　オリンピックが終わると，黒須は日本代表選手としてさらなる飛躍を遂げ，1997年のインターコンチネンタルカップではキューバを破って悲願の世界一に輝きました。今岡は東洋大学卒業後はプロ野球の道を選び，阪神タイガースと千葉ロッテマリーンズで首位打者やゴールデングラブ賞を獲得する活躍を見せ，2012年まで現役生活を続けます。

　1996年のアトランタ大会は，オリンピックにおける最後の"アマチュア野球最強決定戦"でした。決勝の舞台を経験した黒須と今岡は，一つの時代が終わりを迎える最後の瞬間に立ち会ったことになります。

## 11　ハードパンチャー世界を制す

　奈良県出身の村田諒太（2008年3月経営学部卒）は，幼い頃は水泳や陸上競技に親しんでいました。中学生でボクシングと出会い，南京都高校に進学すると2年時には高校タイトルを総なめにします。高校3年時には，全日本選手権で準優勝に輝きました。

　東洋大学時代には，数々の国際大会に出場してメダルを獲得します。この頃，当時K-1世界王者であった魔裟斗と幾度となく公開スパーリングを行い，そのハードパンチャーぶりには魔裟斗も一目置いていたそうです。2007年，翌年に迫った北京オリ

ンピックへの出場を目指しますが，惜しくも叶わず一度は現役を退きました。

　卒業後は東洋大学の職員として勤務する傍ら，体育会ボクシング部のコーチとして後輩の指導にあたります。2009年に現役復帰すると，その年から全日本選手権3連覇を達成しました。2011年の世界選手権では見事銀メダルに輝き，夢のオリンピック出場の切符を手中に収めます。村田の階級であるミドル級での五輪出場は，日本人として16年振りでした。

　同じく東洋大学卒業生の須佐勝明（2008年3月法学部卒　自衛隊体育学校）とともに挑んだはじめてのオリンピック。ロンドンの地で村田諒太が躍動しました。第2シードで出場した村田は，2回戦でアルジェリアのアブデルマレク・ラフーを判定で下すと，準々決勝ではトルコのアデム・キリッチに逆転勝ちしメダルを確定させます。続く準決勝ではウズベキスタンのアボス・アトエフにリードを許すも，後半の猛攻によりまたも逆転勝利。金メダルに王手をかけました。

　決勝戦の相手はブラジルのエスキバ・ファルカンでした。村田を十分に研究していたファルカンの巧みなボクシングに苦しみながらも，終了間際に強烈な"右"を顔面に見舞い判定（14-13）で退けました。村田が悲願の世界王者の座についた瞬間です。オリンピックでのボクシング日本勢としての金メダル獲得は，東京五輪以来48年ぶりの快挙でした。半世紀ぶりの偉業達成に日本中が沸き，村田は一躍時の人となりました。当時，東洋大学の学生部職員であった村田の元に多くのファンが詰めかけたほどです。

　この年，東洋大学は創立125周年。村田諒太の世界制覇は母校の節目の年に花を添えました。

　ロンドンオリンピックの後，村田はプロボクシングの世界に身を投じることを決意しました。アマチュアボクシング界のヒーローは，プロボクシングの世界チャンピオンとなるべく挑戦を続けます。2017年10月22日，ついにそのときが訪れました。両国国技館で行われたタイトルマッチでフランスのアッサン・エンダムをTKOで破り，村田諒太はWBA世界ミドル級王者に輝きます。オリンピックとプロボクシング両方の制覇は，ミドル級では史上初の快挙でした。

村田諒太選手（ロンドンオリンピック ボクシング男子ミドル級 表彰式）
写真提供：フォート・キシモト

## 12 新時代の到来

　2016年のリオデジャネイロオリンピックには，東洋大学は多くの選手を送り出します。現役学生として萩野公介（2017年3月文学部卒・競泳），内田美希（2017年3月経営学部卒・競泳），松永大介（2017年3月理工学部卒・競歩），桐生祥秀（2018年3月法学部卒・陸上100m），ウォルシュ・ジュリアン（ライフデザイン学部4年在学中・陸上400m）がリオの地を踏みました。また，東洋大学の卒業生では石川末廣（2002年3月経済学部卒・マラソン），北島寿典（2007年3月経済学部卒・マラソン），設楽悠太（2014年3月経済学部卒・陸上10000m）が出場しています。この8名と合わせて，指導者としても平井伯昌（法学部教授・競泳日本代表ヘッドコーチ），土江寛裕（法学部教授・陸上日本代表短距離コーチ）がオリンピックに参加し，日本勢のメダル獲得に大いに貢献しました。

　一つの大学から一度のオリンピックにこれほどの数の選手が出場することは極めて稀で，東洋大学としても史上最大規模のオリンピアンを輩出した大会となりました。

　特筆すべきは，現役東洋大生として出場した選手の多くが好成績を収めたことです。競泳の萩野公介は400m個人メドレーで金メダル，200m個人メドレーで銀メダ

萩野公介選手（リオデジャネイロオリンピック 競泳男子400m個人メドレー決勝）
写真提供：フォート・キシモト

　ル，4×200mフリーリレーで銅メダルを獲得し，世界のトップに君臨しました。同じく競泳の内田美希は4×100mフリーリレーで8位入賞を果たし，20km競歩に出場した松永大介はこの種目で日本人初の7位入賞という偉業を成し遂げています。桐生祥秀は期待された100mは29位に沈んだものの，4×100mリレーでは第3走者として銀メダルを獲得しました。リオデジャネイロオリンピックの東洋大学勢の大活躍は，上昇気流に乗る本学のスポーツ界を象徴するような出来事でした。

　そして，2017年9月9日，桐生祥秀は福井県で行われた第86回日本学生陸上競技対校選手権大会の男子100m決勝で，ついに"9秒98"をマーク。日本人初の9秒台スプリンターとなりました。

　2018年2月の平昌冬季オリンピックでは，東洋大学からはアルペンスキー女子回転の安藤麻（法学部4年在学中）が代表の座を射止めました。日本のアルペン女子の五輪出場はトリノ大会（2006年）以来12年振りの快挙で，東洋大学勢としてはスキー種目で初のオリンピアンの誕生です。

　まさに"新時代"が到来しました。

## 表1　東洋大学出身のオリンピック出場者一覧（2018年10月現在）

| 年 | 回 | 開催都市 | 開催国 | 出場者 | 競技等 | 種目 | 結果 |
|---|---|---|---|---|---|---|---|
| 1964 | 18 | 東京 | 日本 | 奥沢　善二 | 陸上競技 | 3000m 障害 | 予選失格 |
| 1968 | 10 | グルノーブル（冬季） | フランス | 斎藤　幸子 | スピードスケート | 500m | 途中棄権 |
| | | | | | | 1000m | 26位 |
| | | | | | | 1500m | 18位 |
| 1968 | 19 | メキシコシティ | メキシコ | 三浦　信由 | 陸上競技 | 3000m 障害 | 予選失格 |
| 1972 | 20 | ミュンヘン | 西ドイツ | 梅田　昭彦 | レスリング | フリー 48kg級 | 6位入賞 |
| 1972 | 20 | ミュンヘン | 西ドイツ | 平山　紘一郎 | レスリング | グレコ52kg級 | 銀メダル |
| 1972 | 11 | 札幌（冬季） | 日本 | 斎藤　幸子 | スピードスケート | 500m | 9位 |
| 1976 | 21 | モントリオール | カナダ | 曽根　幹子 | 陸上競技 | 走高跳 | 予選敗退 |
| 1976 | 21 | モントリオール | カナダ | 平山　紘一郎 | レスリング | グレコ52kg級 | 銅メダル |
| 1976 | 21 | モントリオール | カナダ | 井上　英哲 | 柔道 | 80kg 以下級 | 銅メダル |
| 1984 | 23 | ロサンゼルス | アメリカ | 宮原　厚次 | レスリング | グレコ52kg級 | 金メダル |
| 1984 | 23 | ロサンゼルス | アメリカ | 森山　泰年 | レスリング | グレコ82kg級 | 2回戦敗退 |
| 1988 | 24 | ソウル | 韓国 | 森山　泰年 | レスリング | グレコ90kg級 | 2回戦敗退 |
| 1988 | 24 | ソウル | 韓国 | 宮原　厚次 | レスリング | グレコ52kg級 | 銀メダル |
| 1992 | 25 | バルセロナ | スペイン | 森山　泰年 | レスリング | グレコ90kg級 | 2回戦敗退 |
| 1992 | 25 | バルセロナ | スペイン | 今村　文男 | 陸上競技 | 50km 競歩 | 18位 |
| 1992 | 25 | バルセロナ | スペイン | 福田　等 | ローラーホッケー | − | 1次リーグ敗退 |
| 1996 | 26 | アトランタ | アメリカ | 黒須　隆 | 野球 | − | 銀メダル |
| 1996 | 26 | アトランタ | アメリカ | 今岡　誠 | 野球 | − | 銀メダル |
| 1998 | 18 | 長野（冬季） | 日本 | 三浦　孝之 | アイスホッケー | 男子団体戦 | 13位 |
| 1998 | 18 | 長野（冬季） | 日本 | 田中　衆史 | スケート | アイスダンス | 23位 |
| 2000 | 27 | シドニー | オーストラリア | 今村　文男 | 陸上競技 | 50km 競歩 | 36位 |
| 2012 | 30 | ロンドン | イギリス | 西塔　拓己 | 陸上競技 | 20km 競歩 | 25位 |
| 2012 | 30 | ロンドン | イギリス | 村田　諒太 | ボクシング | ミドル75kg級 | 金メダル |
| 2012 | 30 | ロンドン | イギリス | 須佐　勝明 | ボクシング | フライ52kg級 | 1回戦敗退 |
| 2016 | 31 | リオデジャネイロ | ブラジル | 内田　美希 | 競泳 | 4×100m フリーリレー | 8位入賞 |
| | | | | | | 100m 自由形 | 14位 |
| | | | | | | 4×100m メドレーリレー | 10位 |
| 2016 | 31 | リオデジャネイロ | ブラジル | 萩野　公介 | 競泳 | 400m 個人メドレー | 金メダル |
| | | | | | | 200m 個人メドレー | 銀メダル |
| | | | | | | 4×200m フリーリレー | 銅メダル |
| | | | | | | 200m 自由形 | 7位入賞 |
| 2016 | 31 | リオデジャネイロ | ブラジル | 桐生　祥秀 | 陸上 | 4×100m リレー | 銀メダル |
| | | | | | | 100m | 29位 |
| 2016 | 31 | リオデジャネイロ | ブラジル | ウォルシュ ジュリアン | 陸上 | 400m | 38位 |
| | | | | | | 4×400m リレー | 13位 |
| 2016 | 31 | リオデジャネイロ | ブラジル | 松永　大介 | 陸上 | 競歩20km | 7位入賞 |
| 2016 | 31 | リオデジャネイロ | ブラジル | 石川　末廣 | 陸上 | マラソン | 36位 |
| 2016 | 31 | リオデジャネイロ | ブラジル | 北島　寿典 | 陸上 | マラソン | 94位 |
| 2016 | 31 | リオデジャネイロ | ブラジル | 設楽　悠太 | 陸上 | 10000m | 29位 |
| 2018 | 23 | 平昌（冬季） | 韓国 | 安藤　麻 | アルペンスキー | 回転 | 途中棄権 |

## 13 TOYO SPORTS VISION の誕生

　これまで，東洋大学は数々のオリンピアンそしてメダリストを輩出してきました。しかし，オリンピックムーブメントの推進という点では，東洋大学は他大学の後ろ姿を追いかけてきたといわなければなりません。前述したように，1964年の東京オリンピックでは数多くの学生が選手村に入って活躍しましたが，大学を挙げて組織的かつ計画的に五輪に臨んだわけではなかったからです。

　こうした過去から学び，東洋大学では2020年の東京オリンピック・パラリンピックに向けて周到な準備を重ねてきました。2014年6月の組織委員会との連携協定締結を受けて，翌年には学内に「2020東京オリンピック・パラリンピック連携事業推進委員会」を発足させ，オリンピックムーブメントを担う組織的基盤を築き上げたのです。

　2016年6月，東洋大学がスポーツを通じて豊かになろうとする宣言として，竹村牧男学長のもとで"TOYO SPORTS VISION"が打ち出されました。その基本理念には，「スポーツを『哲学』し，人と社会と世界をむすぶ」と高らかに謳われました。具体的なビジョンは，① スポーツを「する」人，「みる」人，「ささえる」人の育成，② スポーツを通じた「グローバル人財」の育成，③ スポーツに関する「学術的アプローチ」の展開，④ スポーツを通じた「地域連携」の促進です。以降，ビジョンの実現に向けて数多くの事業が大学を挙げて走り出しました。

　およそ130年の歩みを経て，東洋大学とスポーツは井上円了博士より脈々と受け継がれてきた「諸学の基礎は哲学にあり」という建学の精神に包まれて融合し，オリンピック・パラリンピックの東京開催をきっかけに"TOYO SPORTS VISION"として結実したのです。

　以上，本章では，東洋大学とオリンピックの関係史を紹介してきました。

　私立哲学館時代より醸されてきたスポーツを愛好する風土は，1964年の東京オリンピックをきっかけに幅広い種目にわたるオリンピアンを生み出す環境を育み，それが今日の躍進に繋がっているのです。こうして歴史を遡る時，先人たちのたゆまぬ努力の蓄積が東洋大学の"いま"を創造していることに気が付きます。東洋大学で培った"哲学する心"はアスリートの血となり肉となり，国際舞台に打って出ようとする

原動力として130年の時を越えて継承されてきました。

　近代オリンピックは，スポーツを通じた人間教育・国際交流・世界平和を理想とする壮大なムーブメントです。ここに，種目別の世界選手権とは一線を画する価値があります。IOCのバッハ会長は，オリンピックに集うアスリートを「最高の親善大使」と表現しました（『毎日新聞』2014年2月8日夕刊）。東洋大学出身のオリンピアンが，これからも"親善大使"としての役割を全うし続けることを願って止みません。

**主な参考文献**

オリンピック東京大会組織委員会編『第十八回オリンピック競技大会公式報告書　上・下』オリンピック東京大会組織委員会，1966年．
東洋大学井上円了記念学術センター編『井上円了の教育理念　改訂版17版』東洋大学，2014年．
『東洋大学新聞』東洋大学新聞学会，1926年〜．
東洋大学創立百年史編纂委員会編『図録　東洋大学100年』東洋大学，1987年．
東洋大学創立百年史編纂委員会・東洋大学井上円了記念学術センター編『東洋大学百年史　通史編Ⅰ』東洋大学，1993年．
東洋大学創立百年史編纂委員会・東洋大学井上円了記念学術センター編『東洋大学百年史　通史編Ⅱ』東洋大学，1994年．
東洋大学創立百年史編纂委員会編『東洋大学百年史　資料編Ⅱ・下』東洋大学，1994年．
東洋大学百年史編纂室編「東洋大学百年史年表」『東洋大学史紀要』2号，東洋大学百年史編纂室，1984年．
『東洋大学報』東洋大学，1969年〜．
日本体育協会編『第18回オリンピック競技大会報告書』日本体育協会，1965年．

（谷釜　尋徳）

## 執筆者紹介

| | | |
|---|---|---|
| 谷釜 尋徳（たにがま ひろのり） | 東洋大学法学部教授 | まえがき<br>Chapter 01, 02, 14, 23<br>Column 01, 03, 04 |
| 金子 元彦（かねこ もとひこ） | 東洋大学ライフデザイン学部准教授 | Chapter 03 |
| 土江 寛裕（つちえ ひろやす） | 東洋大学法学部教授<br>陸上競技 オリンピック強化コーチ | Chapter 04 |
| 角南 俊介（すなみ しゅんすけ） | 東洋大学経済学部准教授 | Chapter 05 |
| 平井 伯昌（ひらい のりまさ） | 東洋大学法学部教授<br>日本水泳連盟競泳委員長／競泳日本代表ヘッドコーチ | Chapter 06 |
| 望月 修（もちづき おさむ） | 東洋大学理工学部教授 | Chapter 07 |
| 加藤 千恵子（かとう ちえこ） | 東洋大学総合情報学部教授 | Chapter 08 |
| 青木 滉一郎（あおき こういちろう） | 東洋大学総合情報学部非常勤講師 | Chapter 08 |
| 小河 繁彦（おごう しげひこ） | 東洋大学理工学部教授 | Chapter 09 |
| 岩本 紗由美（いわもと さゆみ） | 東洋大学ライフデザイン学部准教授 | Chapter 10 |
| 太田 昌子（おおた まさこ） | 東洋大学食環境科学部准教授 | Chapter 11 |
| 林 大介（はやし だいすけ） | 東洋大学ボランティア支援室<br>ボランティア・コーディネーター | Column 02 |
| ジェイムズ ダニエル ショート | 東洋大学法学部准教授 | Chapter 12 |
| 竹村 瑞穂（たけむら みづほ） | 日本福祉大学スポーツ科学部准教授<br>（元東洋大学食環境科学部非常勤講師） | Chapter 13 |
| 綿貫 慶徳（わたぬき よしのり） | 東洋大学総合情報学部専任講師 | Chapter 15 |
| 清水 宏（しみず ひろし） | 東洋大学法学部教授 | Chapter 16 |
| 西村 忍（にしむら しのぶ） | 東洋大学経営学部准教授 | Chapter 17 |
| 安則 貴香（やすのり よしか） | 東洋大学経営学部准教授 | Chapter 18 |
| 矢ケ崎 紀子（やがさき のりこ） | 東洋大学国際観光学部教授 | Chapter 19 |
| 谷塚 哲（やつか てつ） | 東洋大学法学部助教 | Chapter 20 |
| 塩田 徹（しおだ とおる） | 東洋大学経済学部教授 | Chapter 21 |
| 北島 信哉（きたじま しんや） | 徳山大学経済学部ビジネス戦略学科スポーツマネジメントコース助教<br>（元東洋大学学生部学生支援課職員） | Chapter 22 |

《編著者紹介》

谷釜 尋徳（たにがま　ひろのり）
　東洋大学法学部教授
　日本体育大学大学院 博士後期課程修了
　博士（体育科学）
　専門：スポーツ史

オリンピック・パラリンピックを哲学する
　オリンピアン育成の実際から社会的課題まで

| 2019年1月15日　初版第1刷発行 | ＊定価はカバーに表示してあります |

| | 編著者 | 谷　釜　尋　徳Ⓒ |
| 編著者の了解により検印省略 | 発行者 | 植　田　　　実 |
| | 印刷者 | 藤　森　英　夫 |

発行所　株式会社　晃　洋　書　房

〒615-0026　京都市右京区西院北矢掛町7番地
　　　　　　電話　075(312)0788番(代)
　　　　　　振替口座　01040-6-32280

ブックデザイン　髙石瑞希　　印刷・製本　亜細亜印刷㈱
ISBN978-4-7710-3142-5

JCOPY 〈㈳出版者著作権管理機構　委託出版物〉
本書の無断複写は著作権法上での例外を除き禁じられています。
複写される場合は，そのつど事前に，㈳出版者著作権管理機構
（電話 03-5244-5088, FAX 03-5244-5089, e-mail:info@jcopy.or.jp）
の許諾を得てください。